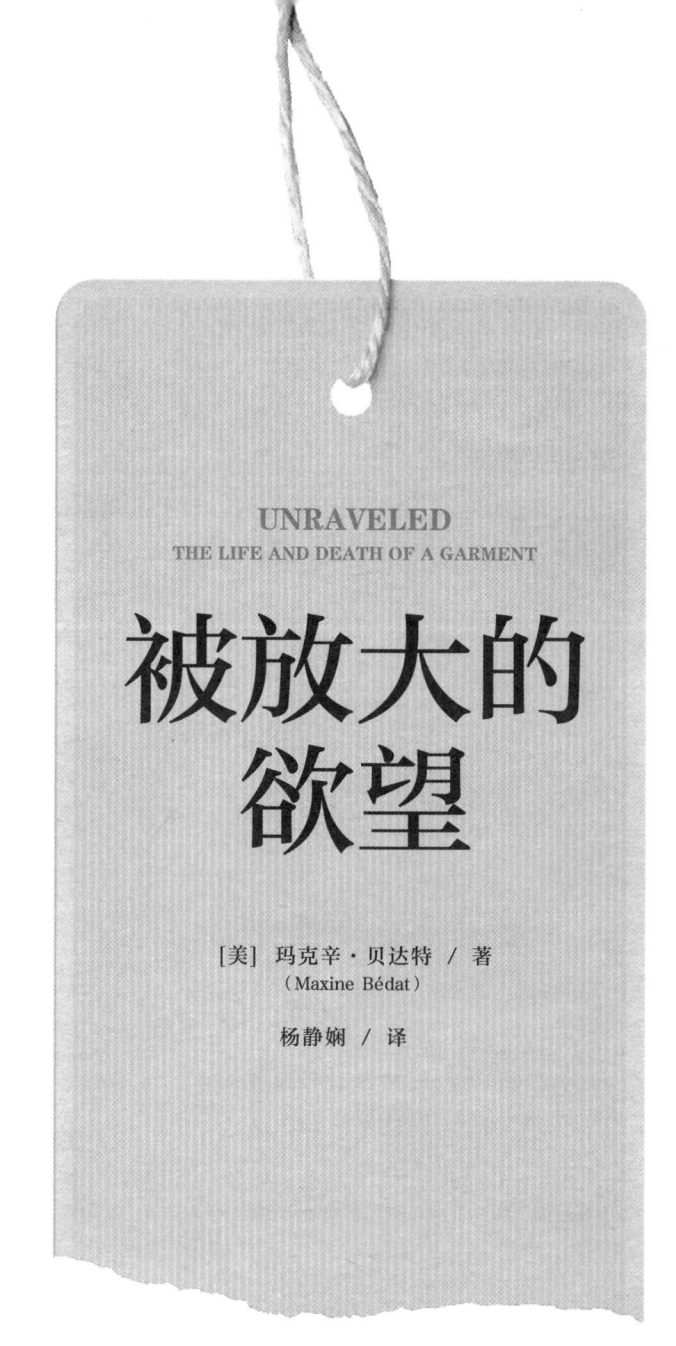

UNRAVELED
THE LIFE AND DEATH OF A GARMENT

被放大的欲望

[美] 玛克辛·贝达特 / 著
（Maxine Bédat）

杨静娴 / 译

中信出版集团｜北京

图书在版编目（CIP）数据

被放大的欲望 /（美）玛克辛·贝达特著；杨静娴译 . -- 北京：中信出版社 , 2022.8
书名原文：Unraveled: The Life and Death of a Garment
ISBN 978-7-5217-4471-2

Ⅰ . ①被… Ⅱ . ①玛… ②杨… Ⅲ . ①消费－社会问题－研究 Ⅳ . ① C913.3

中国版本图书馆 CIP 数据核字 (2022) 第 104693 号

Unraveled: The Life and Death of a Garment
Copyright © 2021 by Maxine Bédat
All rights reserved including the right of reproduction in whole or in part in any form.
This edition published by arrangement with Portfolio, an imprint of Penguin Publishing Group, a division of Penguin Random House LLC.
Simplified Chinese translation copyright © 2022 by CITIC Press Corporation
ALL RIGHTS RESERVED
本书仅限中国大陆地区发行销售

被放大的欲望

著者：　[美] 玛克辛·贝达特
译者：　杨静娴
出版发行：中信出版集团股份有限公司
（北京市朝阳区惠新东街甲 4 号富盛大厦 2 座　邮编　100029）
承印者：　宝蕾元仁浩（天津）印刷有限公司

开本：787mm×1092mm　1/16　　印张：20.25　　字数：410 千字
版次：2022 年 8 月第 1 版　　　　印次：2022 年 8 月第 1 次印刷
京权图字：01-2021-3593　　　　　书号：ISBN 978–7–5217–4471–2
定价：69.00 元

版权所有·侵权必究
如有印刷、装订问题，本公司负责调换。
服务热线：400-600-8099
投稿邮箱：author@citicpub.com

献给我的父亲基思和詹妮弗的父亲凯文，
感谢他们助我们相信自己内心的声音

还有我的女儿莱昂汀，以及我们的子孙后代

推荐语

斯文·贝克特
Sven Beckert
哈佛大学美国历史莱尔德·贝尔教授，《棉花帝国》（*Empire of Cotton*）作者

> 这是对当今世界内在运作机制的惊人洞察。通过描绘过度消费的不良后果，贝达特以扣人心弦的叙事将我们带入了服装生产的世界，这个世界既在社会层面不可持续，又对环境造成了破坏。这是一本充满力量又令人深感不安的书，它吹响了立即行动的号角。

约翰·马克·科默
John Mark Comer
布里奇敦教堂牧师,《无情地消除匆忙》(The Ruthless Elimination of Hurry)作者

> 这本书值得你一读。时装业已经成为我们这个时代最严重的人道主义危机之一,而贝达特以令人钦佩的洞察力揭开了这个行业的内幕,同时也为时装业指出了一条通向没有过度消费和压迫的未来之路。

安伯·瓦莱塔
Amber Valletta
超模、活动家

> 令人着迷。《被放大的欲望》通过生动的故事讲述,将一个复杂体系的各部分编织在一起,揭示了这个影响着我们所有人,但不为我们所见的体系的全貌。这是一本革命性的读物,它抓住了构建更公平世界需要解决的核心问题,并提出了解决方案。

目录

引言 　　001

第一章
增长心态——得克萨斯州的棉花种植业 　　015
转向绿色：有机棉的财务成本 　　018
转向（更加）绿色：有机棉的环境成本 　　026

第二章
中国制造纺织品 　　037
深入世界工厂 　　045
热裤：服装、气候变化和化学污染 　　049
"我是超人"：废物监管和变革的希望 　　054
未来属于塑料：合成纤维、气候变化、微塑料和你 　　062

第三章
我的工厂好像牢笼——裁剪缝纫与劳工危机 　　069
裁剪和缝制：实现家庭经济规模化 　　074

我的工厂好像牢笼：一位制衣女工的生活	082
工会的现状：全球化世界中的工人权利	091
时装与美国劳工运动	094
工会的现状：工人权利的双输权衡	098
超全球化经济中自由劳动力的真实成本	104

第四章
中间商、管理层、营销和全新的透明　　　　　109

行为准则和企业社会责任	112
审计欺诈	113
工人的损失	120
解决之道：将工人权益和劳动权利归还给所有人	123

第五章
满足所有人的刚需——包装和配送　　　　　133

"刚需"工作的真实面貌：深入亚马逊内部	140
从手工拣选到"司机"："刚需"工作的自动化未来	145
从战略角度出发：让工会和产业政策保护"刚需"	155

第六章
多多益善——消费主义的病毒式泛滥　　　　　165

品牌：消费者营销的起源	169
从公民到消费者：时尚如何引发了物质主义革命并压制了政治参与	173
大脑与购物："被制造的共识"神经科学与建立在消费基础之上的国家	176
榜样行为：明星、社交媒体、网红和你的大脑	179

贱女孩：购物带来安全感 185
我们需要交谈：与手机保持社交距离 188
夺回我们对时装的发言权：让穿衣激发快乐 192

第七章

断舍离——我们扔掉的衣服去哪儿了 **197**
深入垃圾世界：纽约的垃圾收集 201
变废为宝：我们的捐赠品的真实命运 211

第八章

加纳——善意铺就的服装末路 **219**
制度的奴隶：作为活历史的女搬运工 228
关于"垃圾"的废话：为什么我们需要重新审视二手服装市场 231
不同的结局 243

第九章

立即行动，重整衣柜——开启服装新"新政" **247**
作为消费者 248
清理我们的衣柜 248
你的声音拥有力量 255
作为公民 258
没有人会为我们做这件事，这是我们每个人的责任 265
我们能创造什么：一个愿景 266

致谢 **269**
注释 **273**
图片来源 **312**

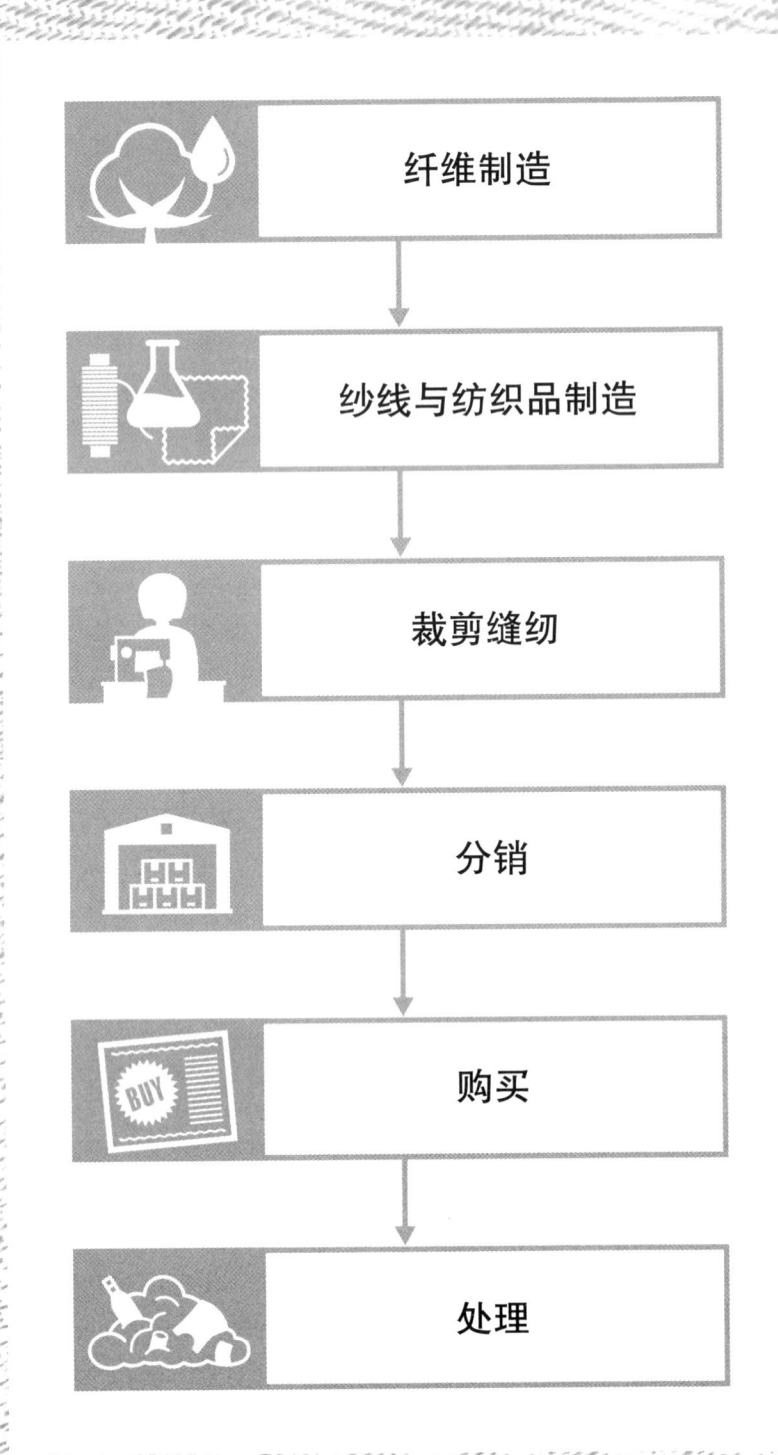

```mermaid
flowchart TD
    A[纤维制造] --> B[纱线与纺织品制造]
    B --> C[裁剪缝纫]
    C --> D[分销]
    D --> E[购买]
    E --> F[处理]
```

引言

站在纽约雅各布贾维茨会展中心前,仰视这座被誉为"世界市场"的玻璃城堡,我这个时装界新人被深深折服,不禁驻足不前。彼时,中心内正在举办2013年度MRKET男装贸易展,全国各地的买家会聚一堂,寻找能够摆上自家货架的商品。我在明尼苏达州长大,那里有全美国最大的购物中心美国商城(Mall of America),所以我本来以为自己能够轻松应对这样规模宏大的零售卖场。但那天早上,伴着会展中心特有的防冻剂、咖啡和比萨饼的香气,那种"天下商场尽集于此"的气势令我敬畏之情油然而生。

我和我的商业合作伙伴正在筹备我们全新的电子商务网站Zady,该网站主打服装和精选家居品牌。我们希望从符合我们理念和审美的品牌中挑选出大约50个品类的产品做推广,包括男女衬衫、裤装和配饰,目标是发掘一些精美而富有艺术气息的产品。所以在9月的那一天,我肩负使命,为我们的网站寻找合适的商品和品牌。

走进巨大的中庭,我感到一阵寒意袭来,一方面是真的冷,另一方面则是心里有点打颤。我能看到其他买家在四处逡巡,默默评价和审视着他们视线所及范围之内的一排排衣架和标牌,寻找合适的目标。我不太确定应该从哪里下手,于是便走马观花地把整个展会走了个遍，随意地驻足于任何一个引起我注意的系列。我看到一位销售代表，于是提出了一个自认为很简单的问题："你能告诉我这个系列是在哪里生产的吗？"他报以茫然的目光，然后耸了耸肩，移开了视线。我简直不敢相信。他为什么不回答我？难道他不知道自己的商品是在哪里生产的？

我继续沿着过道向前走，直到另一个系列吸引了我的注意。我向摊位边的女士提出了同样的问题。"亚洲。"她简短地回答道，看起来有点不安。这些人怎么了？亚洲有47个国家和地区以及47亿人口，她的回答虽然比第一个人稍微具体一点点，但这个信息实际上并没有多大帮助。我继续向前走。情况并没有好转：事实证明，衣服都是在"国外"制造的，在"东方"，或者很精确地说，在"中国"。见鬼！负责向整个美国市场销售服装的人怎么会连服装产地是哪里这样基本的问题都不清楚？（这让我忍不住像20世纪60年代人们习惯的那样爆了一句粗口。）我很快意识到，如果说某些产品是"纽约设计"的，那么这常常是"中国制造"的另一种表达方式。我在贾维茨会展中心四处游走，度过了漫长的一天。我身心俱疲，一张名片也没拿到，最终带着沮丧、困惑和怀疑离开那里，对Zady的未来也不再乐观。

那个时候，我刚从法学院毕业，并不畏惧烦琐的调查研究，因此我很快就利用学校里学会的那些技能，找到了一些知道自己产品产地的公司。2013年9月，我们与多家合作伙伴建立了业务关系，包括手工牛仔品牌Imogene + Willie（他们在田纳西州裁剪和缝制自己的牛仔服装），手包品牌Clare Vivier（他们的彩色手包在洛杉矶生产）。我们采访设计师和生产负责人，请他们讲述每件产品背后的故事，力图为客户提供一种全新的体验，让他们知道自己购买的产品是由谁制造的，甚至能具体到每一位制造者。我们还在网站上嵌入一张地图来显示产品来自何处。显然，我们对客户的宣传推介远比贾维茨会展中心那些品牌销售代表更为深入。

我们原本以为，只要解释清楚每件产品的产地，就像在衣服内的标签上注明产地那样就已经足够了。但我们很快意识到这还不够。我们的羊绒衫是"意大利制造"，因为纱线是在意大利编织成毛衫的。但是，纱线并不是在意大利纺就的，而变成纱线的羊毛纤维则出自漫游在蒙古大草原的山羊（大草原的寒冷天气会让羊毛纤维更加柔软）。一些品牌经销商知道他们从哪里购买的纱线或纺织品成品，但这并不意味着他们知道纱线或成品供应商是从哪里购买的皮革或棉花、羊毛或聚酯纤维等原材料。

我们试图找到一家公司，哪怕只有一家，这家公司熟知其服装产品的故事，以便我们可以在Zady上推广它，以推动解决上述透明度问题并介绍相关知识。但我们找不到这样一家公司。没有任何公司能做到对其服装产品的各个环节都了解得清清楚楚：从生产纤维的农场或石油钻井平台，到负责纺纱、织布、染色、裁剪和缝纫的工厂和工人。

随着我们不断加深了解，我们还意识到标签忽略了另一样重要的东西，那就是环境影响。全球服装产量急剧增加，在2000—2015年的15年间已经翻了一番；[1] 根据一系列报道，每年新生产的服装数量高达1000亿~1500亿件。[2] 我们很快意识到，生产周期的早期阶段（原材料和面料生产）对环境的影响最大，但受到的关注最少。时装公司近年内开始使用"可持续"的概念营销产品，但很明显，这个词几乎毫无意义。

所以我们斗胆亲自上阵。我们生产了一件羊毛衫（起名为.01毛衣），目的是使生产的每个环节都能够透明和可持续。这件毛衫的羊毛来自俄勒冈州的一个牧场，在南卡罗来纳州清洗，在宾夕法尼亚州染色并纺成纱线，然后在加利福尼亚州织成毛衣。我们将这件毛衣推向市场，同时附上一份非常简单的说明书，说明了服装产生的所有社会和环境影响。我们获得了巨大的反响——不仅来自那些欣喜于可以和自己的衣服建立联结的客户，也来自其他一些规模远远大于我们的公司。他们表示：感谢你们整理了有关服装会产生哪些影响的信息；这对我和我的团队真的很有帮助。

我本来不应该感到震惊，但我确实被惊到了。原来不仅仅是顾客对时装产业的影响一无所知，甚至连时装产业本身也是如此。它对自己内部的运作一直视而不见，其结果则是对自身造成的灾难性后果也毫无察觉。

我以一个局外人的身份进入时装圈，现在仍然视自己为一个局外人。我的入行之路不是始于时装学校，而是始于法学院，以及在联合国的一段工作经历。

一年夏天，我被派往坦桑尼亚的阿鲁沙，在卢旺达问题国际刑事法庭工作。每到周末，我都会四处闲逛，每次闲逛我都会不自觉地走到某个市场。那里聚集着各种各样的工匠、农人和创业者，充满活力和欢乐，令我这样 20 多岁的年轻人无法抗拒。刚开始的时候，我只是利用这些购物之旅寻找一些纪念品带回家。

然而，我在那里待的时间越长就越意识到，自己得到的不仅仅是会令亲朋好友赞一声别致漂亮的礼物。我开始与我购买的一些物件的制作者建立起不错的关系，包括为我做出那条酷炫而经典的碎花短裤的妇女，还有编织挂在我墙上的篮子的男人。在那些市场中闲逛，被充满丰富文化韵味的面料、色彩和图案所包围，让我越来越多地领略到手工作品的美。坦率地说，在开启非洲农贸市场的奇异之旅之前，我真的从未与自己消费的产品背后的人和地方有过任何真正意义上的互动。

在后来的岁月里，我总会回想起在那个市场上的交谈和发现。我开始将联合国官员们所关注的可持续发展目标与我们购买的东西联系起来。举例来说，环境退化和贫困都与我们如何制造产品、如何花钱购买产品，以及如何使用它们有关。全球贸易关系的构建方式已经成为人们是否有机会制作产品并以此谋生的决定性因素。与此同时，我遇到的工匠们表现出非凡的创造力和创业精神——他们的生计能够确保家庭、社区和这个星球的可持续发展，他们拥有维持这种生计所需要的一切素质。如果我能够与这样的人合作，进而建立商业往来，那会是一种怎样的前景？客户是否乐于了解这些匠人的才华，并通过购买他们创造的物品来支持他们？最终，这种冲动使我与朋友共同创办了 Zady，并引导我来到了贾维茨会展中心，直面时装产业的现实。

随着 Zady 的发展，我的思考也越来越深入。如果推进"可持续发展"真的是我最感兴趣的东西，那么公司是从事这项事业的最佳载体吗？毕竟对于公司来说，它的商业模式归根结底是要销售更多产品。既然民众和行业本身都已经证明，他们对于服装业自身产生的影响不甚了了，我公开这些信息，能否发挥更大的作用呢？最终，我决定停止销售服装，将所有注意力集中于阐述时装产业的真正影响上。我广泛联系各方专家，他们了解时装产业对世界各个方面的影响，其中包括农学家、气候科学家、政治学家、毒理学家、心理学家、历史学家、经济学家、材料科学家、劳工专家、时装业高管、工厂高管、组织者、劳动者和营销人员等等。我和他们一起联合发起成立了一家研究和行动智库——新标准研究所（New Standard Institute, NSI）。它比那些只会坐而论道、纸上谈兵的普通智库更进一步，致力于运用信息、数据和故事造福大众而非谋取私利。

新标准研究所的目标是提供关于时装产业的严谨研究和数据（并在需要更多行动时聚焦重点问题）。时装业并不以高度透明著称，这一点没有什么好奇怪的。正如我们将在接下来的内容中讲述的那样，衣服的制造过程和实践早已不为人知，因此，人们迄今为止捕获到的信息非常零散，而且不够准确。

数据是讲故事的一种方式，而且是一种非常有说服力的讲述方式，但我们所做的大部分事情都与数据无关（如果我们只依靠数据采取行动，那么我们现在所处的世界将完全不同）。能够激励我们采取行动的故事往往具备下面的特性：它们会激发我们心底的某些东西，为我们的自身经历树立一面镜子，提醒我们，这个世界上还有其他人与我们拥有相同的价值观、相同的恐惧、相同的成功喜悦以及相同的梦想。你将要读到的就是这样的故事。

当我开始撰写本书时，我的初衷是追溯一条牛仔裤的生平（从农场到垃圾填埋场），因为牛仔裤是一种在我们的文化中无处不在的服装，因兼顾实用性与时尚性而广受欢迎。这源自我在 Zady 时的想法，即讲述一件衣服的起源故事。但正如我在 Zady 时就已经发现的那样，这项工作面临重重困难。服装企业并不清楚自己整个供应链的情况，许多制造商也并不情愿敞开大门接受审查。这些障碍表明，这个行业向着真正透明方向迈出的每一步，都需要付出极大的努力。因此，虽然本书从字面上看并不是在讲述一条牛仔裤的故事，但它确实厘清了一条普通牛仔裤，连同其他许多种类服装的前世今生（毕竟，牛仔裤可是百搭之王）。

在接下来的故事中，我们将参观得克萨斯州的棉花农场，这里曾经是、现在仍然是全球重要的棉花产地，我们将看到农场主如何一边照顾他们的土地，一边保持银行账户的稳定，同时还要兼顾他们自己的身心健康。我们将看到这些粗纤维如何在中国被纺成纱线、染上颜色并织成牛仔布。我们还将看到斯里兰卡和孟加拉国的女工如何将面料裁剪和缝制为成品服装。然后，我们将回到美国，深入亚马逊的仓库，看看我们的牛仔裤如何发货，并最终进入我们的衣柜。最后，我们将前往加纳，我们的很多旧衣服被丢弃之后都会流向那里，因而那里成了我们牛仔裤的安息之地。

牛仔裤的故事也是现代时装和资本主义的故事，这再次说明牛仔裤确实是我们这次追溯之旅最合适的主人公。今天，全球每年会售出12.5亿条牛仔裤[3]（没错，单位确实是亿！），每个美国女性的衣柜里平均有7条牛仔裤。[4]它们显然是时装界的重要参与者，而时装界本身又是全球经济的主要参与者。讽刺的是，我们今天所穿的牛仔裤已成为一种民主的象征，即使是美国总统也不能免俗（至少在我们西装革履的第45任总统上台之前是这样的）。它们被标榜为"十足美国范儿"，但为了发掘它们生产过程的真相，我们需要到距美国万里之遥的地方，并需要深入剖析一些我们未曾留意过的问题。我们的牛仔裤之旅将带我们周游世界，再重返美国，感受供应链的扩张蔓延和文化的高度融合，而正是这种融合让时装产业变成了今天这样一种完全不透明的剥削性力量。

我可以完全依靠数字和图表为你们讲述这个故事，书中也确实会提供一些数字和图表，但更重要的是，本书将向你介绍参与生产服装的那些人。通过他们的故事，我们可以了解服装的生产和分销系统、它们的营销方式以及营销对我们的影响，这将有助于我们了解周遭更广阔的世界以及我们在其中扮演的角色。

直到前不久，这个价值2.5万亿美元的产业还一直被归入"时尚"板块，[5]言外之意是这个行业肤浅、矫揉造作、娱乐媚俗和无关紧要。然而，这是一个体量巨大的产业。它为极少数人创造了令人难以置信的财富，让这些人即使在全球顶级富豪榜单中也能跻身前列。它还在全球雇用了数百万最弱势的群体（其中大多数是女性）。在美国，它也雇用了一些最低收入的劳动力。它对我们的环境造成了显著的破坏性影响，根据一份报告，这个产业相关的温室气体排放量至少相当于法国、德国和英国的总和。[6]而我们的着装更是与奴隶制和殖民主义系出同源，我们将会读到，种种压迫制度远未彻底瓦解，它们隐藏在今天仍然肆虐的种族冲突的背后。我们极度不平等的经济体系正是这些制度的产物。综上所述，关于服装的故事还有助于我们理解当今的社会为何如此分裂。借用历史学家斯文·贝克特[①]的论述："我们往往倾向于把奴隶制、攫夺剥削、殖民主义等事实从资本主义的历史中抹去，渴望塑造出一个更高贵、更纯洁的资本主义史。我们倾向于将工业资本主义描述为以男性为主导，然而实际上，在很大程度上是女性的劳动缔造了棉花帝国。"[7]因此，我撰写本书的目的之一，也是希望使时装和服装产业回到其应有的位置，它们不仅是我们所知道的工业和社会的一个组成部分，更是其基础所在。

我开始认识到，这个行业之所以没有得到政界和商界的认真对待，是因为它被归入了社会"少数群体"，即女性和有色人种（通常两者兼具）的范畴。从工业化的早期开始，服装一直主要由这两大群体生产，同时也主要面向女性销售；在接下来的内容中，我们将见到这些人的"后代"，即那些在今天亲手制作服装的人。即使在环保圈内，时装产业也经常被忽视。在新标准研究所工作期间，我曾无数次地与重要的环保捐助人谈论时装产业的影响，次数多到我自己都记不清。而他们的回应却总是：哦，你应该和我的妻子谈谈，她喜欢时装。（如果主要环保捐助人的钱袋子由妻子掌管，那么这个建议当然是有意义的，但根据我的经验，她们一般都不管钱。）

缺乏关注使得时装产业的运作几乎不受任何监管，也不是媒体报道的重点。但同时，时装产业的高管们（主要是男性）却一直在依靠（主要是）女性的劳作和女性的购买赚取巨额利润。我撰写本书的初衷，既源于我对这个总是试图向我们推销更多产品的产业和社会的困惑，也源于我对服装所蕴含的力量和快乐的欣赏。了解服装如何

[①] 斯文·贝克特（Sven Beckert），哈佛大学美国历史莱尔德·贝尔教授，著有《棉花帝国：一部全球史》（*Empire of Cotton: A Global History*）。该段引言来自后浪 | 民主与建设出版社 2019 年出版的该书中译版。——译者注

生产、营销、买卖、使用和丢弃，将是一个有力的视角，通过它可以更好地了解我们的世界，探究历史的真相，无论它们是美丽的还是丑陋的。本书所描述的种种不公正现象已经到了非解决不可的程度，而消除不公的第一步便是认清现实，并逐步让我们的社会变得更加公正，更加令人愉悦和更加繁荣。

牛仔布就是一部与现代资本主义的兴起交织在一起的全球史。这个故事始于印度，那里自公元前6000年左右就开始种植棉花并以其为原料制作衣服。[8] 到了17世纪，在现在的孟买附近有一个名叫东格里（Dongri）的港口城市，那里的贫困工人穿着一种厚重粗糙的棉布衣服，这种衣服被称为"登格里"（dungri）。[9] 当时欧洲人和美国人还从未见过任何形式的棉布，所以看到棉布时他们全都兴奋得发狂。① 你觉得自己的高腰牛仔裤和廉价羊绒衫不太舒服？请试一试在只有动物皮、羊毛和亚麻衣服可供选择的环境里生活一段时间吧，这些基本上就是西方人在19世纪以前知道的所有服装材料。那个时代的衣服毫无舒适性可言，更不用提丰富多彩的颜色了（那些材料的着色能力都不是很好）。

棉布前所未有的柔软、轻盈和耐用令欧洲人惊叹不已，那种触感！那种感觉！起初，欧洲人无法确定棉花是动物羽毛还是植物（他

---

① 欧洲商人在东格里和东南亚其他地方登陆后，给当地人所穿的那种耐用工作裤起了一个英语名字"工装裤"（dungarees），这种裤子在水手中迅速流行起来，因为水手们恰好需要干湿两用，并且足够硬挺、可以在完成清洁甲板等工作时卷起裤腿的服装；这种布料还被用作制造船帆。后来，法国人也加入竞争，制造出一种仿制的布料。他们版本的"工装裤"产自尼姆市（Nîmes），而法语中的"来自尼姆"（de Nîmes）最终变成了另一个称呼牛仔裤的单词denim。除了denim，牛仔裤还有一个名字jeans，这两个词在今天已经没有任何本质上的区别，不过我们确实应该再次感谢法国人让我们的词汇变得更复杂：人们通常认为，"jeans"一词源自法语单词Gênes，脱胎于意大利港口城市热那亚（Genoa），那里的意大利水手们以身着粗棉布裤装的形象而著称。——作者注

们将其称为"植物中的羔羊"），但他们确实知道，这白色的绒毛有多么珍贵。"白色黄金"令整个欧洲大陆为之痴狂，也如后来众所周知的那样，导致了殖民主义、奴隶制的扩张，欧洲的崛起，乃至今天仍在运作的资本主义制度和体制的建立。为了获得气味更小、更不会刺激皮肤的衣服，所有欧洲列强（荷兰、丹麦、法国和英国）都成立了本国的东印度公司，以印度为基地，开展利润丰厚的棉花贸易。为了确保这种即将构成我们生活必需品的原料供应源源不断，欧洲人开始编织一个纵横交错的贸易航线网络，不仅覆盖印度，而且横跨非洲、欧洲，并最终将美洲也纳入其中。这需要大量的资本以及为这些资本服务的机构和人员，包括银行、合同、律师、公司和政府机构，以确保合同得到执行。在美国宣布独立前的几年里，棉纺织品出口额占东印度公司出口总额的3/4。[10] 这种商品的巨大体量从根本上改变了人们在社会各个层面的互动方式。没有棉布，就没有全球经济，就没有南北半球之间惊人的社会不平等，就没有妇女走出家门上班工作，也就没有工业化，而这一切，都是由失去了土地和自由的奴隶所推动的。

事实上，在前工业化时代，尽管棉花在舒适性和耐洗性方面可能是一项重大创新，但其仍然是一个高度劳动密集型的产业。首先是繁重的采摘工作，在美国，这主要由被贩卖到南部各州为奴的非洲人完成。[11] 但工作并不止于此，还需要将棉花纤维从紧紧缠绕的带刺种荚（称为棉铃）中摘除，才能继续加工制成牛仔裤或其他服装。如果徒手操作，一个人可能需要工作10个小时才能将一磅纤维去籽。不过后来，至少如史书所记载的那样，一个叫伊莱·惠特尼的人相信自己可以提高这个流程的效率。惠特尼于1793年申请了轧棉机专利，这是一种使用机械力将棉籽与棉花纤维分离的机器，有了它，一个人每天能加工大约50磅棉花。虽然伊莱·惠特尼因发明这一工艺而备受赞誉，但历史学家现在认为，这一想法最初来自某位籍籍无名的非洲奴隶，但当局不允许他们获得公民身份，所以在法律上也不允许他们拥有专利。随着这套生产系统的建立，工业革命也就此开始，我们（确切地说，他们）所熟悉的世界从此天翻地覆。

新式工业化轧棉工艺只会令本就无法满足的对棉花的贪欲和需求进一步膨胀。然而，棉花采摘还没有实现工业化，所以为了获得更多的棉花，就需要更多的人在田里工作。奴隶制度因此不断扩张。[12] 美国的棉花产量从 1790 年的 150 万磅增加到 1860 年南北战争前夕的 22.75 亿磅。南部农业区因这一产业而蓬勃发展。如果没有他们发往欧洲的满载"白色黄金"的船只，新奥尔良和查尔斯顿等南部港口城市就不会发展成为今天的大城市。

没有奴隶制，棉花的所有者、资金提供者和客户就不会获得如此巨大的成功。1850 年，320 万名奴隶在 15 个蓄奴州的土地上劳作，其中 180 万名奴隶是在棉田里工作，[13] 他们的生命从此融入了我们的国家和社会结构。南方并不是奴隶制的唯一支持者。虽然北方已经取缔奴隶制，但这项制度得到了北方（和英国）商人、银行家和投资者的支持，他们为了满足供需平衡而进行的合作则催生了现代资本主义。

事实上，这种做法并非必需。纵观当时（和今天）所有其他主要棉花种植国，例如印度，它们并没有像美国那样使用种种卑鄙的手段将棉花变成白色黄金。美国的棉花种植园还建立了第一批正式工作场所管理制度，[14] 并遗祸给现代工人。奴隶主详细跟踪工人的产出，将人类变成棉花采摘机器，并根据绩效评估他们的价值——如你所见，这一套做法已经嵌入今天服装生产和分销的整个环节中。

现在让我们继续回来谈工艺，我们发现，在轧棉工序之后的工作和商品化流程中，剥削程度更为严重。经过清理，棉纤维需要运往欧洲急需棉花的人那里，然后纺成纱线，织成布料，最后将它们制成牛仔裤、工装裤或其他任何你希望称作裤子的东西。这也是一项艰巨的劳动，在前工业时代，主要是由妇女在家中完成。她们坐在纺车前将棉绒纺成纱线，再拿着这些产品换取家庭必需品。然而在轧棉机投入使用后，为了满足对纺织品的需求的增长，纺纱工和织布工的用工需求大大增加，从而创造出另一股劳动力资本。

棉花就是以这种方式推动了现代工业化和不平等的发展。能够借棉花谋利的人在社会阶梯上爬得越高，那些不能借棉花谋利的人就跌得越低。现在，前者已经占据了一个有利的地位，能够通过一个建立在不平等基础上的制度剥削工人的劳动，而在这个总有索取者和奉献者，总要分出赢家和输家的世界里，似乎只有美国宪法（以及平衡账簿）还在唱反调。拜棉花所赐，人类本身也成为行销全世界的商品；以印度的棉布作为通货，与非洲贸易商交易换取奴隶，然后再用这些奴隶扩大美国南方的生产，生产更多的棉花（和布匹）在其他地方出售。

为了最大限度地发挥轧棉机的潜力，种植园主需要更多优质的棉花种植地，他们在更远的南部和西部找到了这些土地。唯一阻碍他们的是人，因此这次轮到了美洲的印第安人遭殃。为了确保不会在棉花竞赛中被淘汰，政府将印第安人从他们的土地上强行驱逐，所到之处，充满了死亡和毁灭。事实上，在印第安人拥有的土地上创建诸多棉花种植州的"路易斯安那购地案"，正是由世界棉商巨头之一，英国的托马斯·巴林（Thomas Baring）精心设计的。

我们将在本书接下来的章节中看到，类似的贸易流今天仍然原封不动地存在着。奴隶制已经在法律上被废除，但对劳动力和土地的剥削仍在继续。如我们所知，时装产业参与了资本主义的创造，而资本主义的承诺之一是共享繁荣。然而，根据 2020 年 1 月的爱德曼全球信任度调查报告，56% 的受访者认为，当前的经济形势并未惠及他们。[15] 2020 年，当我完成本书的大部分写作时，冲突、动荡和损失掀起的海啸似乎已让"共享繁荣"这个概念完全沦为空想。新冠肺炎疫情在全球肆虐，并对社会和经济造成巨大冲击，这不但暴露出我们以剥削和欺骗编织而成的全球结构是多么脆弱，也揭示出我们的欲望和需求实际是被人为制造出来的，一旦需要加大赌注，我们对服装的狂热将会迅速转向。在某一时刻，牛仔裤可能代表了一种民主和平等的理想，但当今社会用以遮羞的牛仔裤已经磨损到令人反感的地步。如果我们想恢复真正的民主价值观，我们需要透过我们购买、穿着和丢弃的衣服，重新审视渗透其中的政治和经济制度。

　　无论从文化、经济还是环境角度观察，我们目前都生活在一个极具挑战性的时代。在这个危急关头，我们应了解我们采取的行动将会对世界产生怎样的影响（无论是令其变得更好还是更糟），了解我们可以做些什么，将我们的衣服、我们自己和我们的体制转变成一股向善的力量，这一点从未像现在这样重要。在本书的最后一章，我将详细描述如何使服装成为我们恢复行使公民权利的门户，但在此之前，我们需要先认识一些人。现在就让我们开始吧。

第一章

增长心态
——得克萨斯州的棉花种植业

如果让你设想应该怎样开始讲述一个有关服装的故事，你的脑海里可能会浮现出某个光鲜浮华的都市中心，人们蜿蜒穿行在由货架、模特和标牌组成的精心设计的迷宫中，或者是一个简约精致的网站，你可以不断向下滑动屏幕，欣赏永远看不完的精美产品图片。但在这些产品和营销手段背后，我们牛仔裤的起源之地，无论是棉花农场还是石油钻井平台（我们稍后再详细介绍），看起来都与你购买它们的地方大相径庭。因此，当我沐浴着十月的温暖晨光，站在得克萨斯州西北部拉伯克郊外的卡尔·佩珀农场中，面对眼前绵延无际的土地，我比以往任何时候都更加深切地感受到奢侈品营销与大自然现实之间的鲜明对比——在自然的现实世界中，决定成败的关键是天气和运气。每当我们做出决定买下一件新衣服，我们实际上会牵动整个世界，这个充满了人类、植物、微生物、化学物质和碳的大千世界，也会受到这次买卖的影响。

在棉花生产方面，美国在全球排名第三，[1] 仅次于中国和印度，这都要归功于无数个像卡尔农场那样铺满白色棉绒、仿佛枕头一般柔软的棉田。美国用于种植棉花的所有土地中有一半以上位于得克萨斯州，得州的棉花产量也占到美国全部棉花收成的 40%~50%[2]（2019

年美国本土棉花产量估计达 88 亿磅）。[①][3] 从全球范围来看，共有 80 个国家和地区种植棉花，[4] 种棉用地占全球全部农耕土地的 2.53%，这些棉花最终将成为我们的牛仔裤（和其他棉制品）。2019 年，美国农业部估计全球棉花产量达到 585 亿磅。[5]

  我关于棉花的所有知识都来自卡尔，他不是所谓绅士农场主，[②] 而是一位具有真正绅士风度的农民。卡尔中等身材，有一双灰蓝色的眼睛，喜欢头戴棒球帽，身穿长袖衫，以抵御得克萨斯州的骄阳。他一望可知是一位农民基督徒，但又带着一股桀骜不驯的劲头，还有精于计算的敏锐头脑。他的声音十分悦耳，说话时用淡淡的南方拖腔娓娓道来，极为动听，以至我不得不时时提醒自己，以免不自觉地试图模仿他的口音。

卡尔·佩珀（Carl Pepper）

[①] 经查，美国 2019 年棉花产量为 439.9 万吨，约 97 亿磅，疑原书有误。——编者注
[②] 在美国，所谓绅士农场主是指拥有一个农场作为其地产一部分的地主，他们种地主要是出于自娱自乐，而不是为了盈利或维持生计。——译者注

佩珀家族迄今为止已经在美国生活了几百年，最早可以追溯到18世纪由现在的德国移民到美国的一些人。后来，卡尔父亲这一支于1876年经弗吉尼亚州、肯塔基州和密苏里州辗转落户于得克萨斯州。而卡尔本人则在得克萨斯州南部圣安东尼奥以西的一个农场出生并长大，那个农场占地800英亩[①]，土地依赖灌溉，并施用了大量化肥和农药。卡尔告诉我，他的父亲莱斯利·佩珀是第一代运用工业化农业种植方式来提高作物产量的农民。卡尔的父亲试图借助科学的最新成果和威力来驯服自然。新的化学产品和灌溉技术帮助他将农场发展成为一个足以养家糊口的成功企业。莱斯利的成功甚至使自己的儿子们乐于继承家族产业。卡尔回忆起他的父亲如何在拖拉机前面装上喷杆，在田里施撒新式化肥，置身于化学品的浓雾中丝毫没有防护，并且完全不当一回事儿，因为当年所有人都是这么干的。化学农业从20世纪40年代开始大行其道，原来用于战争的各种技术创新和原料供给纷纷转为农用。传统的耕作方式，包括通过作物轮作和土地休耕来让土壤重新恢复养分的做法，被大量使用化肥和杀虫剂所取代。

卡尔在27年前接手父亲的农场，他最初也继承了使用这些化学品的传统。不过，他接管农场的时间比预期提前了一点，因为像上面所说的那样施撒化肥和农药大约30年后，卡尔的父亲在1987年被诊断出患有急性白血病，并于三天后去世。临终前，他将卡尔和他的兄弟们召集在一起，告诉他们："孩子们，我不确定我用那些化学品对自己做了什么。"

卡尔一边用他的白色雪佛兰西尔维拉多皮卡载着我们参观他的田地，一边平静地讲述着他父亲的临终遗言，这令我大为震撼。他显然时时回想起这些话，还有他父亲的一生。"由此引发了一个漫长的思考过程。"他接着说道。

[①] 1英亩约等于4047平方米。——编者注

1992年，卡尔有机会从南得克萨斯州搬到拉伯克。他的二哥特里得到一块旱地（无须灌溉，只依靠雨水的农业用地），这块地是他妻子从其祖父那里继承的。特里的妻子深具环保意识，渴望将土地转为有机认证，这是政府应广大居民的要求，在当年推出的一个认证标准。

对于有机认证一事，卡尔其实并不完全买账。西得克萨斯州的土壤天然干旱，因此无法保证他的棉花在不施用化学物质的情况下顺利生长。但由于脑海中不时回荡起父亲的遗言，他觉得还是值得一试。反正万一有机这条路行不通，他总能找到各种化肥，让这块不毛之地像草头娃娃那样恢复生机。于是，他的团队先将高速公路沿线的160英亩土地转种有机棉花。与此同时，卡尔的大哥凯利创立了得州有机棉营销合作社，并担任经理至今。这家合作社由35个农户组成，一直到3年前，其生产的有机棉尚能占到全球有机棉总产量的2%~3%，美国有机棉产量的85%~90%。[6]

使用大量化学助剂种植的棉花，即卡尔的父亲和他自己种植的棉花，虽然仅仅发展了一代人的时间，但现在已经被称为"传统"棉花（事实上，再没有比这个用词更不恰当的说法了）。我很惊讶地得知，对于所谓"传统"的广泛接受只是最近才有的事，而当我看着卡尔整齐排列的，不借助合成肥料和杀虫剂的帮助自由生长的棉花丛，所谓"传统"的概念变得更加具有讽刺意味。我们现在给这种纯粹和不掺杂任何化学物质的农业形式取了一个特殊的名字——"有机"，但其实这种自然的方式才是更加传统的种植方式。

转向绿色：有机棉的财务成本

说到"有机"，你会想到什么？也许是"对我更好""对地球更好""可持续"，甚至也许是"绿色"。鉴于这些属性看起来都如此高大上，我很奇怪为什么没有更多像卡尔这样的农民将他们的土地用来种植有机作物？事实证明，其中某些属性在某些时候可能是正确的，但正如科米蛙①告诉我们的那样（这一点也得到了卡尔的证实），无论是环境还是金融，变绿②都绝对不是一蹴而就的容易事。大自然也许是有机的，但今天的服装业对此并没有那么在意。在接待我的过程中，卡尔解释说，如果农民种植有机作物，他们必须承担额外的成本，尤其是在刚开始的时候。你所购买的美国生产的有机牛奶或有机棉，必须要带有美国农业部（USDA）监管的标签。根据美国农业部有机标准生产的产品，通常不使用合成化学品（尽管有一些例外），其种子也必须是非转基因种子。[7]不过请记住，有机棉从农场收上来之后是否会使用化学品或是使用多少化学品，并不会影响有机棉制成品的认证，这个环节我们稍后再谈。

农场获得有机认证至少需要三年时间，认证费用约为1500美元。美国农业部需要为期三年的土地耕作记录，表明在此期间没有使用过限制性除草剂或杀虫剂，借此证明化学物质已从土壤中充分去除。三年零一天之后，从那片土地上收获的任何东西都可以获得有机认证。在转换土地的过程中，农民需要对新的方式和做法持开放态度，例如农作物轮作，让地力得到自然恢复，另外还需要更多人手，人工拔除杂草。虽然在三年过渡期中农民的成本会增加，但是他们并不能加价出售他们的产品来帮助收回投资。卡尔在寻求有机认证时，他第一块土地的化学品使用量已经相对较低，因此他在改变耕作习惯和适应反复无常、未经化学品处理的作物方面付出的努力相对较为温和。但是，大自然"清理"其自身所含化学物质的速度仍然过慢，无法满足像卡尔这样小企业主的需求。

---

① 科米蛙（Kermit the Frog）是美国电视节目中一个脍炙人口的布偶角色，20世纪50年代首次登上银屏，先后在《布偶秀》（The Muppet Show）和《芝麻街》（Sesame Street）中扮演主要角色，逐渐成为欧美流行文化的一个重要符号和标志。——译者注
② 欧美股市上涨用绿色表示，下跌用红色表示。——译者注

即使棉农愿意为学习新技术付出心血，并承担财务风险，他们的付出也不一定就能获得回报。相对于传统棉花，有机棉的市场价格已经出现振荡下滑的趋势。卡尔解释说，大多数有机产品的价格是非有机产品的两倍。1992 年，当他刚开始种植有机棉时，有机棉遵循同样的规律，每磅售价 1 美元（传统棉花的价格约为每磅 0.58 美元）。[8]"哈，我以为我要发家了，"他粲然笑道，蓝色的眼睛微微眯起，眼角处挤出几丝皱纹。90 年代的干旱使有机棉价格降至每磅 80 美分左右，但到 21 世纪初，有机棉的价格飙升至每磅 1.5 美元，这让卡尔获得了丰厚的利润，从而有财力完成了棉仓的设备升级。

但时代在变化。由于美国国内其他农场陆续转型，同时来自印度和土耳其的有机棉大量涌入，市场竞争日趋激烈，有机棉价格再次被压低至 1~1.1 美元。与此同时，尽管有机棉在棉花总产量中的占比很小（仅占 0.7%），[9]服装、化妆品和个人护理行业也没有足够需求将之完全消化。

我开始意识到，从农民的角度来看，向有机农产品的转型之路绝非坦途。后来，卡尔还向我介绍说，农业产业总体而言存在很大的固有风险。变化莫测的市场并不是导致农民收入受到有机农产品影响的唯一原因，大自然本身也同样不可靠。2018 年 10 月我拜访卡尔的时候，他正饱受旱灾之苦。通常，每年 5~9 月的雨季会带来大约 18 英寸①的降雨，但 2018 年的降雨量减少了约 4 英寸。卡尔的平均产量是每英亩 500 磅棉花，但那一年他每英亩只能收获 50 磅，使他当年收入较预期缩水了 90%。

自从农业出现以来，农民一直在与不可预测的产量和不可预测的利润做斗争。卡尔说，这是农民的宿命，而这也正是会有如此多农民借酗酒和吸毒来缓解压力的部分原因。美国 17 个州的男性农民自杀率是一般人口的两倍。[10]鉴于所有这些固有风险，我开始明白为什么农民不会立即抓住机会将他们的土地转向有机生产。尽管如此，卡尔

---

① 1 英寸约等于 2.54 厘米。——编者注

的态度仍然是以苦为乐，并相信终会苦尽甘来；年景好的时候，他就抓紧落实其他项目，比如修理和升级设备，而在干旱之年，他"只能耐心等待，咬牙坚持，勉力维持"。在这种时候，他会提醒自己记得"停下来环顾四周，并告诉自己，'谋事在人，成事在谁？肯定不在我'"。

棉铃是棉花植株的果实，这是棉花的花

为了应对价格和产量的变化，棉花行业成功通过游说获得了农产品补贴，自 1995 年以来，政府平均每年向棉农支付 21 亿美元。[11]补贴主要有两个方面：首先是提供棉花保底价格，当全球市场的棉花价格低于保底价格时，政府就按保底价格向农民收购棉花；第二个是提供由政府资助的保险，以抵御变幻莫测的大自然。补贴很好地提醒人们，当人们（如棉农）将他们的政治势力汇聚起来时，他们就可以让政府制定有利于他们的政策。[①][12] 这些补贴是这里还能种植棉花的

---

① 这一策略的合法性最近受到了质疑。巴西就此向世贸组织（WTO）提起诉讼，指责美国政府补贴推高了棉花价格，使得其他国家的贫困农民更难参与竞争。"援助组织乐施会（Oxfam）等批评人士长期以来一直认为，美国的棉花补贴政策将全球棉花价格压低了 14%，从而使西非的农民无力竞争。"——作者注

重要原因，毕竟世界上还有其他很多地方的棉花价格更便宜。

先进的技术加快了农业现代化的进程，无论是有机还是传统，而且我承认，技术还让农业变得很酷。我把参观卡尔农场的时间安排在收获季，以便我能够看到实际的棉花采收过程。在得克萨斯州南部，农民最早可以在 7 月采摘棉花。而在得克萨斯州西部，收获季节一般在 9 月底或 10 月初开始。高大的棉花采摘机看起来像巨型真空吸尘器，从棉株上摘下棉铃。这项工作曾经由美国南部的奴隶完成；现在，在劳动力成本极低的国家，仍然由手工完成。棉花从棉株上剥离后，就被收集到一个大笼子里，这个笼子构成了采摘机的主体。装满后，采摘机将其负载倾入另一台机车中，后者会将来自采摘机的棉花打成一个长圆棉包，好像是一条巨大的长面包。每个棉包的重量可达 25000 磅。[13] 有了这些机器，卡尔只需 4 名工人就可以在三四天内完成大约 4000 英亩土地的收获工作。

西得克萨斯州的棉花采摘

正在送入轧棉机的棉包

接下来，农民负责用半挂拖车将棉包运至邻近的轧棉厂，在那里将纤维与棉籽分离，再分别将棉纤维和棉籽出售。棉籽用于生产动物饲料，或压榨棉籽油供化妆品或烹饪使用。[14] 你知道 Crisco 这个烹饪品牌吗？Crisco 是"crystallized cottonseed oil"的缩合词，意思是"结晶棉籽油"。轧棉完成后，棉纤维储存在轧棉厂的仓库中，直到出售给棉纺厂，再在那里将纤维纺成不同的纱线，用来织成牛仔布或是针织 T 恤的面料。虽然距离轧棉厂不到 5 分钟路程的利特菲尔德过去曾经有过一家棉纺厂，但它在 2015 年被以 2.5 亿美元的价格卖给了一家牛奶加工厂。[15] 所以卡尔的大部分棉花现在先是通过铁路运到加利福尼亚，再通过那里的港口运往墨西哥和亚洲。

对大多数传统农民来说，棉花运到轧棉厂后就与他们无关了。在拉伯克，当地农民都习惯于聚在轧棉厂喝上两杯，那里成了除教堂以外的另一个社交场所，一旦棉包被卸下，农民都乐得眼不见心不

第一章　增长心态——得克萨斯州的棉花种植业　　**023**

烦，同时这种交易方式也导致在服装生产的整个流程中，体系"透明度"早早地被蒙上一层阴影。因为许多农民都是棉花交易所的会员，而棉花交易所通常会将棉花交易过程毫无必要地拆分成许多环节。参与买卖的农民不知道他们的棉花在进入轧棉厂后会发生什么：也许它们最终会变成一条牛仔裤或一双婴儿袜子，也许会与某种完全不同品类的纤维或有机棉/传统棉混纺。构成交易大三角的轧花厂、仓库和营销商可能不是同一家实体，每一方都会切走部分利润，这导致农民的整体盈利减少，棉花产品的价格上涨，同时棉花种植者和棉花购买者之间的信息共享被切断。

这套体系本来是为了简化以及改进棉花的种植和销售，但其设计本身导致了适得其反的结果。为了确保农民只需要关心多种棉花即可，我们采取了越来越多的措施，但结果却削弱了整个系统，使其日益复杂。你们猜猜这些最后会由谁来买单？其实是种地的农民。

事实证明，合作社成为卡尔的救星。它最初的构想是把产品归集在一起，稳定价格并向制造商营销（卡尔的哥哥负责这块业务），从而维护有机棉农的长期和短期利益。合作社可从两方面发挥作用。首先，皮棉入库，合作社负责客户营销和交货；因为没有外部经纪人，成本立竿见影地下降。这个体系还有助于棉农和客户之间保持更好的沟通。有些客户关系可以追溯到20年以前或更久，虽然他们大多是专攻特定领域的企业，但这种长期关系很有价值。农民们全都认识并熟悉他们的客户，能够分享有关特定收获季节的产量和质量的预测，从而使他们的客户更容易制订计划。来自这些客户的订单规模较小，交易金额不大，因此需要开拓更多的客户。但这也是农民的一种长期防御机制，正如任何优秀的财务顾问都会说的那样，多样性是稳定的关键。

几年前，合作社的董事会成员曾与一家大公司会面（卡尔要求我不要透露它的名字），而这证明了合作社的多元化战略是成功的。那家公司的高管们乘坐私人飞机而来，派头十足。他们说，"我们会买下你们的所有产出"，为合作社描绘了一幅无比美好的画面，让任何人都不禁怦然心动。但在签约之前，他们发现这家公司与附近的一些黄瓜种植户达成了一项生产腌制黄瓜的交易，以类似的大笔现金买断承诺诱使农民上钩，结果该公司每加仑罐腌黄瓜只卖一夸脱的价格，① 然后将折价销售的成本全部转嫁给农民。不用说，这次交易把农民害惨了。谈判的时候饼画得很大，而在腌黄瓜滞销的时候，他们跑路的步子迈得也很大，最后留下几乎一无所有的农民。有鉴于此，尽管那家公司表现得极其热情，合作社仍然决定不与他们合作。合作社成员决定永远不向任何一个客户承诺超过 50% 的收成。因为一旦你拥有一半以上，你基本上就拥有了全部。

　　最近，我又联系了卡尔，想看看在新冠肺炎疫情期间，面对疫情造成的经济不确定性，他的农场境况如何。从健康方面看，每个人都很好。他告诉我："在保持社交距离成为常态之前，我们就已经率先做到了这一点。"我上次去他那里时，困扰这片土地的干旱状况仍然没有完全缓解，不过他并没有遇到需求不足的情况。也许是因为他通过合作社与自己的代销商建立了密切的关系，也许是因为他的大多数代销商都不是服装公司，需求变化较小。

　　作为消费者，如果想要鼓励棉花产销模式的完善，我们就需要在实际行动上让天平向卡尔这一方倾斜。我们需要在购买服装时选择采用这种模式生产的产品，并以其他方式表达我们的愿望，从而让品牌明白，我们希望采用更有利于农民的模式。我们也可以学习最初针对补贴进行游说的农民，采取和他们相同的策略，要求通过立法，为农民提供经济激励，鼓励他们向更可持续的模式转型。有了政治领导人

---

① 1 加仑等于 4 夸脱，英制 1 夸脱等于 1.1365 升，美制分干量夸脱和湿量夸脱，1 湿量夸脱约为 0.946 升，1 干量夸脱约为 1.101 升。——译者注

对更可持续农业实践的支持，我们和我们赖以生存的地球才有可能放手一搏，实现人与自然的和谐共处，才不会去尝试主宰自然但最终徒劳无功。

转向（更加）绿色：有机棉的环境成本

既然面临如此多挑战，为什么卡尔和其他 67 名美国农场主，以及全球 21.9 万家农户仍然决定种植有机棉？[16] 几个世纪以来，这种不含任何合成化学物质的纤维为我们遮体避寒，成为我们经济的主导力量。现在，尽管面临挑战，这个市场却毫无疑问地在继续扩大。美国有机贸易协会（OTA）发布的《2019 年有机产业调查报告》称，2017—2018 年，有机纤维的销售额增长了 12%，达到 18 亿美元，其中大部分销售额来自有机棉。[17] 然而，正如我们所见，从财务角度看，有机标准并不一定能解决农民的问题。有机棉农民面临着重大风险，从漫长的认证过程到有机溢价的缩水，再到产量的莫测难料。而且，研究人员发现，相对于这些工作和风险，有机标签并不是可持续发展的完美裁决者。

为了更彻底地摆脱这个困境，我们需要更多地了解棉花乃至整个农业的生物学特征，以及人类如何变得越来越依赖合成杀虫剂和化肥。简而言之，农业的过程可以概括为播下农作物的种子，作物生长，以及农民收获这三个阶段，这个过程会大量消耗土壤中的氮。氮对农业至关重要，因为它为植物提供了生长果实（棉铃是果实）或植株的能量。传统上，农民会让土地休耕，自然补充土壤肥力，或者种植其他植物（即所谓覆盖作物，这些作物通常经济价值较低，如燕麦或荞麦），帮助重新恢复土壤中的氮。

后来，人类进入工业化时代。最初在第一次世界大战期间，农业工业化实践包括机耕、去除覆盖作物和连作，这让土地没有时间进行休耕。这些做法使土壤变得干燥并容易受到侵蚀,从而导致了摧毁美国西部大部分地区的"黑色风暴"(Dust Bowl)。二战后,需求的增加进一步加剧了土地的紧张程度。复员回家的老兵(和他们的"婴儿潮"家庭),以及来自德国等饱受战争蹂躏的国家对食物和衣服的国际需求,令大豆、玉米和棉花等经济作物的需求大增,这些作物有能力养活大量人口和牲畜。同时,由于汽车、制冷技术和超市的兴起,易腐食品的获取变得更加方便,进一步增加了需求。在巨大需求的驱使之下,农场只能不断提高土地的承载能力。他们缩短了田地休耕的时间,后来干脆彻底取消休耕。作物轮作也被放弃。就像世界各地在战时忍饥挨饿的士兵、平民和囚犯一样,土壤也在拼命努力维持其微妙的养分平衡。

不过,这个问题并没有导致 20 世纪二三十年代悲剧的重演。战争工厂似乎拯救了陷入困境的农民,而且是以一种让人瞠目结舌的方式,那就是炸弹。"传统"农业的繁荣不涉及真正的爆炸物,但在大量施用化学制剂种植模式的兴起过程中,爆炸物的成分发挥了至关重要的作用,并因此将我们拥有的食物和天然纤维数量提升到了一个新的水平。[①] 在 20 世纪三四十年代,大型工厂利用氮(及其副产品氨)为军队制造炸弹。D 日[②]之后,随着战争需求几乎停止,那些库存大量氮气的工厂找到了一个相当巧妙(虽然可能也相当短视)的解决方案:将所有高氨氮转化为合成肥料。

这一发展是革命性的。农民有了一种为土壤人工补氮的方法,无须保持土地休耕或使用覆盖作物。合成肥料不仅使透支的土壤恢复活

[①] 前战争工厂还是加工食品的发源地,工厂使用新的化学添加剂、染料、香料和色素,制造出与人们过去手工自制食品同质、保质期更久和更便宜的工业化食品,例如神奇面包、均质牛奶和世棒午餐肉。——作者注
[②] "D 日"(D-day)一般指第二次世界大战期间,盟军于 1944 年 6 月 6 日在法国诺曼底登陆之日。意指战争锁定胜局之后。——译者注

力，而且似乎比以前更肥沃；施过化肥的农场产出的作物比以往任何时候都更多更大。

大约在同一时间，（可防治虫害的）化学杀虫剂和（可防治杂草的）除草剂也被开发出来，首先便是众所周知的杀虫剂双对氯苯基三氯乙烷，即俗称的滴滴涕（DDT）。它的杀虫特性是由瑞士化学家保罗·穆勒（Paul Müller）于 1939 年发现的，穆勒因此获得诺贝尔奖。滴滴涕成为满足人类世界更多需求的又一个解决方案，它使农作物免于虫害之扰，提高了产量。除了在农场得到广泛使用，它还成为二战归国老兵的驱虱剂以及郊区后院的灭蚊剂。1947 年的一则广告宣称"滴滴涕对我真有益！"。图片是一个正在唱歌的挤奶女工，旁边是她的奶牛、一颗苹果、一个土豆、一只公鸡和一条狗。这则广告的含义是，滴滴涕可以（而且应该）在任何地方使用，从农场到家庭。

但是，害虫很快就对滴滴涕产生了抗药性，需要加大剂量才能达到相同的效果。直到1962年雷切尔·卡森（Rachel Carson）划时代的著作《寂静的春天》(Silent Spring)出版，滴滴涕的有害影响才暴露出来，[18]其中包括引发动物肝脏肿瘤以及对人类生殖能力的潜在影响，这让我们不得不反思，此前我们年复一年，餐复一餐地将食物、土壤和身体浸泡在这种毒素中的做法是否明智。1972年，滴滴涕在美国被美国环境保护署（EPA）禁用。这可不是我们本来希望从那些炸弹工厂获得的那种爆炸性效果。

这些强力施肥、喷洒、冲洗和重复施药的做法是卡尔的父亲学到的"最佳做法"，目的是让他的农场良好运转，这也是卡尔从小看到大的做法。在全世界用于农业的所有化学品中，棉田使用的农药往往是毒性最大的。在对棉产量占世界90%的国家和地区进行的一项调查中，所有受访者都能列出至少一种在棉花生产中经常使用的有害农药。[19]仅在一件使用传统棉花制成的T恤背后，就有1/3磅化学品；生产一条牛仔裤则需要消耗3/4磅化学品。[20]

今天，仍有一些农民认为没有理由改变这些方式，而过去几十年只是更加丰富了农民在农作物化学改造方案上的选择，尤其是像抗农达（Roundup Ready）之类的转基因种子，通过人工设计获得了对强效除草剂农达（Roundup）①的抗药性。肯特·考尔就是这样一位农民。他居住在位于拉伯克以南约30英里的塔霍卡。在过去80年里，由于工业化农业的发展（即合成杀虫剂和化肥，以及灌溉和转基因种子的使用），全球棉花产量翻了三倍。[21]尽管肯特抱怨对杀虫剂有抗药性的棉花种子成本更高，但他承认，使用转基因

---

① 农达（Roundup）是美国孟山都公司于20世纪70年代开发生产的，以草甘膦为主要成分的广谱灭生性除草剂。抗农达（Roundup Ready）则泛指孟山都于20世纪90年代研发的对农达具有耐药性的转基因技术，目前孟山都使用这种技术生产了转基因大豆和转基因油菜种子。——译者注

种子给他带来了更高的产量（尽管从长远来看这方面的证据并不充分），同时使用杀虫剂还减少了劳动力成本，因为他不再需要操心除草的事（除草工作需要靠人工完成）。现在，传统农民管理 3000 英亩土地只需要一名工人，相比之下，卡尔管理 4000 英亩土地需要 4 名工人。

不过，与肯特交谈时，可以明显地感觉到他也反对更大幅度的变革。他的言行举止处处流露出"南方绅士"的味道，这体现在他引导我穿过泥地的方式，还有当我在他妻子开的餐厅吃饭时他拒绝让我付钱。（吃的是什么？牛睾丸。千真万确，我没有说谎。）他不止一次地自称"红脖子"（redneck）[①]，对他终生恪守的行为方式颇为满意，包括从休斯敦用船把他的棉花运给鬼知道哪个地方的什么人去加工处理。尽管如此，他知道卡尔的有机模式（他们是朋友），并且钦佩卡尔在有机农业上的成功。"我认为卡尔一点也不疯狂，"他说，"我们还会喷洒（杀虫剂和除草剂），但不像以前洒的那么多了。我为了挣钱曾经帮很多人做过这种工作（为其他人喷洒农药）。我在几年前本应该也学他那么做，但我当时害怕了。"当我问他为什么害怕时，他告诉我："我不知道，我想我太懒了，我宁愿洒药。"

这正是卡尔所在地区许多农民在 2010 年前后的想法，当时许多农民种植"抗农达"棉花，这种转基因作物可以在喷洒除草剂"农达"后存活下来。[22] 孟山都（现为拜耳公司的一部分）于 1973 年获得农达的专利，到 2001 年，农达已成为美国使用最广泛的除草剂。农民们给大约 8000 万英亩的美国农田施洒了草甘膦，也就是农达的主要除草剂成分。但是这片土地很快就迎来一场狂风暴雨。大量农达细颗

[①] Redneck，也译作乡巴佬，乡下人，指美国南方从事露天体力劳动的白人，大多信教，言行保守。原意略带贬义，近年来随着美国国内社会矛盾的激化，很多捍卫美国传统价值观的人反以"红脖子"自居。——译者注

粒粉尘混杂在空气中，在大雨和西南风的帮助下，飘落到原定喷洒区域以外的树木和其他无抗药性的植物上。卡尔说，这次轻微的、间接的除草剂施用使所有的树木都生病了，呈现出一副"没精打采"的样子，但当时没有人将这些事情联系在一起。"你惹恼了大自然，它就会踢你的屁股。"他笑着告诉我。但是，我们现在真的被狠狠地踢了屁股，而且无法做到一笑了之。

无论怎么说，种植棉花所施用的化学品都与"传统"搭不上边。大自然，无论是土地本身还是我们的身体，都耐受不住化学品的侵害，无论是什么类型的化学品，也不管施用的数量多少。卡尔的父亲并不是唯一一个在多年接触化学品后死于癌症的人。20年后，他的二哥特里被诊断出患有脑癌。他坚持治疗了一年，但很快就连走到他的谷仓也做不到了。两天后，即11月中旬的一个早晨，特里去世了。那天一大早，卡尔突然带着一种奇怪的感觉醒来。两小时后，他的嫂子打来电话，告诉他特里已经走了，时间就是他醒来的那个时候。卡尔说："现在我还在与杂草做斗争，而特里已经去了耶稣那里。"

癌症是卡尔今天成为有机农民的重要原因，他从家人经历的磨难中吸取的教训，使他对什么才是使用合成化学品的最好方法得出了不同的结论。不使用合成化学品（即有机模式）有助于改善土壤健康，从而避免对化肥和杀虫剂的需求。卡尔说，在转产有机农产品后的五六年内，你就会开始看到土壤发生了变化——它的碎屑、保持水分的能力、营养水平，甚至气味都不同了。你都不必是一个农民，不需要一双受过泥土训练的眼睛，就能注意到这些差异。与邻居们尘土飞扬的传统农场相比，有机农场郁郁葱葱的面貌让我大为震撼。只要任其自由发展，通过轮作和覆盖作物的滋养，土壤的生态系统就能得到重建。使土壤中能够抵御病虫害的微生物蓬勃发展并生成养分；而这种细菌同样存在于我们的肠道里、皮肤上，基本上无处不在，负责调节我们身体的所有系统，包括免疫系统。美国土壤健康研究所（National Soil Health Institute）目前有19种不同的指标来衡量土壤健康度，[23]包括有机碳和其他矿物质的存在、作物产量、质地、保水率和微量营养素。不需要太多投入就能产生很大的不同；仅增加1%的有机物质，每英亩土壤的保水量就能增加20000加仑，大大增强了土壤的抗旱防涝能力。

那么，在经历了这么多风浪之后，"有机农民"卡尔是否认为未来是有机的呢？并不完全是。

对卡尔来说，土壤健康和产量才是关乎其农场未来的最重要因素，并且他认为，如果想要使棉花产业整体变得更加可持续，那么我们都应该转而朝向这些指标努力，而不是简单地回答是或不是，或者在合成化学品或有机农业中二选一。与此同时，数据也从另一个角度支持了他的观点。平均而言，有机农场的产量低于传统农场。但是在分析产量差异时，还是按平均水平比较，有机农场的单位产量碳足迹同样低于传统农场。[24]我在上面的句子中说了两次"平均"这个词，是因为各个农场之间存在显著差异，我们不应该把研究重点放在有机与传统的区别上，而是应该更多地关注可以采取哪些具体措施，帮助农民长期以最小的碳足迹获得最大的产量，同时又不会将农民或消费者（指我们所有人）置于风险之中；以及实施怎样的经济激励措施，才能确保农民的行为与这些目标保持一致。

卡尔推崇再生农业①，一种专注土壤健康的模式。他还喜欢"外科手术"式地精准使用合成除草剂的想法（有机标准不允许使用合成除草剂），因为使用人工拔除杂草会显著增加农民的耕种成本。说到这里，

---

① 再生农业实践可以包括：免耕耕作，即农民不再犁地，而是钻孔播种；使用覆盖作物，即农民收获主要作物后种植覆盖土壤的植物；多种作物轮作，如在几年内轮换种植三种或更多种作物；畜牧和作物种植相结合。——作者注

他带着跃跃欲试的神情兴奋地告诉我，约翰迪尔[①]与一家名为蓝河科技的公司建立了合作伙伴关系。他们正在开发人工智能技术，赋予喷雾器精准施药能力，这将使传统农民的除草剂使用量减少90%，[25]同时挽救更多遭受病害的作物。但这项技术仍然非常昂贵。"我相信并热爱有机，"卡尔说，"但我也是一个看财务数字的人，财务数字必须说得过去才行。我们现在进入了一个未知的区域。如果完全遵守现在的有机标准，那么眼下这个时点人们不会有很大的动力去做有机产品。"

现在，农业产业就像是一个瘾君子。由于合成化学品的广泛使用，随着时间的推移，杂草和害虫逐渐对药物产生了耐受性。[26]而没有了覆盖作物、作物轮作和翻耕的单一作物农业，面对一味追求短期利润的做法，只会需要更多的化学品，从而令问题进一步恶化，并最终毒害了我们（以及我们的土地）。如果我们继续沿着这条路走下去，整个生态系统都将面临药物过量的危险。正如美国农业部土壤科学研究员里克·汉尼所说："我们的所作所为从本质上讲是在破坏土壤的功能，所以你必须喂给它越来越多的合成肥料才能不断种植某种作物。"[27]把药物从市场上完全清除出去固然是解决我们成瘾问题的一种方法，这也是有机认证所做的。毋庸置疑，这是一个积极的动向，但是，如果世界上再没有任何可以减轻疼痛和挽救生命的药物，那么这将是一种侮辱，抹杀了人类驻足地球这段短暂的时间内在医疗技术领域所取得的巨大进步，并使社会倒退到大量人口死于瘟疫的恐怖日子。而卡尔期待的整体发展模式则实现了两全其美——既没有过量用药，也不会有瘟疫，同时还兼顾了对土壤健康的关注，确保不会出现反复。

无论是传统农民还是"有机农民"，往往都免不了与自己的土地

[①] 约翰迪尔（John Deere）是《财富》杂志世界500强之一，全球最大的农机制造商，世界领先的农林机械、建筑、草坪和场地养护、景观工程和灌溉领域先进产品和服务供应商。1837年创建，目前全球员工数47000人，总部位于美国伊利诺伊州莫林市。——译者注

发生令人沮丧的冲突。如果你选择做前者，就会将你自己、你的工人、土地以及每个消费你产品的人置于潜在风险之中。此外，市场的运行机制使你在作物离开土地后就再也不知道任何有关它们的信息了。如果你选择做后者，你将承担财务风险，也不能完全解决气候影响问题，并将与一套面临腐败侵蚀的体系紧密绑定。有大量证据表明，在最大的有机棉出口国印度，由于检查松懈，一些传统棉花也被标记为有机棉。[28]

即使得到适当的监管，有机认证也只能解决现代农业环境问题的一个方面，即投入。没错，我们当然需要注意我们对土壤表里施用的物质，但是土壤健康本身就不重要了吗？目前，还没有专门针对土壤健康的认证或法规得到广泛使用。

通过拥抱再生农业实践，卡尔无须在传统或是有机这两个极端之间做出困难的抉择。而且要让我说，这也提高了他自己的工作幸福感，因为现在他只需要做他最喜欢的事情：耕种。一个采用整体可再生模式的农民必须真正与土地建立关系，关注他的作物需要什么，并根据经验和科学做出决定，而不仅仅靠信仰（尽管祈祷下雨也没什么害处）。他仍然需要除草，但所需的劳动量不会那么大，因而在总体上可以为他省钱。更进一步，合作社的营销模式可以更透明地将农民与服装品牌联系起来；如果我们按照本书所希望的方式改造整个系统，品牌就会将这些信息传递给它们的客户。在卡尔的理想世界中，"农场的生产方法与消费者之间将形成垂直整合的关系。哪里有透明度，哪里就能让从上到下的每个人都赚到不错的工资，而最终用户则能得到一个好的产品。这种透明度将提供农场所需的稳定收益，并使消费者获得独特的情感联系，意识到自己的钱是如何使用的。最终，这会让制作一件衣服的总成本达到健康的平衡"。

尽管可再生模式的益处很显著，但它并不是万能的。一些再生农业的支持者将其描述为圣杯，声称这些实践是气候变化的解决方案。[29] 不过，尽管我很讨厌传播可能的坏消息，我必须说目前有关这方面的数据仍然好坏参半。几乎没有人质疑可再生模式有助于改善土壤健康和遏制土壤侵蚀，但总体而言，断言这种模式能够解决气候变化问题仍缺乏成熟的科学依据。支持者认为，我们可以将二氧化碳作为有机碳储存在土壤中，借此来去除空气中的二氧化碳。但是，目前对于土壤固碳的原理[30]还没有一个完美的科学解释。因此从长远来看，可再生实践是否真能固存更多额外的碳仍然是不确定的。可以确定的是我们还需要进行更多的研究，正如美国农业部的里克·汉尼所强调的那样："我们需要更多的独立研究。就我们对土壤功能及其生物学特性的了解而言，我们所掌握的仍只是冰山一角。"[31] 然而，美国农业部的研究预算持续遭到削减，这完全不合情理，因为缺少了这方面的研究，代表化学工业利益的声音就会在对话中占主导地位。

卡尔告诉我，自从我大约一年半前到访以来，他看到年轻农民对采用可再生模式的兴趣越来越浓厚，行动也越来越多。这无疑是非常有希望的一件事，因为随着农业人口老龄化，未来十年将有许多新的年轻农民接管我们的土地。据农场主全国公司（Farmers National Company）表示，在未来 20 年内，美国将有 70% 的农田会转让所有权。[32] 这意味着我们在这片土地上会迎来更多的卡尔，他们愿意大胆尝试新事物。想象一下，如果我们通过独立研究给他们提供支持，确保我们了解和改进可持续实践，如果我们制定经济激励措施来推动农民采用有利于气候的做法，并打破"更多棉花、更多化学品、更多衣服"的循环，我们将会看到怎样巨大的转变。

第二章
中国制造纺织品

我的眼前仿佛是一台巨大的棉花糖机器。当然，它生产的不是棉花糖，而是正在将真正的棉纤维变成纱线。我眯起眼睛，远远看到在工厂的另一端，一大卷已经染色的成品面料正静待被制成衣服——可能是一件 T 恤，也可能是一条牛仔裤。在我们牛仔裤之旅的下一程，我们将进入一个机械、政治、经济和环境力量错综交织的复杂结构，在它的助力下，时装产业得以维持目前庞大的全球规模和高速运转，虽然很难说结果是好是坏。

我正在参观位于绍兴的浙江 QM 纺织印染有限公司。绍兴是一座拥有 500 万人口的工业城市，位于中国东海岸，在上海市的南部。在这座庞大的工厂里，皮棉，也就是我曾在 7650 英里外的得克萨斯州看到的从轧棉厂出来的那种棉花，被进一步清洗、打散、均匀、纺纱、编织、染色，最终制成可以剪裁和缝纫的纺织面料。

我们，还有我们的牛仔裤究竟是如何从得克萨斯州来到中国的？我在 QM 亲眼所见的很多工序过去都发生在离家更近的地方。正如卡尔告诉我的那样，卡尔和肯特的美国农民前辈更有可能将轧过的棉花送进美国的纺纱厂和织布厂，但由于法律和政策追求公司利润至上，而不是以人为本，亦不以保护地球为己任，这些工厂大多关闭了。站在以惊人速度隆隆运转的巨大机器面前，我想起了我在北卡罗来纳州参观过的那家工厂，那是几年前我为 Zady 采购时美国仍在运营的少数工厂之一。我把手机内的照片调出来给中国工厂的车间主任看，这位身材微胖的中年妇女睁大双眼，眼珠子几乎瞪了出来，接着爆发出一长串断断续续的笑声。我的翻译转述了她的回答："这些机器真是太旧太短了！"

北卡罗来纳州工厂里的纺纱机　　　　　中国工厂里的纺纱机

虽然我们总是觉得美国是一切尖端科技的发源地，但美国纺织生产基础设施残存下来的那一点点东西在很大程度上确实已经过时了。事实上，我在北卡罗来纳州拍摄到的纺纱机的品牌是萨柯－洛厄尔（Saco-Lowell），这家公司以前是美国最大的纺织机械制造商之一，但很可惜，它现在已经退出市场。我能想象得出，当制造机器的公司倒闭后，机器的维护会有多么困难。

如果美国纱厂的设备只是老旧且难以维护，那倒还不是太过糟糕。问题的关键在于，这些旧机器在其他许多方面都没有跟上时代的步伐，面对当今纺织厂面临的全球化生产规模的要求劣势尽显。正如我的东道主指出的那样，美国的机器很短。机器越短，所装的锭子就越少，从而意味着织出的面料也就越少。与此形成鲜明对比的是，中国拥有最新、最大的机器以及由此带来的巨大产量。在如繁星般遍布中国各地且时刻运转、不眠不休的纺织品（和所有商品）的制造工厂中，拥有 7300 万米纺织面料产能的 QM 只是不起眼的一家。从 2019 年 7 月到 2020 年 7 月，中国共生产了 458.6 亿米长的面料，足以环绕地球超过 1219 圈。[1] 2015 年，中国出口了价值 2840 亿美元的纺织品和服装，占全球市场的 43%。[2] 此后受多种因素影响，整个行业的增长略有下降，但在 2018 年，中国仍然出口了价值 1190 亿美元的纺织品，占全球市场的 37.6%，[3] 远远超过仅占市场 6% 的第二大出口国印度。"世界工厂"[4] 的称号绝非浪得虚名。

中国今天在制造业，而非仅在服装行业中的主导地位，是本国和其他国家制定的决策与政策交相作用的结果。在 20 世纪 70 年代，中国刚刚经历了"大跃进"和"文化大革命"，仍然在其余波中摇摇欲坠，这两场运动严重破坏了中国经济并造成大量人口死亡（我们中的一些人可能不喜欢资本主义目前的样子，但中国对计划经济的改革至少应该算是一种提醒，告诉我们生活中没有包治百病的灵丹妙药）。中国政府决心发展经济，并逐步摆脱计划经济，进行了一些市场导向的改革，包括 1978 年的对外开放政策。中国市场鼓励外国企业投资以帮助促进中国出口，从此走上举世闻名的开放发展之路。

在中国实行对外开放政策之前，二战后的世界强权也都曾寻求开放本国经济，这是基于如下理论，即一起做生意的国家之间不太可能彼此开战。而全球贸易更是在此之前早就存在，例如丝绸之路和棉花贸易，它们都是以服装纤维为基础的庞大国际贸易网络。但是，那时的全球贸易只占大多数国家经济的很小一部分。新的政策开始改变原产地的格局。海外许多国家的工资远低于美国，部分原因是缺乏对工人的保障（本章稍后将讨论这个问题），它们的产出开始对美国本土的工人和制造商构成威胁。20 世纪 60 年代，在美国人穿着的服装中，有 5% 为海外制造，主要产自日本、中国香港（当时尚被英国占据）、巴基斯坦和印度等新兴市场。到 20 世纪 70 年代，这一数字飙升至 25%。（今天，美国人穿着的服装中 98% 以上都是在国外制造的。[5]）

为了应对这一全新且不断增长的威胁，美国纺织业和服装业工人（通过他们的工会）与管理层形成了罕见的联盟，以保护自己免受外国竞争的冲击。他们一起成功游说限制进口纺织品和服装，最终达成了 1974 年的《多种纤维协定》(MFA)。[①][6] MFA 是一项基于配额制度的单一全球协议，根据 MFA，美国和欧洲各国政府为各进口国规定了可以接受的纺织品／服装上限，以保护其国内产业。

虽然 MFA 的初衷是防止外国竞争，但最终产生了相反的效果。服装公司的高管们并没有将超出国家配额的那部分制造工作带回美国或欧洲，而是在其他配额没有用尽的国家寻找和开发新的低薪酬制造商，例如孟加拉国和泰国。由此，一场逐底竞争正式上演。

━━

我们是如何走到今天这一步的？李维斯的案例完美诠释了整个过程。作为定义美国文化的原创服装品牌之一，李维斯是从牛仔到嬉皮士的必备服饰，在其历史的大部分时间里，这意味着那些牛仔和嬉皮士们都穿着由美国人用美国棉花亲手制作的服装。自 1873 年铆接蓝

---

① 《多种纤维协定》(Multi-Fiber Arrangement, MFA) 是指在 1972 年关贸总协定纺织品委员会主持下，42 个纺织品贸易国经过艰苦谈判所达成的《国际纺织品贸易协定》。——译者注

色牛仔裤获得专利以来,李维斯所有产品使用的棉花和劳动力都来源于美利坚合众国境内,最终帮助得克萨斯州的埃尔帕索加冕成为世界牛仔服装之都。在 20 世纪 90 年代,埃尔帕索每周可以生产 200 万条牛仔裤,其中许多是李维斯品牌。(我们将在下一章介绍李维斯帝国的一位关键人物,埃尔帕索一家洗水厂的老板。)在其北美业务于 1996 年达到顶峰时,李维斯雇用了 3.7 万名员工。(一年入账 70 亿美元。)不过,这种制造业的辉煌今天早已烟消云散,目前李维斯已经没有一条牛仔裤是在美国生产的,[7] 在美国售出的 4.5 亿条牛仔裤中,几乎没有一条带着"美国制造"的醒目金色标签。[8]

更重要的是:李维斯不再真正制造任何东西。虽然品牌名称保持不变,但在名称背后,整个业务已经完全改变。李维斯已经从制造商转变为一个商业品牌,其主要功能不再是生产(虽然在此之前服装品牌的业务模式就是生产),而是设计最佳产品组合搭配并将其执行落实。商业品牌这种新的业务模式正是让 MFA 变质的原因所在;由于这种模式不在意产品的制造地点和方式,因此首席执行官们关闭了自己的制造工厂,并愿意放弃历史悠久的美国制造商,例如埃尔帕索那些牛仔服装制造商的先驱,转而投身价格更低的海外同行的怀抱。我们现在看到,这种商业模式也对主要时装品牌的领导层产生了影响。奇普·伯格(Chip Bergh)于 2011 年加入李维斯担任首席执行官,此前他在宝洁从事营销和广告工作二十多年,没有制造业的经验。

你也许会问,公司专注于营销有什么错吗?毕竟,如果品牌想赚最多的钱,它们就必须以最高的利润率销售最多的产品。但是,赚最多的钱实际上并不是"公司制"(绝大多数大企业都采用法律实体形式)创建的初衷。它的本意是为开发铁路和医院等具有公益性质的项目汇集资金,学术界称其为利益相关方模式,因为在决定公司的经营方式和经营内容时,公众、工人和所有者(又名股东,即那些在企业中拥有股份的人)的利益都要兼顾。这套模式的基础是我们的民主主义理想：人民选举政府，政府制定章程，并允许创办公司以为人民谋取利益。但到了 20 世纪 70 年代，在经济学家米尔顿·弗里德曼（Milton Friedman）的大力鼓吹下，公司制度开始转向几乎纯粹的赚钱机器。在打破传统的利益相关方模式时，弗里德曼宣称，"企业有且只有一项社会责任"，那就是"增加利润"。[9]股东，即技术上拥有公司的人，从此在全体利益相关方中占据了优势地位。

这种股东至上的模式成为 20 世纪 80 年代在企业和政府中大行其道，被统称为"新自由主义"的系列经济思想的组成部分。弗里德曼是这一意识形态理论上的教父，其核心思想是公司应该从事赚钱尽可能多的业务，而不受约束的自由市场（私有化、放松管制、超全球化、自由贸易、减少政府支出）将达成最大的社会利益。对于李维斯和其他许多类似的公司来说，这意味着经营模式的转型，原来在生产牛仔裤的同时还要捎带关心一下别的事情，例如工厂的工人和埃尔帕索的社区，现在生产牛仔裤则只需要考虑股东利润增长和利润最大化就行了。

由于 MFA 存在的漏洞持续激励海外生产，而新自由主义思想主导了经济，自 20 世纪 90 年代以来，对于所有希望在牛仔服装或其他领域通过竞争一决高下的公司而言，将生产从美国转移出去成为标准操作模式。李维斯曾试图坚持利益相关方制造模式，但发现在秉持股东利润最大化的商业品牌盛行的市场中，这种模式毫无竞争力可言。1993—2003 年，有 200 个新服装品牌进入市场，其中也包括牛仔服装品牌，这些品牌大多都更时髦（因为其专注于商品销售），售价更低（因为制造地点在海外）。在埃尔帕索，一条牛仔裤的生产成本近 7 美元，[10]而仅仅在边境另一侧的墨西哥，它的成本连 7 美元的一半都不到。到了中国，一条牛仔裤的成本甚至只有 1.5 美元。在短短五年内，李维斯的收入就从 1997 年高峰时期的 70 亿美元下降到 41 亿美元，而从 2001—2010 年的十年间，它的收入从未超过 45 亿美元，这让李维斯开始感受到压力。如果李维斯想提高收入，看上去它只能效仿竞争对手成为一个商业品牌，以降低生产成本。

现在轮到营销救星伯格出场了，他和其他多位高管从各自的职务角度出发，开始宣称：李维斯需要"削减成本，推动现金流，加强数据驱动，增强财务纪律，以腾出资金来投资技术和创新"。[11] "削减成本"和"财务纪律"意味着什么？好吧，鉴于牛仔布中的"物"，即棉花，已经成为牛仔服装生产过程中附加值最低的组成部分，那么能够削减的就只剩下"人"（美国工人）和"地"（美国）。应该指出的是，高管及其薪酬从来都不属于被削减的"人"或"物"之列；2002 年，时任首席执行官菲利普·马林瑙（Philip Marineau）的薪酬总计高达 2510 万美元，[12] 甚至超过了李维斯的全部净收入。

———

猜猜谁正在敲开大门，并备好数百万当时亟须工作的工人，热切地准备着承接这些被美国削减的产能？自然是中国的企业，以及一个积极帮助他们接单生产，决心不走新自由主义之路的政府。就这样，曾经用于生产"美国制造"牛仔裤的棉花开始渡过太平洋，变成我们可以用越来越低的价格购买的裤子，让我们的大脑充满内啡肽，让我们的衣柜塞满衣服，让管理层和股东的口袋里装满现金。

面对 MFA 配额限制与商业品牌增长愿望之间的巨大差距，中国挺身而出填补了空缺，无论从准备程度，还是从意愿和能力方面都表现得极为出色，而这绝非偶然。中国政府专门选择纺织服装业作为开放政策下重点发展和推广的一项国内产业，因为经过计划经济时代的发展，中国的纺织行业已经拥有为本国人民制造服装的基础设施和经验。此外，作为一个高度劳动密集型的行业，纺织服装业也能为庞大且不断增长的中国人口创造大量就业机会。最后，服装生产不需要非常先进的技术，因此无须大量投资即可快速启动和运行。

虽然开放政策实现了贸易自由化（这是新自由主义的一个特征），但中国并没有放手让市场决定一切。相反，政府深度参与，为轻纺工业提供多项优惠条件，并将其列为享受"六优先"政策[①]的产业之一。政府积极参与设计产业政策，为中国纺织服装行业创造了竞争优势，并促进了整个行业的快速扩张。

中国还将这种模式应用于其他行业，逐个部门地向世界敞开了制造业的大门，并以令人难以置信的速度发展了经济。开放政策最终促成中国于2001年加入世界贸易组织（WTO），确立了世界经济强国的地位，并带动了服装业的进一步发展。仅2002年一年，中国的服装产量就增长了8%。[13] 到了这个时候，西方服装业几乎已经溃不成军。2005年，MFA终止，从而取消了向发达国家出口服装的任何国别配额。MFA的终结解除了对中国服装业的束缚，为它打开了一个无限的增长空间。

实际也确实如此。中国全国纺纱厂的产量以惊人的速度增长，从20世纪80年代的1800万锭增加到2015年的1.2亿锭，占全球产量的48%。[14] 埃尔帕索将牛仔服装的王冠拱手让给位于中国东南部的新塘镇，该镇在2010年生产了3亿条牛仔裤。[15]（2020年夏，王冠又传给了时装王室的另一位成员，它是谁？请接着往下读。）新塘的产量是埃尔帕索巅峰时期产量的两倍多，而在每年的牛仔裤总产量中，60%为中国制造，40%在美国销售。[16]

[①] 享受"六优先"政策的产业在下列六方面享受优先支持：原材料、燃料、动力供应，挖潜、革新、改造措施和基本建设，银行贷款，外汇，国外先进技术引进，以及交通运输。——作者注

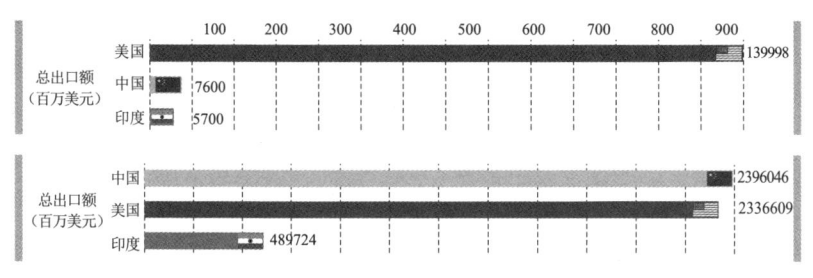

总出口额（百万美元）		
美国		139998
中国		7600
印度		5700

总出口额（百万美元）		
中国		2396046
美国		2336609
印度		489724

中美两国出口金额的巨大变化（上图：1975 年，下图：2017 年）

深入世界工厂

就这样，我来到中国，想亲眼见识一下这个世界工厂搭建的纺织厂运营规模到底有多大。而 QM 纺织印染有限公司，也就是在本章开篇令我驻足观看的那台巨型"棉花糖机"的主人，正是首屈一指的一家中国纺织工厂。它的客户包括李维斯[17]和阿伯克龙比（Abercrombie）[18]等许多耳熟能详的品牌，而它的历史也与中国纺织业的增长轨迹几乎完全吻合。我的向导，40 多岁的公司首席执行官查尔斯·王（Charles Wang）邀请我去 QM，并乐于向我展示工厂的全貌。当他做自我介绍时，我惊讶地发现他没有用翻译，而且他的中西部口音与我的几乎没有什么不同。他一袭黑衣，谈吐不凡，在我们谈话的前 5 分钟就引用了尼采和埃隆·马斯克两人的话。

查尔斯对茶和威士忌也有着一流的见解，堪称一位博学广闻的通才。他出生在中国，在我探访时，他也恰好与家人一起生活在中国，但他是在密歇根州的迪尔伯恩长大的（因此有那里的口音），获得医学博士学位后，查尔斯曾在著名咨询公司麦肯锡担任咨询顾问，在美国度过了他早期职业生涯的大部分时间。

尽管已经取得了某些人眼中级别很高的美国式成功，查尔斯成年后仍然回到了中国。你可以说他是听从了心灵的召唤。他妻子伊冯娜（Yvonne）的家族拥有 QM，公司于 1964 年在中国香港创立，当时只是一家简陋的染坊。随着中国经济的持续开放，1996 年，QM 进军中国内地；中国加入世贸组织后，他们于 2003 年开设了我踏足参观的那间工厂，扩大了纺纱、织造和染色业务规模。查尔斯的岳父魏志国年岁渐老，所以当家人开始寻找继任者时，他们转向了伊冯娜的新婚丈夫，因为他们认为查尔斯曾就职于美国咨询业的背景可能有用。于是王博士顺理成章地站了出来迎接新的挑战。

参观的第一站有点儿似曾相识。虽然距我上次拜访得克萨斯州已经过去了一个月，但站在一捆捆包装紧实的棉花中间，我仍然感受到卡尔和肯特的存在。这些棉花都是刚到的货，它们通过火车和轮船，从美国和澳大利亚的轧棉厂远道而来。在 QM 的办公室，我对着一张美国产棉州的地图不禁露出了笑容，上面标注着一个代表拉伯克的大三角形。QM，以及其他纺织厂几乎都通过交易所购买棉包（卡尔曾抱怨过这种匿名交易系统），基于纤维长度和强度、颜色和杂质百分比等标准计算价格（稍后会详细介绍）。有人告诉我，我访问当天看到的棉花将用来生产一个著名流行商场品牌高品质衬衫所需的面料。工人们卸下棉包，并将它们一个紧挨一个排成长长的几大排，然后一名举着重型剪刀、不苟言笑的男子将这些一一剪开。

所有棉包都被打开之后，一系列巨型机器通过大风量吹风对棉花进行开松和清理，去除逃过轧棉机处理的虫子、灰尘和棉株残留物（这就是前面所说的杂质）。然后，经过一套在我看来类似于吹干卷发的多步骤流程，棉花得到充分梳理。机器重新为棉纤维定向，使它们朝向相同的方向；我眼前的这些棉绒绳被称为"棉条"〔sliver，这个单词的发音与"潜水员"（diver）同韵〕。最后，棉条被打卷装入巨型棉条筒，运往其他各类工厂，并可能与其他材料混织，例如聚酯纤维（我们稍后会详细讨论这种纤维）。

接下来发生的事情才真正令人兴奋。一位朋友加入我们：他开着一辆专用的棉条筒转运车，将棉条筒送到精梳站，在那里去除低质量的短纤维。QM 的人机比低得惊人，除了这位司机，我在 QM 参观的整个过程中几乎看不到什么人影。而我们见过的少数几个人都穿着白色围裙，戴着口罩和发网，像幻影一样四处游荡，监督机器的工作。查尔斯向我解释说，大多数员工都是中年人，因为工厂工作对中国的年轻人来说实在没有太大吸引力。从长远来看，这给中国以增长为重点的经济带来了一个大问题。如果没有新鲜血液的加入，整个行业难免会逐渐没落。他说，"现在每个人都在寻找快钱"，从事银行之类的工作，"但这是不可持续的。"

回到我们的棉花上。棉条在被纺成纱线之前还有很长的路要走，要经过粗纺、精纺和加捻等步骤，然后才会在我们面前出现我认识的东西：纱线。但是等等，还不止这些！我们不会在胯上围一条腰带，然后在上面挂满纱线四处走动，称它们为裤子（那是流苏，完全是另一种外观）。纱线还需要编织成一卷卷的面料，这个过程需要分三个阶段完成。首先，精纺出来的全新纱线需要先进行"经编"（请回想一下一年级的编织课），确定整个编织过程的垂直部分；然后"上浆"，通过临时添加淀粉对纱线进行强化，使其在编织过程中不会断裂，然后开始编织。在机器的推拉下，纱线仿佛交互跳绳般起起落落，编入织物组织。而织布机的运转速度如此之高，其产生的噪声令我们不得不带上耳塞才能进入织造车间。在织造过程中，巡视员要一直来回巡视。我不时能看到他们的蓝色制服在一排排机器后面闪过。

离开织造车间后，我们走入另一座巨大的厂房，已经织好的面料成品要在这里进行品控检验，以确保成品中没有破洞、抽纱、随机碎片或其他瑕疵。这个岗位需要一位工人一整天站在那里，看着大幅大幅的面料在背光板前滚过，将所有疵点标记出来。我回想起我最后一次跑完 5 英里的感觉，我的腿、膝盖和臀部因极度酸痛而变得僵硬，但这种痛苦被大量分泌的内啡肽抵消了。而这名女工在轮班结束后可能也会感到腰酸背痛，双腿灌铅，只不过她不会分泌内啡肽。

QM 的一名质检工人

完成织造后，织物还要进行退浆，以去除织造前添加的淀粉；然后是擦洗，以去除多余的油脂和污垢；漂白（不是用含氯的家用漂白剂，而是使用过氧化氢），以去除棉花天然颜色的所有残留痕迹；氢氧化钠漂洗，以提高织物的强度、柔韧性和手感；在其他车间，织物还要在另一个漂洗槽中进行丝光处理，这一过程可以改善织物的内部结构、强度、柔韧性、光泽和手感以及吸收性，并为染色做好准备。

我可以用一整章来专门谈论染料，但你真正需要知道的是，与前面用过的许多化学品不同，使用染料的目的就是将其留在布料上。在前面的大部分步骤中，我们通过洗涤（只有用水才称为洗涤，其他"漂洗"都是用化学溶液，虽然其中含有水分以确保其呈现液体形态，但不完全是水）来去除纺织品中多余的化学物质，例如氯，因为氯不但会使织物变黄，而且如果我们穿着富含氯的衣服，大多数人都会受到严重灼伤。被冲刷掉的这一切会形成污水，如果处理不当，污水会对周围环境和社区产生不利影响。但是染料需要附着在纤维上，因此它们需要能够抵御汗水（看看你穿的运动休闲服）、唾液、干洗、光照和定期水洗，不会因之而褪色，这种特性被称为"色牢度"。因此，染料令人担忧的潜在影响在于它们会如何影响最终的消费者。染料以高浓度通过水浴处理完成染色。在 QM 的染房里，所有工作都在机器里完成，因此工人在染色过程中能得到很好的保护。不过正如我在后来的参观过程中看到的那样，情况并非总是如此。

在染色后的整理过程中，要使用更多的化学品使纺织品无皱、防水、阻燃或赋予其更多的性能品质。整个工艺流程走完一遍，就会得到一幅幅闪亮、柔软、多种颜色的面料，随时准备迎接品牌及其客户的垂青。

热裤：服装、气候变化和化学污染

在 QM，我看到眼花缭乱，也走到几乎走不动，才只是从头到尾看完了一块面料的完整生产流程。一件标着"中国制造"的服装背后所蕴含的真正意义不仅给我留下深刻印象，也让我疲惫不堪，而且说句大实话，还带给我深深的震撼。抛开经营规模、速度和复杂程度不谈，在整个参观过程中让我始终无法忘怀的一件事是，这许许多多的步骤，每一步都需要消耗大量的能源，其总体能源投入更是难以计数，而这还仅仅是生产面料。中国的生产成本低廉，部分原因是中国使用的能源成本低廉。在中国，一次能源结构中 85.7% 是化石能源[19]（相比之下，美国的这一比例大约为 63%[20]），这使得 QM（以及中国其他纺织业军团）生产的纺织品成为令我们面临全球气候危机的一个难以忽视的重要因素。与美国或欧盟相比，中国消耗同样数量的能源，产生的碳更多：每单位一次能源总供应量会产生 78 吨二氧化碳，[21] 相比之下，美国的数字是 60 吨，[22] 欧盟是 54 吨。[23] 想一想我们购买的所有服装，想一想制造这些服装的纺织品需要经历多少个高能耗步骤，再想一想中国这个拥有极高碳密集程度能源网络的国家正是纺织品的主要生产国，你只需要进行简单的计算便可知道，下面这些报告的数据是真实可信的，这些报告显示：服装行业的碳足迹超过 75% 来自纺织品生产①[24]，而据信，时装产业总体而言贡献了全球碳足迹总量的 4%~8.1%。即使按估计值的下限计算，这也意味着时装业贡献的温室气体相当于法国、德国和英国的总和[25]。

有报告估计，如果我们对此不采取任何措施，任由增长趋势延续，到 2050 年，也就是从现在起不足 30 年，服装行业将消耗全球碳预算的 26%。[26] 到那时，曼谷、上海和孟买等全球主要城市的大部分地区将在涨潮时没入水下。这些数据令人恐惧，但我们几乎没有采取任何措施来阻止这一趋势。即使是服装行业重要的"可持续"标准和进行可持续营销的品牌也没有着重考虑纺织厂的能源消耗问题，而这个问题，我们现在知道，是时装产业能源排放的"原爆点"。历史向我们表明，人类一贯善于无视迫在眉睫的灾难，直到（正如最近发生的一切所显示的那样）我们被迫停止前进的步伐。在贸易战、新冠肺炎疫情等多方面因素的共同影响下，2020 年 7 月，美国从中国进口的

---

① 令人不安的是，所有相关报告都没有披露其基础数据。这些报告的结果大相径庭，表明需要更多高质量和透明的信息来准确评估服装行业的影响。——作者注

服装与上一年同期相比下降了50.1%。[27]

需要明确的是，中国并不是气候变化的唯一责任方。在此我想重点澄清的是时装业为什么在碳排放方面影响如此巨大，这不是因为我们的牛仔裤像路虎揽胜的排气管那样向空气中排放二氧化碳，而是因为生产牛仔裤消耗了大量能源，而这些能源在产生能量的过程中排放了大量二氧化碳。公众，包括那些环保人士，倾向于认为我们对气候的影响是发生在本国境内的事情。但这完全是骗人的。正如我们在衣服上看到的那样，我们的碳足迹远远超出了我们的国界，在制定碳减排政策时必须加以考虑。

我们这些堪称耗能大户的工厂在环保方面可谓问题多多，不仅仅是因为它们对气候变化做出了巨大"贡献"。请记住它们的用途：使用化学药剂令纤维弯曲（或拉直或拉伸），以满足我们人类在审美和性能上的奇思妙想。你可能不会在衣服上看到它们，但它们会留下痕迹，一旦你看到、感觉到或闻到过它们就很难忘记。

QM之行几天后，我飞抵广东，这是中国东南部的一个沿海省份，就在香港对面。广东是中国三大服装纺织生产基地之一。[28] 2012年，在广东方圆150英里内密布着6万家工厂。[29] 牛仔之都新塘也坐落于此。

我雇了一个"中间人"，这个头衔不是我给的，而是他自封的。他负责与企业沟通联系，让它们真正地落实开放政策，即使这些大门需要被撬开。我的中间人——我叫他布鲁斯，设法安排我与一位牛仔布批发商会面，而我则冒充牛仔布买家赴会。透过缭绕的香烟烟雾，那位批发商告诉我，他的客户包括Forever 21[①]。鉴于他不无炫耀地向我展示了破洞酸洗牛仔裤的图片，我相信他说的是实话。我尽全力

---

① Forever21成立于1984年，是最受美国青少年欢迎的大众时尚品牌，总部位于美国加州洛杉矶。——译者注

第二章　中国制造纺织品　　**051**

摆出一副牛仔布买家老鸟的面孔，把款式、交货时间和定价之类的问题问了个遍，然后问他的牛仔裤是如何以及在哪里制作的。通常，这样的问题会引起对方的不安，但这次却没有。也许他有点可怜我（我当时怀孕七个月！），也许我满脸人畜无害的微笑也起了点作用。批发商把布鲁斯和我带到外面，沿着街面一路来到裁剪作坊的门口。

我们挤在一起，站在低垂到头顶的照明灯下，面前是牛仔裤半成品堆成的几座小山，有的是一条牛仔裤腿，有的是两条裤腿缝合了一半，还差裤腰和拉链。这些半成品成堆摆放在那里，显然不符合任何消防法规的规定，尽管有人告诉我这个地方不会受到定期检查。那是我发现的第一个迹象，暗示那些廉价牛仔裤不是在一流的环境下制造的。我寄希望于自己的"天真"能帮助我获得更多证据，于是问道，"那个酸洗太酷了，它是怎么做到的？"

那是在别处做的，在洗染作坊，他告诉我。

"听起来太棒了……我们可以去看看吗？"我用自己最能打动别人的微笑送出我的问题。

接下来，我记得自己坐进一辆黑色汽车，让他公司的司机送到给他供货的洗染作坊。我坐在后座，看着司机一边看电影一边用三部不同的手机发短信，同时在车流和行人中腾挪避让。15分钟后，我们到达一个开放的两层楼空间。我还没下车，就已经注意到地上散落着成堆的原色牛仔裤。在它们上方，柔软的成品牛仔裤挂在挂钩上，横跨整个建筑的天花板，就像我见过的最大的干洗传送带。尽管我紧跟在向导后面，但还是收到了许多好奇的目光。这里显然没有接待过多少客人，更不用说外国客人了。

幸运的是，那天我穿了胶底鞋，因为我们穿过了许多漆黑的水坑，里面都是从工业洗衣机里流出来的闪着荧光和冒着泡泡的液体，但正是它们让硬邦邦的原色牛仔布变得柔软、耐磨。这些液体流出来不是因为机器出了故障。化学药剂像小溪一样哗哗流淌在这里是常态。排空这些物质的唯一线索是地板上的一块篦子板。①

酸洗后（有趣的事实：牛仔裤不是用真的酸进行酸化，所谓酸洗实际是用漂白剂）是整理，为此我被带到建筑物的另一侧，那边有一个小平台，从洗染作坊向外突出去，完全是露天的。我小心翼翼地爬上木楼梯，楼梯上的大洞清晰可见，下面什么也没有。司机担心地看着我，拿不准是不是应该让我这个孕妇继续往上走。楼梯上到尽头，我们看到三个人站在整理平台上（其中一人戴着口罩，没人戴护目镜），正在喷洒一种粉红色的液体，大概是牛仔褪色剂高锰酸钾。欧洲化学品管理局将这种物质归类为"危险品"，[30] 因为已经发现如果人反复吸入它会影响肺部功能，导致类似于支气管炎和肺炎的症状。动物试验还表明，反复接触高锰酸钾可能对人类生殖或发育产生毒性影响。不用说，我并没有在那里待很长时间。

我回来与布鲁斯会合。我在这家工厂看到的东西肯定已经超出我的预期，但我知道这个故事还有更多值得挖掘的内容——比如那些蓝色淤泥和粉红色喷雾往下会流到哪里去。我们小心翼翼地走到工厂的后面，在那里我们看到了一条漂浮着油污的灰色河流。我们沿着河岸走了一小段路，试图探寻远处隐约潺潺声的源头。我知道如果有人发现我们跑到这里来会惹麻烦，所以我每隔 5 秒钟左右就回头看看以确保没有人跟着我们。我的旅伴亚丽杭德拉（她是我在新标准研究所的同事）抓住我的手腕说："玛克辛，你真要这么做吗？"我没有听取她

---

① 近年来，我国不断推动污水处理工作，已取得了显著成果，根据住建部公布的《2020 年城乡建设统计年鉴》，截至 2020 年，我国城市污水处理率为 97.53%，全国县城污水处理率为 95.05%。
为进一步加大污水处理力度，我国出台了诸多强有力的政策，比如：2021 年 1 月 4 日，国家发展改革委等十部门颁布《关于推进污水资源化利用的指导意见》，2021 年 6 月 6 日国家发改委、住建部印发《"十四五"城镇污水处理及资源化利用发展规划》，2022 年国务院发布《国务院关于印发"十四五"节能减排综合工作方案的通知》等。着力推动污水收集、处理和资源化利用工作。——编者注

的意见，但我的胃还是小小地抽搐了一下。

我们沿着一条杂草丛生的绿水沟一路走下去，终于找到潺潺水声的源头。一根隐藏的管子悄然伸入河中，里面流出一种蓝黑色的物质，像浮油一样闪闪发光。空气中弥漫着难闻的气味，让我的鼻子火烧火燎的。我们找到管子的另一端，看起来是和我刚刚在洗染作坊看到的那块篦子板相通。排放到灰色小河的黑水，就是为了让酸洗牛仔裤达到所需外观和手感而使用的所有化学品产生的废水。没有写着"警告：工业垃圾！"的告示牌，也没有闪烁的危险警示灯提醒人们远离污染，虽然这显而易见是危险的污染物。然而，一位身材矮小的老妪就站在几码外，穿一件花上衣，外面套着黑色开衫，下身是牛仔裤和芭蕾平底鞋。她就在那里弯腰干着农活，沿着这条黑色小河的岸边耕种。

回想在绍兴期间，在我们的 QM 之旅结束之际，我们曾驻足参观他们精心运营的水处理场。查尔斯详细介绍了工厂如何在将水送回河流之前去除生产中使用的化学品。我在实时监视器上看到了这个过程。但从中国有灰色河流这个事实可以看出，其实更多工厂在运营上更接近于我在广东探访的对象，而不是 QM 这样的企业。正是由于这些未经检查的污水，根据中国水危机网站（China Water Risk）的一份评估报告，服装行业成为中国第三大水污染企业，仅次于造纸和实际化学品生产。[31]

那么，浑浊的水里究竟有什么？我们下面将要去看看。

"我是超人"：废物监管和变革的希望

"那块褐色的部分是什么？"在类似于谷歌地球的某个中国网站上，我看着中国东海岸沿线一条深色带状区域问道。"我们明天就去那里，"我的同伴说。他是一位精力非常充沛、开朗活泼的 25 岁年轻人，叫徐磐石①，但人们都叫他"大石"，我正在采访他，了解他在净化中国水域方面的努力。他解释说，那条宽带就是污水，而污水带范围如此之广，以至能够在卫星图片上清晰地辨别出来，这绝对不是什么好消息。

乍一看，大石似乎和硅谷的众多年轻人没什么两样：他穿着帽衫（上面印着巴特·辛普森的形象），手中永远握着一罐红牛，并热衷于摆姿势自拍。他称自己为"超人"，如果他只是那些热衷创业的年轻人中的一个，他这么讲会让我像看到威廉斯堡②的街头潮人那样浑身不适。（我的家就在威廉斯堡，所以我有发言权。）但就他而言，虽然他是大笑着说出这句话的，但我知道他非常认真，而且他确实是我们的河流（以及海洋和空气）需要的那种超级英雄。

大石是朝露环保公益服务中心的创始人，这是一个规模虽小但实力强大的环保组织，办公地点位于 QM 所在的绍兴市某个杂乱无章的大楼底商。当时，大石注意到他所在的社区中有许多人患上了癌症和哮喘，并意识到这与自己身边环绕的黑色刺鼻水道可能有关系，于是他决定做点什么来净化自己的家乡。大石看过电影《永不妥协》(*Erin Brockovich*)。这部电影讲述了由朱莉娅·罗伯茨饰演的一名单身母亲逐步成长为一个环保活动家的故事，他从这部电影中汲取了一种观念，即普通人需要站出来面对企业的渎职和政府不作为。（朱莉娅·罗伯茨本人的明星魅力可能也发挥了一定作用。我们与大石在一起的那两天完全通过翻译进行交谈，但当聊到激励他的因素时，大石脸上挂着大大的孩子般的笑容，指着一张照片用清晰的

---

① 中文名参考网络新闻。http://epaper.cenews.com.cn/html/2014-10/17/content_19236.htm。——译者注
② 威廉斯堡是纽约布鲁克林区的一个社区，连接曼哈顿下东城与布鲁克林的威廉斯堡悬索桥就位于此地。从 20 世纪 90 年代开始，东城的独立音乐家和艺术家逐渐聚集到这边，使威廉斯堡成为类似于北京 798 的时尚艺术集结地。——译者注

英语说,"朱莉娅·罗伯茨,大美女"。)我问他为什么关注化学污染而不是与空气污染和气候变化相关的排放,他举起双手说:"因为测试空气要困难得多。"

在朝露,他和其他 8 名工程师组成的团队通过在工厂附近测试水样来寻找违法排放化学污染物的企业,然后他们将这些数据交给政府,希望政府随后对违法者采取纠正措施。我这里说"希望",是因为自改革开放以来,中国采取了以经济优先的增长模式。虽然有证据表明政府对违规公司采取了一些纠正措施,[32] 甚至迫使一些公司关闭,但其成效有限。纠正措施可能会增加公司的成本,进而降低它们在不计算污染成本的全球市场上的竞争力。(在我们对中国百般指摘之前,我们应该记住,美国和欧洲在工业化过程中也曾采取过这种模式,而在特朗普任内,美国在这方面显然出现了倒退。)

中国三大服装纺织生产基地之一——广东一家工厂的化学污染物排放

因此，虽然我在中国的访谈过程中确实听到一些传闻，说工厂因违反排放限制而关闭，[33] 中国工业城市的颗粒物空气污染也因此减少了1/3，但我同时也听说政府惩治违法者与国家发展经济之间存在很强的正相关关系。在经济繁荣时期，监管会更加严格，一旦国民经济下行的压力增加（就像现在这样），执法就会退居次要地位。

听大石讲述自己面临的困境本身就已经令人沮丧，但更令人沮丧的是，中国目前的污染问题完全是可以预防的。就在几十年前，美国的城市也曾雾霾缭绕，河流充斥着淤浊的污泥，多亏了像"大石"这样的公民，我们的地方和联邦政府为后人留下了相当清晰的清理路径，确保不让这种情况再次发生。我们用一组照片来对比一下今天绍兴和20世纪60年代纽约市的阴霾。

20世纪60年代笼罩纽约的雾霾（左），今天绍兴的雾霾（右）。

面对这一污染危局，正是美国草根运动的抗议，推动了《清洁水法》（Clean Water Act）①的颁布和环境保护署的成立，后者制定了法律和执法机制来限制纺织和能源行业的污染。然而，当美国公司将生产转移到中国（和其他地方）时，这些保护措施却被忽视了。许多

---

① 必须指出的是，特朗普政府已经废除了其中许多保护措施，尽管还没有倒退到20世纪60年代的水平。——作者注

国家的政府积极寻求吸引西方企业，没有动力建立如西方这般成本高昂的环保机制。因此，虽然我们的后院再也看不到这一类污染，也很少再听到艾琳·布洛科维奇式的关于美国郊区癌症群发的报道，但我们不应该吹嘘美国的污染减少，因为我们只是将它们输送到了世界的另一端[34]（同时对于美国仍然还在发生的污染，我们将其隐藏在贫困社区和少数族裔社区当中）。

我在中国的几座纺织城市看到的河流全都"既黑且臭"[35]（某个环保组织在报告各种水污染时正式使用的限定词），这些工厂周围的空气也令人难以忍受。从我在绍兴走下火车的那一刻起，我的眼睛几乎立即开始刺痛，也让我马上就猜到了大石在他的社区中观察到的是什么样的疾病。第二天，在一家光鲜的新酒店36楼的豪华大床上醒来，迎接我的是被雾霾层层阻拦的日出以及眼睛、鼻子和喉咙的刺痛。而为了参观QM的工厂，我要先驱车穿过挤满了大大小小的汽车、摩托车和卡车的绍兴街道。路上偶尔可以见到在车流人海中穿行的卖菜老妪，依稀就像我在广东看到的在近家河边耕作的那位妇女；而在更远处，是同样厚厚的雾霾，以及闪着油光的河岸。

在看上去危机四伏的河岸内，我能看到污水涌动（肯定有污染物从我看不见的管道中喷涌而出），几乎可以肯定是来自染料，这是因为染料独有的颜色使它们极难掩盖，即使是最狡猾的工厂也做不到。虽然遭受严重染料污染的河流直接促成了美国环境保护署的成立，也推动了绿色和平组织早前采取诸多举措以解决中国的水污染问题，[36]但环境毒理学家和自然资源保护协会（NRDC）前研究员琳达·格瑞尔（Linda Greer）认为，今天染料问题的严重性实际上已经比以前减轻了。自20世纪50年代第一波职业病暴发以来，大多数对人类危害最严重的化学物质已被禁用数十年。染料最终流入河流当然不能算是一个最佳结果，但至少消费者已经很少报告与染料相关的疾病了。尽管染料不再像以前那样对我们的皮肤造成伤害，但它们仍然会增加能源需求，进而增加碳排放。例如，棉花是一种色牢度较低的纤维，因此需要大量染料加上 10 次以上的热水洗染，才能确保你的服装在穿着或洗涤时不会掉色或褪色。[37]

然后是所有那些看不见但在整个纺织品生产、染色和整理过程中使用的化学物质。《德国纺织助剂目录（2008—2009）》[38] 报告发现，纺织品中存在 5800 种助剂，含有 400~600 种成分，而这一数据还不包括染料。按重量计算，成品织物的 28% 为化学物质，①[39] 而且这还是指 100% 天然纤维制成的织物；合成纤维织物中化学物质的含量甚至更高。这些化学物质都会进入当地的河流、小溪或地下水，最终进入水生生态系统，同时像我在广东看到的，以及大石在绍兴向我展示的那样，其数量多少完全取决于工厂是否建立了废水处理系统，以及这些系统的质量。与染料不同，这些化学物质是透明的，因而它们在废水中更难检测；你看见的河流可能充满了聚乙烯醇（PVA）或甲醛，但你却以为这条河里的水可以安全饮用或用来浇灌庄稼。

淡水（即不是来自海洋的水）是一种极度紧缺的资源，其供应量正在逐年减少。事实上，根据联合国的数据，到 2025 年，全球预计有三分之二的人口面临缺水问题。[40] 这不是因为水分子正在消失，而是因为现有的淡水正在受到污染，导致人类用水不安全，而我们衣服上的化学物质则在这场水危机中起到了推波助澜的作用。在绍兴，印染废水日均排放量超过 60 万吨。[41] 这样的污染正沿着服装生产的地理版图向其他国家和地区扩散，包括孟加拉国和柬埔寨，那里的人类、

---

① 报告确实暗示称，与天然纤维相比，合成纤维中发现的有毒化学物质更多，但这一点并非确定无疑。——作者注

牲畜用水和农业用水的毒性越来越大。[42]

这个问题有多普遍？嗯，我们亲眼看到了工厂正在把污水排入河流，同时我在中国看到的河流大多数都是晦暗的灰色。孟加拉国的情况更糟（我们将在下一章中介绍）。如果你在谷歌上搜索"纺织污染＋水"之类的内容，你可能会看到这样的统计数据：纺织业是世界上第二大淡水污染源，20%的工业水污染来自服装业。但是如果进一步挖掘，就像我现在为你所做的，你很快就会走进一个死胡同。事实上，这些数据并没有第一手信息来源。这是时装界版本的假新闻。虽然这可能是真的，但我们真的无从分辨。这很令人沮丧，而且知道的人很少，但事实就是这样。我们需要对这些事情进行研究，这样我们才能真正搞清楚问题的严重性并追踪其来源，以便着手解决它。

我们能做的是查明污水可能造成的一些危害。[43]硫黄、萘酚、还原染料、硝酸盐、乙酸、肥皂、铬化合物、铜、砷、铅、镉、汞、镍、钴等重金属，以及辅助化学品等，使排出的污水具有危险的毒性。根据瑞典化学品管理局（KEMI）的数据，在2400种已确定的纺织品相关物质中，约有10%被认为会对人类健康造成潜在危害。[44]目前已经发现，受污染的水会在短期内导致疼痛性皮肤病、腹泻、食物中毒和胃肠道问题等，长期则会造成极其严重的健康影响，例如呼吸问题、癌症、致突变性和长期生殖毒性。[45]

化学品影响健康的首要途径是通过食物链。[46]我在广东河边看到的那个妇女并不是这个星球上唯一使用污水耕作的人。研究表明，很自然地，从这些农场采收的蔬菜显示存在纺织染料，人们在食用这些蔬菜时会摄入这些染料。在这些水域中游弋的鱼也会受到污染，而且也会被人吃掉。

即使是完全无毒的物质产生的废水也会产生毁灭性的后果，其中最常见的是淀粉。[47]当过多的淀粉废水不加适当处理排入水体时，淀粉会耗尽河流中的氧气并使鱼类死亡。[48]

就算不考虑水中的化学物质，我们的衣服上也有一些化学物质是根本洗不掉的。由于皮肤并非一个无法穿透的屏障，因此整天摩擦我们身体的化学物质可以并且确实通过皮肤进入我们的身体系统。[49] 来看看 1978 年开始的一项有关儿童睡衣的研究，据悉这些睡衣含有一种现在已被禁用的致癌化学阻燃剂，虽然目前不再使用这种化学物质，但其他化学物质也可以通过同样的生物过程借由皮肤摄入人体。研究发现，经过一夜睡眠后，穿着这些睡衣的儿童的尿液中该物质的副产品浓度增加了 50 倍。换上不含该物质的睡衣后，该物质的浓度下降了，但 5 天后仍然比初始浓度高 20 倍。当我们出汗时，吸收化学物质的风险更大。

中国绍兴一条充满污水的河流以及河岸边的农田。请注意河对岸的工厂

迄今为止，研究人员的大部分注意力都集中在化学物质接触对纺织业工人健康的影响上。由此，我们最终知道，服装行业使用的某些

化学物质可能会使工人面临重大的健康风险，包括罹患膀胱癌等疾病。[50] 而对于纺织品的穿着者，也就是我们所有人来说，通过实验室研究证实的危险化学物质即使可以进入我们体内，也只有微量的存在。[51] 同时，与功能性服装织物上残留的化学物质相比，更没有多少穿衣服的人会在意在工厂中被洗掉的化学物质所造成的影响。不幸的是，我们无疑并不了解很多事情的全貌，包括这些化学物质的真正影响：我们衣服上总共有多少种化学物质？数量是多少？当我们穿上这些衣服时，从我们可能接触到的剂量来说，这些化学物质会对健康有何影响？

如果你查看衣服上的标签，它不会告诉你制作这些衣服用了哪些化学物质。正如我们在第一章中探讨的那样，当涉及这些化学品时，即使是有机标准也对我们没有多大帮助。如果一件衣服说它是由100%有机棉制成的，那也只意味着棉花的种植没有使用违禁杀虫剂、合成肥料等化学物质。"有机"与我们刚刚详细介绍的纺织品生产阶段的化学加工过程无关。所以，请一定要小心那些过度承诺并将"有机"等同于无毒、清洁或安全的品牌。

鉴于现在已有的数据，同时考虑到用于制造服装的化学品的潜在风险和绝对数量，我们需要进一步研究这一切对消费者的影响。如果没有进一步的研究和强制执行的法规来确保我们的纺织厂正确使用和管理化学品，无论是纺织业的工人、水源遭到污染的社区，还是从某种程度上来说我们这些消费者，都会受到影响。虽然我们有像大石和他无私的团队这样出色的超级英雄，但我们需要更多的人行动起来，帮助我们重塑世界，让我们每天醒来时都能头顶晴空，身环净水。

未来属于塑料：合成纤维、气候变化、微塑料和你

我们花了很多时间研究牛仔裤标签上没有的东西：化肥和杀虫剂、碳排放以及用于制造和整理面料本身的更多化学物质。但我们心仪的

裤子里还有另一种隐藏的成分：化石燃料。

虽然你可能不知道化石燃料是服装的关键成分，但你可能熟悉它们的一些别名：涤纶、尼龙、弹性纤维（以其品牌名称氨纶和莱卡而闻名）和腈纶。[52] 这些都是由塑料制成的合成织物，其本身主要来自化石燃料。没有合成纤维，我们就不会拥有紧身牛仔裤、半拉链抓绒衫、瑜伽裤、仿羊毛围巾或仿"皮革"包，也就是我们所知的大部分快时尚产品。我打算重点介绍聚酯，因为它是迄今为止最常见的合成纤维；事实上，正如我们将看到的，它已经毫无争议地成为当今最常见的纤维。

聚酯的起源颇像青霉素或灯泡的故事，是人类创新和掌握自然的又一个奇迹。战时和战后的研究工作既催生出带来农业革命的化学杀虫剂和化肥，也孕育出聚酯这一代表了 20 世纪 50 年代摩登时尚和现代感的经典标志产品。当时，化学巨头杜邦公司的一位科学家华莱士·卡罗瑟斯（Wallace Carothers）发现，可以在化学实验室中将由原子的重复分子单元组成的分子长链，也就是聚合物，组合成纤维。[53] 由于是人造化合物，合成纤维素以均匀性和适应性见长，可以加工成许多不同质地和类型的纺织品，而这一点是棉花或丝绸无法做到的，因为它们的特性和敏感性是固定的，难以实现很多随机产生的奇思妙想。化石燃料于 1941 年加入竞争，当时两位英国科学家约翰·温菲尔德（John Whinfield）和詹姆斯·迪克逊（James Dickson）在卡罗瑟斯早期工作的基础上取得进一步突破，为聚对苯二甲酸乙二醇酯（PET）申请了专利，这是聚酯的化学名称。[54] 杜邦于 1946 年购买了这项技术的专利权，并于 1950 年开始开发自己的配方。

基于化石燃料的聚酯可用于制造许多东西，从汽水瓶到我们身上的衣服。熔化状态下，聚酯具有类似于微温蜂蜜的稠度。如果通过一个叫作喷丝头的装置（看起来有点像浴室里的淋浴喷头或面条机）挤压它，就会得到长而连续的细丝，这些细丝被拉在一起成为纱线。把纱线编织在一起，就得到了一块织物。

聚酯纤维及其以化石燃料为基础的同族产品已经彻底地，同时也是默默地改变了人类自身的着装方式。只用了一代人的时间，我们的壁橱就从装满来自农场和牧场的东西（棉花、亚麻布、羊毛）变成了装满化石燃料（塑料）。实际上，今天对服装起源地最准确的刻画不是棉花农场升起的太阳，而是钻入海底的石油钻井平台。

虽然在农业补贴的部分作用下，美国目前仍然在生产棉纤维，但是在聚酯纤维市场，美国已经丧失了全球竞争力。[55] 与纺织行业一样，中国也开始逐渐主导聚酯纤维生产，其产量远远超过全球供应量的一半。[56] 实际上，QM 和大石所在的浙江省正是全球几家最重要的聚酯纤维公司的所在地。

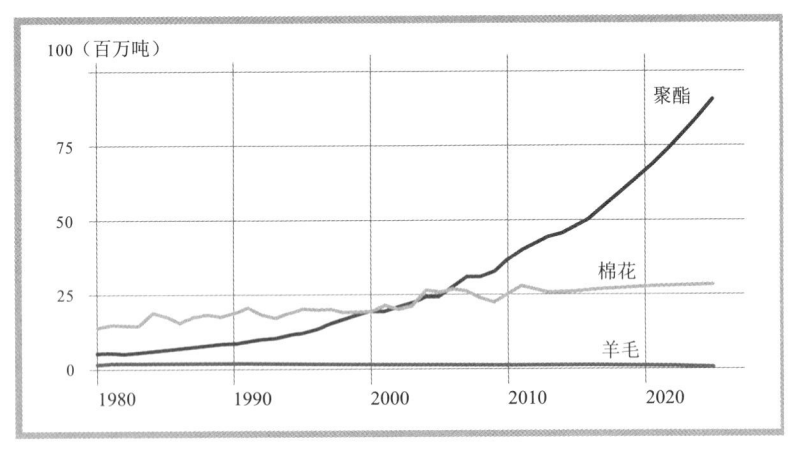

世界纤维产量

图片来自：石英财经网　数据来源：（英国）泰可荣全球化学有限公司

为什么这些基于化石燃料的塑料织物的爆炸性增长很重要？有两个原因：首先，它加剧了气候变化。正如我们现在所知，大多数聚酯都源自原油（一种化石燃料）。纤维生产阶段——无论是种植棉花或是钻取石油并将这些石油转化为聚酯纤维，但不纺纱和编织——占我们衣服碳足迹总量的15%，[57] 但聚酯的碳足迹比天然纤维更大。[58]

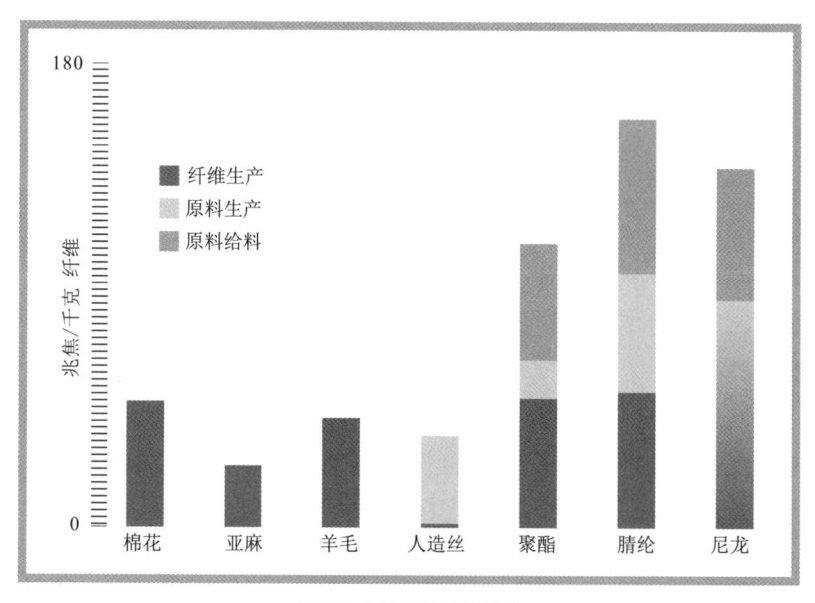

纤维生产使用的能源比较

其次，聚酯显著加重了塑料污染。当我们清洗基于塑料的衣服时，无论是在制衣厂的生产过程中还是在家里的洗衣机中，一些聚酯都会以微塑料①的形式脱落到水中，即使采用最好的水处理方式也过

---

① 需要澄清的是，微纤维和微塑料是不同的物质，你可能在那些鼓吹世界末日的新闻报道中遇到过这些词。微纤维是指在生产、使用或寿命终止期间，从任何类型的合成或天然服装上脱落的纤维，其最终会污染环境。相比之下，微塑料是指任何直径5毫米或更小的塑料颗粒，无论其是服装面料或其他材料。合成微纤维是一种微塑料，但并非所有的微纤维都是微塑料，也并非所有的微塑料都是微纤维（举个例子，微胶珠是一种据称可以去除黑头的皮肤磨砂产品，因为对环境的影响而被禁止在化妆品中使用）。——作者注

滤不掉它们。这些微小的加工过的原油碎片已经到达山顶、海底以及其间的任何地方。到2050年，按重量计算，海洋中的塑料将比鱼还多。[59] 你可能认为塑料主要是吸管、购物袋或水瓶。但其实，塑料危机很大程度上发生在我们看不见的地方，① 我们的肉眼只能看到进入海洋的塑料总量的6%左右。[60]

海洋中的塑料问题是最近才被认识到的——而且研究人员目前还在研究这个问题。还有很多问题需要进一步的研究，包括这些纤维绝大多数来自我们的哪种衣服，以及它们对生态系统和我们人类到底有怎样的影响，等等。关于用于纺织品的塑料在全球塑料产量中的百分比也尚未在科学上达成共识，我们也不知道来自我们衣服的塑料污染的占比。然而，所有已知和估计的信息汇总起来，仍然引发了人们的深切关注。

我们已经知道，在我们世界的每个角落都发现了合成微纤维，[61] 从佛罗里达州的海滩到北极的海冰，从我们呼吸的空气、吃的盐、喝的瓶装水，到我们种植食物的田地。关于洗一次衣服会从中释放多少微纤维，首次针对洗涤衣服释放微纤维情况进行的研究发现，一件衣服在一次洗涤中可以释放超过1900条微纤维。[62] 随后的一项研究发现，一次洗涤会释放超过70万条微纤维。[63] 而且有一点始终不变，合成纤维比天然织物释放出更多的微纤维。因此，一年内有多达20.9万吨合成微纤维进入海洋环境。[64] 这些纤维进入海洋后，动物会将这些纤维混淆为食物，因此它会沿着食物链上升，直到人类最终也食用它。一项研究发现，在加利福尼亚州的鱼市中，有四分之一的鱼身体里含有合成微纤维。目前还发现，吞食了微纤维的鱼繁殖力较

---

① 瑜伽练习者请注意：你们为了保持身心健康而穿的紧身瑜伽裤，尤其是那些用"回收"塑料瓶制成的紧身瑜伽裤，是造成微塑料脱落的罪魁祸首。在下一次瑜伽练习前看看你的瑜伽裤。如果你看到了微小的白色绒毛，那就是石油制品！——作者注

弱，[65]而且它们的后代，即使没有暴露在塑料颗粒中，也被发现具有更少的后代——这在海洋生态系统中是一个很大的连锁反应。还记得吧，塑料大受欢迎是因为它会永远存在。我猜杜邦自始至终都没有想过这个问题。

虽然塑料这种"奇迹"化石燃料产品仍然在医院以及食品安全和卫生等方面发挥着重要作用（而我也会退一步承认，它可以实现某些重要的服装功能，例如弹性运动服），但它不应该无处不在。然而，它千真万确地无处不在，这是对时装界和我们这些消费行业的驱动者发出的战斗号召，我们需要开始认真思考一个问题：如果承担这些未知风险只是为了购买一件可有可无的衬衫，你在买它的时候都不见得喜欢，更别说第二天会穿上它了，那么这一切是否值得？

——

当我的飞机从香港机场起飞时，薄薄的云层遮挡了中国受到污染的海岸线。在我的下方是一个全球大国，它的成功在很大程度上离不开服装业。中国通过纺织和服装业等行业实现了现代化，使数百万人摆脱了贫困，并在经济和社会上持续与我们保持着千丝万缕的联系。50年前，很难想象美国的风尚潮流会出现在中国一条僻静的河岸上，正如我的农民朋友穿着芭蕾平底鞋和羊毛开衫向我揭示的那样。

然而，服装同样在某些技术的传播中发挥了幕后推手的作用，而这些技术使我们处于全球危机的边缘。在诸多因素的共同作用下，包括以煤为动力的制造业、不受管制的化学品管理、廉价的合成纤维以及对更多产品永无止境的需求等等，我们的星球和我们的身体（既包括纺织工人的，也包括消费者的，但主要是前者）正在接触他们本不应该接触的东西，并且耗尽了他们生存所需的资源。

西方人推卸了对于世界各地的制造业应该承担的责任。现在，中国政府越来越希望摆脱这个污染行业，而整个行业也在继续寻找更便宜的生产来源，在这个过程中，孟加拉国、越南、柬埔寨和埃塞俄比亚等其他国家正在迅速登场。如果我们不改弦更张，这些发展中国家将很快面临中国曾遇到的问题，等到它们达到中国的增长水平时，一切都将难以挽回。但是，对于世界其他地方的人来说，他们不会经常接触这些毒素，也不会把自己的衣服和气候变化联系起来，我们又该如何让他们开始关心这件事呢？

  但我随即想起了大石热情的承诺："我是超人。"他一遍又一遍地告诉我。这本书的每一位读者都是超人。无论我们自己承认与否，我们选择购买的服装都会产生影响，因此我们有责任要求生产我们所穿服装的行业以及制定贸易规则的政府不再成为阻碍，以便我们的星球和它的子民能够生生不息，永世繁荣。

第三章

我的工厂好像牢笼
——裁剪缝纫与劳工危机

5月的一个潮湿闷热的早晨,我抵达孟加拉国首都达卡。这座城市冲击着我的感官,各种刺耳的嘈杂声将我重重包围,有鼎沸的人声、汽车喇叭声、火车的噪声,还有街道上手推车车轮碾过路上的坑坑洼洼、石头和垃圾时发出的怪声。在熙熙攘攘的市场中,摆得满满的货摊出售着从橘子到汽油无所不包的各色商品;色彩斑斓的莎丽汇成海洋,将奢华与平价时装轻松地融为一体,并与周遭那些祥和、美丽而现代化的混凝土和木制房屋形成鲜明对比。那些建筑物都被严密地包裹在精心打理的花园中,自成一体,像是从设计杂志的封面上撕下来的图画。街上挤满了公共汽车、小汽车、货车、手推车、自行车,还有人力车,为数众多的人力车和卡车交错穿行,令整个交通混乱不堪。与之相比,洛杉矶简直就像是20世纪50年代安静的郊区。

潮湿和酷热使这一切变本加厉,就好像杯壁滑落的水珠滴落到杂志上,使彩页的颜色氤氲加重一样。雾霾和污染仿佛黏稠的蜜水一般,日夜笼罩在城市的上空。来到达卡不过几个小时,雾霾就完全堵塞了我的鼻子和喉咙,让我在一阵阵干咳中度过了在这座城市停留的每一天。

尽管我的中国和孟加拉之旅相隔了数月之久(我甚至在中间还生

了一个孩子），但空气中的烟霾抹去了时间的痕迹，让我立刻将我们牛仔裤旅程中的这两站联系了起来。你可能还记得，我们去中国探访时，时装产业在中国经济中的角色正处于转折点。在过去的十年中，中国的服装工厂面临着两难境地：一方面，工厂面临着以更快速度和更低成本不断增加生产的需求；而另一方面，它们很难雇用到更多裁剪和缝纫工人以实现这个目标。随着中国经济的发展，其产业逐渐向更先进、工资更高的行业转型，中国工人似乎也拥有了更多的选择，服装业已不再是他们的首选。鉴于价格是做出任何决定背后的首要驱动因素，时装业同样开始将裁剪和缝纫工作（即服装制造过程中需要劳动力最多的部分）转移到工资更低的其他国家。

为了在这场逐底竞争中取胜，时装产业（特别是廉价品牌，尽管它们不是唯一这么做的品牌）已经开始转战孟加拉国（还有其他一些国家，如斯里兰卡、越南、柬埔寨和埃塞俄比亚）。据 2017 年麦肯锡公司所做的调研，美国和欧盟服装企业 62% 的首席采购官表示，他们正计划在近期至中期实现采购渠道多元化，开拓中国以外的其他货源。[1] 孟加拉国、埃塞俄比亚、缅甸和越南成为受访者希望增加采购的主要国家。2018 年，中国仍然是最大的服装出口国，出口额为 1520 亿美元，遥遥领先于位居第二的孟加拉国（出口额为 340 亿美元）。[2] 但这一差距已经缩小，时间之短令人惊叹。我在上一章中曾向你们卖了个关子，指出中国在不久前刚刚痛失对美最大牛仔服装出口国的桂冠，那么，这个头衔是被谁抢走的呢？孟加拉国。[3]

孟加拉国位于孟加拉湾，夹在印度和缅甸之间，面积相当于艾奥瓦州，但人口数量高达 1.63 亿，约为美国人口的一半，排名全球第八，是全世界人口密度最高的国家之一。孟加拉国首都达卡因为城市中有多条河流穿行而过，曾经被誉为"东方的威尼斯"，即便在今天，它仍然保持着如同威尼斯一样的水上城市风景，许多像贡多拉一样的小船和大型货船穿梭在城市周围以及穿城而过的河道之中（不过你需要忽视河水中飘得满满的垃圾）。当年，达卡曾是棉花和丝绸之都；今天，孟加拉国仍然是全球服装生产中越来越不可或缺的重要一环，但我们在下面将会看到，它所依赖的，与其说是自然资源，还不如说是其丰富的人力资源。

这个狭长首都城市混乱不堪的景象反映了孟加拉国过去十年的快速增长，这使得它成为世界上增长最快的经济体之一。由于该国80%的国土位于洪泛平原上，[4]孟加拉人依靠传统农业维持生计的能力日益下降，大量人口涌入城市，试图逃离潮湿的农村。由于所处的地理位置，孟加拉国也是世界上最易受气候变化影响的国家之一。[5]颇具讽刺意味的是，作为极端天气最大的受害国之一，孟加拉国投入巨资大力发展的产业，却是一个对气候变化做出如此巨大"贡献"的产业。

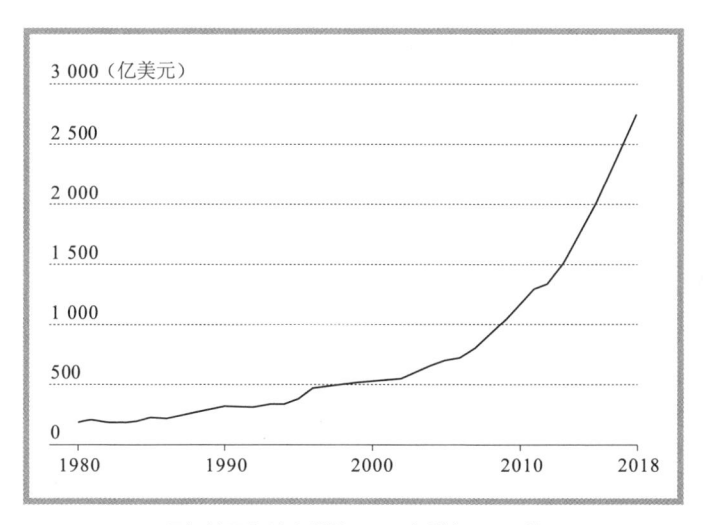

孟加拉国经济规模比 1980 年增长了 15 倍

图片来自:《卫报》 数据来源: 世界银行

这些渴求工作的城市新增人口为 2009 年以来高达 188% 的GDP（国内生产总值）增长做出了巨大贡献。[6]得益于这种积极的变化，孟加拉国贫困线以下的人口比例急剧下降，从 1991 年的 44% 下降到 2019 年的 14.5%。[7] 新生儿和产妇死亡率也有所下降，与 20 世纪 80 年代相比，该国的人均寿命增加了 1/3。[8]

如果将服装生产转移到孟加拉国会形成一股大潮，令所有船只都能借势起航，那么这种转移当然是一个大好消息。但显然，这并不是故事的全部。我看到的一切证实了这一点，更精准的数据同样揭示了这一点。首先，并不是所有人都平等地分享了经济增长的红利。当我走过达卡及其周边地区时，贫富之间的割裂肉眼可见。距离拥挤的贫民窟和集市几步之遥的地方，就是奢华的住宅（尽管被遮得严严实实），对我这样的外国人来说，这种极致的反差更加刺眼，因为这两个世界都与我熟知的世界迥然不同。

同时，尽管人均收入和寿命都有所增加，但如果服装行业继续只关注价格，那么这种进步将非常有限。只要看看工人的工资，这一点就不言而喻。2013 年，中国服装和纺织工人的平均名义工资为 491 美元/月，孟加拉国工人的平均名义工资为 163 美元/月。[9] 而在目前跨国企业扩张的热点新区名单上，有几个国家的工资甚至低于这一数字，比如埃塞俄比亚，其工人的平均名义工资仅有 26 美元/月。[10] 孟加拉国和其他发展中国家之所以会受邀参加服装行业的这场派对，只不过是因为这样品牌可以持续进行逐底竞争。一旦品牌认为孟加拉国的工人过于昂贵，生产线就会转向更便宜的国家，而对于这种竞争将会产生怎样的社会影响，企业根本就不会在乎。

一条水道隔开了科瑞尔（Korail）贫民窟及其一侧的高楼大厦，水道中浮满了塑料袋、朽木、橡胶软管和其他各种各样的垃圾，其中也包括服装碎片，像色彩艳丽的假树叶一样散落其中。这些碎布片是帮助孟加拉国走向现代化的时装产业的残留物；服装行业目前占孟加拉国 GDP 的 12.26%，出口总额的 83.9%。[11] 但与此同时，正如我们将看到的那样，这个行业已经绷紧的缝边正处在撕裂的边缘。现在

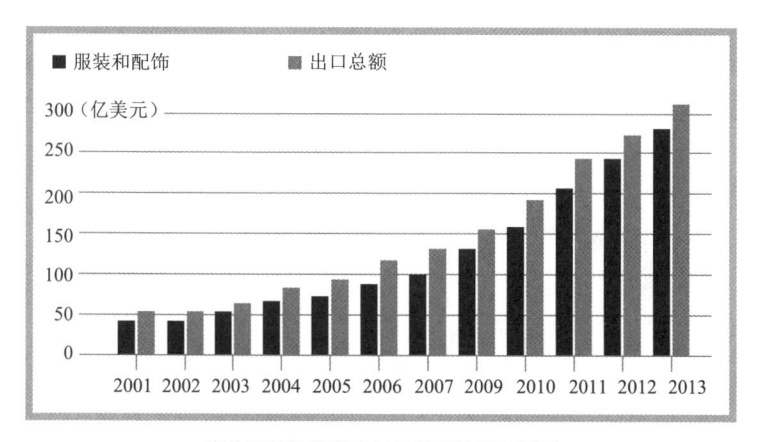

廉价服装持续带动孟加拉国的出口增长

图片来自：石英财经网　数据来源：国际贸易中心（2008年数据无法获得）

的问题是：增加对服装业的投资是否最终将阻碍孟加拉国的发展，抑或是我们的服装能为孟加拉国、整个服装业乃至整个世界铺就一条向上流动和长期繁荣的道路？

科瑞尔贫民窟的背面，一条被织物碎片和其他垃圾覆盖的河流将其与远处的富裕社区隔开

第三章　我的工厂好像牢笼——裁剪缝纫与劳工危机

裁剪和缝制：实现家庭经济规模化

一辆巨大的白色 SUV（运动型多用途汽车）来到我的酒店，接我去参观达卡郊外加济布尔（Gazipur）一家备受当地人推崇的大型工厂，这是我此次探访之旅的第一站。随着服装产业日益正规化，工厂已经基本迁出市中心，加济布尔地区则成了服装生产的热门地区。我爬进车里，禁不住叹了一口气。我不远万里来到这儿，希望得以窥视工厂生活的真实"内幕"，但我的交通工具却由工厂方面提供，尽管这是一个慷慨之举，但它无疑会让我远离我希望获得的工人的真实体验。

但不足一小时后（从酒店到工厂的距离为 16 英里，驱车前往那里总共花了一个半小时），我就清楚地意识到，即使身处 SUV 的钢铁车厢内，我仍然可以瞥见工厂围墙外的生活。我的司机和工厂首席执行官的助理在前排座位用孟加拉语聊着天，我则将脸贴在车窗上向外观看。一出城，我们仿佛一个急转弯扎进了另一个世界。绿色植物、抽象派的水泥雕塑和繁忙混乱的交通混搭在一起，预示着达卡那种新兴大都市的景象已经被另一种混乱所取代。在我面前展开的，是一片半乡村、半工业的不毛之地。

我们沿着泥泞的"道路"（所谓道路，不过是汽车能够通行的土地）颠簸前行，避开众多行人、精瘦的人力车夫，以及同样数不胜数的坑坑洼洼。路旁边是一条空荡荡的铁轨，上面散落着垃圾和破损的管子。一坨坨泥土堆上点缀着五颜六色的垃圾，好像巧克力生日蛋糕上撒着的彩虹糖装饰：纸箱、塑料袋、不成双的人字拖，当然还有织物碎片。到处都是碎布片。几棵无畏的木瓜树和棕榈树拒绝妥协，固执地挺立在因人类物质欲望而产生的废弃物中。但并非所有植物都赢得了这场战斗——两旁随处可见巨大的树干和倒立朝上的树根，仿佛大自然与人类战斗中倒下的士兵。

在更远处，漆黑的河流穿过杂乱无章的农田，那是这场战争的另一个牺牲品。此处的风景又一次把我的思绪带回了中国。在那里，大石曾试图让我相信，某条又臭又黑的河流实际上是"干净的"，虽然他并没有成功。彼时我还从没见过污染得如此严重的水体，但现在我突然明白了他的意思。这才是一条肮脏河流的模样。[12] 由于服装和皮革工业的污染，孟加拉国的三条河流现在"从生物学意义上已经死亡"，① 即已经无法支持任何生命形式。[13]

地上丢弃的织物碎片数量越来越多，表明我们离工厂越来越近了。车子在这个更加工业化的区域穿行时，我得以瞥见一些开着门的厂房——其中一间房屋内满是织物碎片，另一间屋内则装满了等待被制成衣服的成卷布料。这些生产服装所用的原料和废弃物高高堆起，有些已经散落到街道上，混在泥泞当中。我已经深入"香肠工厂"②的内部。

在中国的 QM 工厂，棉花或聚酯等原料纤维被加工成一卷卷纺织品。来到加济布尔，我则进入一个非同寻常的裁剪和缝制世界，在这里一卷卷织物变成了一件件成衣。如果说 QM 工厂的规模以及工厂周围污秽的河流曾经深深震撼了我，那么在这里，我看到了另一种细节、技能和效率，令我既敬畏又厌恶。中国可能是世界工厂，但这里整整一层楼正在剪裁和缝纫的工人本身已经成为机器，以不可思议的速度生产服装。但同样的问题依然困扰着我：难道人类注定要成为机器吗？

我前去探访的工厂共有一万多名员工，驻扎在两个地点的 70 条

---

① 同样的过程大约 60 年前也发生在英国，当时泰晤士河被宣布"生物死亡"并引发巨大反响。但后来，泰晤士河重新焕发生机，现在已经成为流经一个大城市的最清洁的河流之一。——作者注
② 香肠工厂代指以令人作呕的过程来生产某种人们熟悉的产品的工厂，出自俗语：香肠虽好吃，但最好不要知道它是怎么做出来的。——译者注

第三章　我的工厂好像牢笼——裁剪缝纫与劳工危机　　075

生产线上。来自中国、印度、土耳其、越南和巴基斯坦的面料源源不断地运入这家工厂，然后变成其每月生产 100 多万件的服装。这些衣服随后辗转进入 Gap（盖璞）、Ann Taylor（安·泰勒）和 American Eagle（美国鹰）等公司的门店和网店，出售给消费者。望着生产线上繁忙劳作的工人大军，我回想起自己在法学院就读时那些冲动的购买行为。我不记得自己是否驻足思考过，被我像扔一次性咖啡纸杯那样随手丢弃的衣服，是由一些活生生的人（也许就是这个车间里的某个人）缝制出来的。

遗憾的是，我没能探访一家孟加拉牛仔服装厂。不过，虽然我探访的这家工厂不生产牛仔裤，但是我确实完整地观摩了两种服装（一件女式工装夹克和一条男式长裤）从头到尾的生产流程，这个流程与生产牛仔裤没有什么不同。第一步是剪裁，在剪裁过程中，多块织物层叠起来，上面铺一张纸样。车间的后墙上挂着满满一架各种形状和尺寸的纸样——半个袖子或裤腿、一个衣领、一个袖口、一个后口袋——把这些裁片缝制在一起，便可以制成一件完整的衣服。衣服的每个部分都有各自的样式，由品牌的设计团队以数字化形式发送过来；然后，这些样式在一个单独的区域由机器从长卷纸上裁切出来。工人用一把大锯（就像手工课上用的曲线锯）依照纸样将多层织物裁切出相应的形状。同样像在手工课上一样，要把如此多层的布料精确地按照纸样图案裁剪成形，同时又不会在织物边缘留下锯齿边，更重要的是，确保不会把手指锯断，这需要相当高超的技巧。因此，操作机器的工人都戴着一只金属手套，就像骑士的铠甲一样，以防止此类事故的发生。这一道剪裁工序需要使用大型机器，所以一般认为剪裁工作更适合男性；因此，与剪裁缝制过程的其他工序不同，这个工段的人全都带有一条 Y 染色体。

这道工序完成后，所有服装裁片都会被运送到楼上的生产线，在那里缝制成成衣。当我伴随着裁好的裤腿、衣袖、衣领和翻领走上灯光昏暗的楼梯时，我看到三张小小的海报高悬在墙上，必须抬头仰望方可得见。我能辨认出几个挤挤挨挨印刷在一起的英文单词，那是品牌的名称和"行为准则"。我回忆起在美国工作过的办公室里看到的那些大幅彩色海报，上面全都印着宣传工人权利和最低工资法的内容，尽管有失美观，但总是挂在显眼的位置，比如厨房区或是复印区。我不禁好奇，不知这些海报是不是整栋大楼里唯一有关工人权利的说明？我没有时间在海报上多作流连，也没有时间详细询问，因为时间宝贵，要专注在制衣流程上，不过这个场景一直萦绕在我心头。

制衣（或者说缝纫）车间呈现出一派繁忙景象，嗡嗡作响的机器声回响在远处一排排的缝纫机和工作台上，操作这些机器和工作台的都是妇女。缝纫是妇女的工作，自从前工业时代和工业时代以来一贯如此。尽管要找到可靠准确的全球女性服装从业者比例数字很难（事实上，是令人抓狂的困难），但从所有的记录来看，也根据我自己的观察，推动制衣业运转的主要是女性。一个广为人知的数据显示，80%的裁剪和缝纫工人是女性，[14] 不过这一数字尚未得到证实。

刚刚进到车间，我就感到自己的身体一紧，似乎是对周遭的紧张气氛做出的本能反应。环顾四周，我注意到车间内四处都是速度和生产率指标。车间的空间被分成了22排。在每一排的前面都有一个大白板，上面列出了生产目标和现状，按月、日、小时和半小时分类。我去探访的那一天，每一排有66名工人（50名缝纫机工、10名帮工和6名熨斗工），她们当天的生产目标是制作1600条棕色裤子。目前的速度是每小时161条。那款为某个英国大众品牌生产的裤装款式相当简单，但仍然值得我们一想。请稍微停下来看看你自己现在穿着的衣服，光是缝一条这样的裤子就需要66双手的辛勤劳作。每一个折弯，每一个腰带裤袢，每一道加固线都是由活生生的人缝制的。

这里（以及其他许多工厂）的生产线工作流程脱胎于一个已有百年历史的流水线系统，是由科学管理之父、效率运动领袖弗雷德里

第三章　我的工厂好像牢笼——裁剪缝纫与劳工危机　　077

克·温斯洛·泰勒（Frederick Winslow Taylor）开发的。衣服的每个裁片都由专门的机器和工人缝制，以实现最大效率。一位年轻女子手拿剪贴板，有条不紊地在车间内巡视，向我介绍她的人称她为车间的工业工程师。工业工程师将服装的制作分解为标准化和可计时的步骤。每个工人的工作都以秒计时，以最大限度地提高工人的"效率"。工厂不希望某个步骤比另一个步骤多花哪怕一秒钟。只要出现一个微小的滞后，很快就会导致成堆的半成品服装积压在这个步骤，就像工厂围墙外的交通堵塞一样。

例如，那天在根据订单制作裤子时，一名工人会将两块布料缝制成一条腿，然后将这件半成品服装夹在面前的挂钩上，推到她面前的工作台。挂钩会沿着金属轨道不断运行，到达下一位缝制工人面前，由她抓住裤腿，折叠并缝上裤腰，然后推走；缝上另一条裤腿，推走；缝上口袋，推走；缝上腰带裤襻，推走；缝上里襟尖嘴，推走；缝上拉链前襟，推走；缝上裤脚，推走；加固接缝，推走；熨出裤线，推走；质量控制，推走；如是等等。走完这个66人流水线后，这条裤子已经是我们购买时看到的样子：折叠整齐、熨烫完毕、标签缝制到位。然后，这些成品裤子从那里用手推车运到包装室，每条裤子都会挂上吊牌，记录生产信息，然后装入一个单独的塑料袋中，并与订单的其余部分堆放在一起，等待装箱和贴上标签以备装运。

我在探访中国的一家工厂时，那里的经理曾解释说，仅仅一件简单的系扣衬衫就包括40块不同的裁片，要完成这些裁片的缝制，需要由30个不同的人操作60台机器上的50个工序。为了保持工厂高效运转，有时一名工人需要操作多台机器执行多个任务。在采用了一种新的工业工程方法后，制作一件这种衬衫所需的平均时间从20分钟降低到16分钟，效率提高了20%。由于这些"改进"，每个工人都会尽可能地向机器看齐，以极大的强度和精度每天重复完成1000多次完全相同的任务。比较资深的员工承担较为复杂的任务，如缝制裤腰或衣领，初级员工则会承担更简单的任务，如缝一条直缝。于是，在我面前呈现出的，是最高的效率，人类"工业"工程的壮举。但可以看出，这些工人中没有一个对这种"工程设计"表现出衷心拥护的样子。

流水线上的女工一脸肃穆，与她们明艳的着装形成了鲜明的对比，她们身着五颜六色的传统莎丽，戴着精致的饰物，有的人甚至还戴着和衣服相配的口罩，以保护自己免受四处飞扬的织物细屑的伤害。一些妇女赤脚在缝纫机上踩着踏板，这让我想起了行为准则以及其中包括的安全措施。当然，她们并不是在操作锋利的锯刀，但是赤脚？我很想知道，如果撇开文化习惯不谈，美国工厂如果存在这种行为会遭到职业安全与健康管理局的何种处罚。

为了避免有人太专注于自己的工作而忽视了白板上的目标数字，或是表现得不够像一台机器，工厂设置了一套严格的提醒系统。车间的中心有一排带字母的灯，22 条生产线各有一盏。如果某条生产线落后于目标，生产线前面的灯将会像警车上的警灯那样闪烁红灯，提醒所有人注意这个情况。你也许想知道为什么这个生产线的速度会变慢，也许只是其中一个工人停了几秒钟打了一个喷嚏，或是花了几秒钟搔了搔痒，又或者是舒展了一下抽筋的拇指（为了缝制裤襻，工人在长达数小时的时间内不得不一直拧着手指工作）；也许，仅仅是因为某一个新来的工人还没能完全把自己变成一台人类机器。

我的导游带领我一路走到了生产线的尽头，和刚刚做好的成品服装一起离开了它们的生产者。请记住，成衣服装以不到一分钟产出一件的速度从生产线末端源源不断地输送出来，所以我们 45 分钟的巡视可以说是相当悠闲了。我们将要出发去往下一站，即包装车间，在那里我会看到那些已经熨烫完毕、贴上标签，并打包和装箱、准备运走的服装，我最后回头看了看这片妇女的海洋。她们紧张严肃的面孔、紧绷的脊背，她们在缝纫机的嘈杂声和偶尔闪动的灯光中沉默寡言的

第三章　我的工厂好像牢笼——裁剪缝纫与劳工危机　　**079**

样子，她们看起来不再那么鲜艳的莎丽，这一切，构成了消费主义的另一种形象，而这与我们在西方世界所看到的光鲜广告大相径庭。

我的脑海中回荡着促成我们牛仔裤之旅的那段历史，当年，正是美国无数被奴役的劳工辛勤劳作，才造就了棉花今天的王者地位，但工厂的经理们并不知道我在想什么，他们愉快地告诉我，他们颇为自己的高效率而骄傲，并表示，正是得益于对工业工程的投资，他们才可以大批量地生产服装——再次提醒你，这两家工厂每月可以生产超过100万件成衣。当然，他们也为工厂设置的医务室和哺乳室感到骄傲，这些是他们在探访过程中着重炫耀的亮点。医务室设在了一段楼梯的上方，设备很简陋，仅有用薄布帘隔开的三张病床，有两名工人正在等着看病。这个空间与巨大的裁剪和缝纫车间相比简直微不足道。在工厂内部配备医生的想法听起来确实很进步，但只要稍加计算，你就会发现病人与医生的比例是3600∶1。接下来我略带尴尬地被带到哺乳室参观，并发现数学计算结果同样令人沮丧。尽管我在车间内看到了几千名育龄妇女，但房间里只有三名妇女在哺乳。

大约中午时分，我的参观告一段落。我被带回到工厂首席执行官的大办公室，与工厂的高级管理层会面。尽管我的东道主，当然也包括服装厂的工人们，正处在斋月的禁食期（斋月是穆斯林的一个习俗，在长达一个月时间内从日出到日落的白天都需要禁食，并进行祈祷和反思），但在我等候经理们的时候，接待人员礼貌地给了我一个三明治和一瓶水。待我吃完饭，三位主管走进了房间。我们都坐在像宝座一样巨大的皮椅上，这让我们彼此之间的距离令人尴尬，但很符合房间里冷淡疏离的气氛。事实上，大多数高管来自印度，而不是孟加拉国本地人，这反映出本土工厂管理人员的短缺。后来，孟加拉国著名的布拉克大学的教授沙希德·拉赫曼（Shahidur Rahman）告诉我，在孟加拉国，工厂的工作并不受人敬重，即使做到高管级别也是如此，这一点与美国和中国社会的认知不谋而合。为了满足苛刻的

被放大的欲望　　**080**

客户对产品的高要求,并确保能够获得微薄的利润,工厂经理们不分昼夜,几乎要做到随叫随到。这也是为什么这些高管告诉我,他们并不想让自己的孩子进入这个行业。

尽管我们会面的主要目的是让他们向我解释他们的运营情况,但高管们还是很渴望听到我在中国之行中看到了什么,以及中国工厂与他们的工厂相比到底如何。即使对工人们的面孔记忆犹新,我仍然很容易不自觉地把他们简化为一个个产量数字。我们开始讨论效率,无论在哪个国家这都是商界人士通用的语言,从生产效率的角度,服装制造业(以及孟加拉国)的产出确实"令人印象深刻"。

然而,我们对于工厂生产效率的任何褒扬,无论是在中国,还是在孟加拉国或世界任何地方,都将令我刚才在工厂里看到的把人变成机器的过程变得正常化和合法化。如果以效率为衡量标准,就需要以衡量由工人操作的机器的标准来衡量工人本身,包括:每秒钟可以完成多少工作量,如何防止系统故障,如何最大限度地提高产出,同时还要尽可能地控制投入,包括工人的工资、上厕所的时间、医疗服务,也包括清晰地告知工人他们的权利。

我在访问孟加拉国期间不断听到政府官员和发展专家表示,他们十分担心令人恐惧的自动化时代即将到来,机器将取代那些无法完全像机器那样工作的人类同行。坦率地讲,他们的论调听起来像世界末日马上就要降临。不过,这种威胁不大可能演变成我们某天早晨一觉醒来,便发现机器人接管了整个行业;相反,它更可能像在繁忙车间巡视的那位工业工程师所做的那样,追踪每一道工序所需的时间,以便设计出更高效的生产线,并使机器能够更好地复制人手和大脑精细灵活的工作。想到以更低成本实现更高产出的自动化生产线,工厂的生产负责人笑着说,在五年之内,得益于自动化,他预计每条生产线的员工数量将减少 20%~30%。自动化可能对孟加拉国的发展不是一件好事,但它对工厂的利润来说肯定大有裨益。

第三章 我的工厂好像牢笼——裁剪缝纫与劳工危机

我自己的工作——无论是现在写下这句话，还是阅读报告，或是给新标准研究所的合作伙伴发送电子邮件——除了敲击键盘，或是在演讲中表达性地做手势之外，并不需要过多动手。因此，我无法将自己代入工人们灵活的双手或是没有鞋子保护的赤脚（对经理们而言，这些工人显然完全可以被机器取代）；我也无法真正和他们共情，理解在一刻不停地一遍又一遍重复同样的动作时，他们目不转睛的面容背后到底在想什么；我更无法想象，如果自己像一台人类机器那样生活会是什么样子。

我的工厂好像牢笼：一位制衣女工的生活

几天之后，我有幸进入了孟加拉国大千世界的另一个角落：贫民窟。我住的酒店坐落在一座湖畔，而与简洁明快、散发着现代气息的酒店大楼隔湖相望的，便是著名的科瑞尔贫民窟，据当地人说，这个大型贫民窟是 20 世纪 70 年代以来逐步形成的，在那之前 10 年，这片土地被孟加拉国家电信运营商收购。一眼望去，科瑞尔颇像一个现代的，甚至带有一丝末世色彩的公司小镇。我穿过一条迷宫般的土路，又一次感到自己仿佛进入了另一个宇宙。这里的街道窄到车辆都无法通行，但路旁仍然挤满了各种小摊，有的叫卖酸橙、生姜、芒果和土豆，有的销售服装和其他家庭用品。这里还有一间理发店，当然也有很多人。虽然这里位于达卡市中心，但它似乎自成一体。贫民窟的背面是一个堆满垃圾的湖泊，将它与城市的其他部分隔开。过去，大火曾多次在这片区域肆虐。[15] 就在我这次探访几个月后，一场大火烧毁了附近的另一个贫民窟，导致 10 000 人无家可归，其中大部分是制衣工人。

带领我进行此次探访的是一位大学教授，也是我的翻译，他帮助我在这一大块区域内穿行，在这里我颇为显眼，因为我是唯一的白人。

我曾问我的美国外交官朋友是否愿意加入，但他出于安全考虑婉言谢绝了。我们走了大约 10 分钟，然后拐进了一条更小的小巷，一片整洁安静的住宅区。我希望在这里找到答案，回答困扰我已久的问题：人类机器的生活到底是什么样子的？

我的探访对象丽玛含笑站在门口迎接我们，她是一位 36 岁的服装工人，通过大学的安排接受我的采访。（为什么我不跟我参观工厂的制衣工人谈谈？那是因为带领我参观的是工厂的管理人员，我非常清楚不会有机会和工人进行坦诚的对话。并且，在探访现场要求一名工人透露他们日常生活的细节也可能使他们受到伤害，甚至将他们置于危险的境地。）丽玛将我们迎入她的家中，她的表情温柔端庄，举止落落大方，而她的家只有一间屋子，大概 10 英尺[①]见方，由刷成明亮青绿色的瓦楞铁皮制成。这样的铁皮房 12 间一组，构成了贫民窟的"联排房"，每个房间内居住着两到四人。整个"联排房"共用一个厨房、一个卫生间和一个淋浴间。

她毫不犹豫地请我坐到了她的单人床上，那是在这间整洁得无可挑剔却又小得惊人的房间里唯一可以坐人的地方，占据了整个房间的"半壁江山"。床铺很明显被折叠起一半，以便供我们这样的客人就座。环顾房间，我不禁想起我在纽约的浴室，我的浴室和这间屋子差不多大小，即使以纽约的标准来说，那也是一间小浴室，连一个浴缸都装不下，但这个小小的空间内却生活着四个人：丽玛和她的丈夫，以及他们的两个孩子。

丽玛凭借可以和任何 HGTV[②] 收纳专家相媲美的技巧，把每一寸可用空间都塞满了东西，同时又使房间看起来井井有条（这也是由于

[①] 1 英尺约等于 30.48 厘米。——译者注
[②] HGTV 全称为 Home & Garden Television（居家乐活频道），是美国的有线和卫星电视频道。HGTV 主要播放家居装修、园艺、手工艺和住房改造等主题的节目。——译者注

他们拥有的东西本来就很少）。床的正上方挂着毛巾和一个装满个人物品的塑料盒；紧靠着床放着一组抽屉，直接抵到了房间另一侧的墙。床对面的墙边摆着一个小柜子，上面放着一台电视机。床脚处摆着一个冰箱，她告诉我这是她们最近刚买的家当，这令全家都非常高兴，因为他们终于可以存放预先做好的食品了。尽管只摆了这几样有限的物品，房间里也只余下一个人站立的空间——请注意，我是指双腿并拢，手臂紧贴在身体两侧的那种站立。

环顾四周，我十分好奇丽玛在这样的条件下是怎么生活的。她和她丈夫的个人隐私怎么维护？他们在哪里吃饭？孩子们在哪里学习或玩耍？他们在哪里换衣服？他们在如此逼仄的环境中如何忍受彼此？他们在这个瓦楞铁皮房子里怎么能睡得着（尤其是这里的夜晚经常阴雨连绵）？显然，像这样的一间屋子完全可以被拍成一部打动人心的联合国儿童基金会（UNICEF）筹款视频。[16] 事实上，这种视频经常以孟加拉国的贫民窟为主题：请认识这位善良的女士，她正在肮脏的贫民窟里勉力求生。只需每天 50 美分，就能让她养活自己和她的孩子。我从来都没有喜欢过那些视频。虽然它们确实帮助筹集了急需的资金，但他们也把所有人都贴上了一个标签：受害者。

丽玛在孟加拉国南部的巴里萨尔长大，大约 20 年前，在她的家人因洪水失去农田后，她来到了达卡。丽玛断断续续地在服装厂工作多年。她有一个 19 岁的女儿和一个 12 岁的儿子。她在两个孩子刚出生时不得不停止工作来照顾他们，因为没有其他人能帮她照顾孩子，而且她告诉我，考虑到他们居住的地方拥挤不堪，经常发生火灾，她无论如何也不放心把孩子交给别人（这种情况很普遍，从而也解释了为什么工厂的哺乳室里只有那么少的几位女性）。她最近的一份工作已经干了 8 年，是当缝纫机操作工，生产男女衬衫。她最初在另一家工厂当帮工，那里的一位操作工教会了她缝纫。凭借这项技能，当换到这家工厂工作时，她找到了一份操作工的工作。这家工厂在达卡和加济布尔有两处分厂，共有大约 1400 名员工。丽玛在达卡的工厂工作，那里只有 500 名工人，分为两条生产线；仍然位于市区的老厂往往规模比较小，她工作的这家工厂就是这种情况。

随着谈话的深入，丽玛用一种令人惊讶的平和轻快的声音描述了她的日常生活，这种语气让我们忘记了周围的环境以及她分享的细节。她每天早上 5 点起床，为家人做早餐和午餐（米饭和蔬菜）。然后，她步行 45 分钟到工厂，从早上 8 点到下午 5 点，不间断地生产衬衫，中间只休息一个小时，即在下午 1 点吃午饭。在超过一半的日子里，她还会加班，直到晚上 8 点或 10 点才下班。尽管要工作更长的时间，但在加班的日子，她只有一次额外的 10 分钟休息，在此期间吃一片面包和一根香蕉。每天工作 9~14 个小时后，她步行回家，并准备晚餐，然后上床睡觉。第二天醒来，重复前一天所做的一切。这样的日子一周重复 6 天。

总共算下来，丽玛每周工作大约 62 个小时。[17] 根据最近的一项调查，这大约是孟加拉国制衣工人的平均水平。丽玛每月能挣到 8000 塔卡，合不到 100 美元，即使加上最高的加班工资，她的总收入也只能勉强达到孟加拉国的最低月工资水平。对于丽玛，还有孟加拉国和斯里兰卡的其他工人来说，加班是他们能够接近或达到法定最低工资水平的唯一途径，而加班意味着更长的工作时间。同时不要忘记，家里人还指望她做无报酬的家务——这又是另一个全新的故事了，或者说可以再写一本书。根据最近的一项调查，在孟加拉国，64% 的制衣工人拿不到法定的最低小时工资，[18] 而丽玛显然是其中之一。

更糟糕的是，来自清洁成衣运动（Clean Clothes Campaign, CCC）的一份报告指出，在大多数亚洲国家，政府设定的最低工资

第三章　我的工厂好像牢笼——裁剪缝纫与劳工危机　　085

还不到所谓生活工资（living wage）的一半。[19] 即使每天辛苦工作，丽玛和她的丈夫仍然无力负担基本的生活开支，包括房租、食物和孩子的学费。她并不是个例。一项研究发现，孟加拉国制衣工人的营养不良现象十分严重。四分之一的制衣工人体重不足，在女性制衣工人中，77%的人患有贫血。[①][20]

丽玛全心全意地为她的孩子们而活。当我问她对自己的未来有什么期望时，她的脸上露出了笑容，毫不犹豫地回答："我自己没有什么梦想，我全部的梦想都寄托在我的儿女身上。我希望他们成为好人，有一天他们可以照顾我和我的丈夫。"在那些梦想中，她的女儿将成为一名护士，她的儿子将成为一名工程师，这与仅受过中学教育的她形成了鲜明对比。

后来我问我的翻译，丽玛的梦想能否实现，以及如何实现。他表情凝重地说，也许吧。理论上讲，如果她的女儿进入护理学校，那里的学费不算高，丽玛可以贷款支付学费。但在我的翻译看来，丽玛梦想儿子成为工程师的希望更为渺茫。他说，按照他们夫妻俩的工资计算，"我非常怀疑他们是否能获得贷款来支付相关的费用"。

我问丽玛，她能否告诉我当缝纫工有什么感觉。她酝酿作答时，整个房间的气氛为之一变。我甚至能感觉到缝纫车间的那种紧张气氛开始在她的铁皮房子里蔓延，就好像一朵乌云飘过，在绿色的墙壁和丽玛橘蓝相间的莎丽上投下了阴影。"工作很紧张，"她开始了叙说，双目低垂，声音更加柔和。她的生产线每天要生产大约1000件服装。如果她落后于生产目标，她的生产线经理就会出现在她身边，大声要

---

① 英国清洁成衣运动（CCC）和商标背后劳工联盟（Labour Behind the Label, LBL）进行的研究发现，工厂工人平均每天消耗1598卡路里热量，约为推荐量的一半。体重指数数据显示，33%的柬埔寨工人医学上体重不足，处于危险之中，其中25%的人体重严重不足，该水平的体重指数在英国已经可被诊断为厌食症。——作者注

求她加快工作速度,并威胁不再让她加班。曾有一项研究对来自达卡三个不同贫民窟的制衣女工进行了调查,这项研究发现,67%的妇女报告说,她们在工作中受到过身体攻击。[21]丽玛只可以在获得许可的情况下上厕所,并且前提是她达到了生产目标。正如一位行业专家向我解释的那样,每个工厂对工人上厕所的规定都不尽相同,但每位工人基本上每天只能上有限的几次厕所,每条生产线的工人上厕所的时间也可能有限制,并需要由经理来填补空缺。工厂的大门是锁着的(这属于违法行为,但丽玛似乎并不知道这一点),而且没有正式的工人代表。如果工人们真的进行抗议(这种情况确实发生过,虽然非常罕见),他们会确保由女性来策划组织,因为与男性相比,女性被警察抓走的可能性更低。工人们也屡次组织大规模抗议活动,最近的一次发生在2018年末至2019年初,这次自发罢工导致一名工人在与警方的冲突中死亡,同时近8000人因参与罢工而被无理解雇。[22]

我随后问丽玛,当她在缝纫机上一个小时又一个小时地重复那些机器般的动作时,她有什么想法。她用困惑的表情看着我,不明白我的意思。什么叫她有什么想法?以我有限的从书本上搬来的经验,加上我读过的那一大堆关于类似低薪工作的论文和回忆录,[23]我本以为丽玛会说她感到极度无聊,大脑会沮丧地发出无声的尖叫,并且会幻想其他事情或地方,以此作为一种精神逃避。但是丽玛启发了我:在那些时间里,她脑子里唯一想的就是生产的压力,没有时间做白日梦,没有时间让她的思绪从衬衫上飘走。不能犯错,接着做下一件,不能犯错,接着做下一件,这是在每个针脚之间唯一能有的想法。

我接着问她,对自己的工作有什么看法。她回答道:"每天早上醒来时,我都感觉我的工厂好像一个牢笼。"她补充说,大多数时候,她感到抑郁和不幸,但有时她也会感到幸福。她在工厂里有几个朋友,她们就住在附近。提起她们,她的表情放松下来,浮现出一丝淡淡的微笑。

―二―

丽玛的故事并非个例。在时装产业,这种高强度、低工资的剪裁缝纫工作现在已经成为一种普遍现象,而她除此之外别无选择。事实上,这种工作环境已渐渐形成模式,并成为导致当前经济和劳工危机的核心因素。历史学家斯文·贝克特认为,以经济利益为目的的机械化的劳动是美国南方奴隶制的核心,因为除了完全控制劳动力,没有其他方法可以确保生产率。他还引用了管理学者罗伯·库克(Rob Cooke)的论述,后者曾表示:"现在,对此并没有实质性的争议……正是从它(种植园)那里,工业规则得以逐渐发展。"[24]

在斯里兰卡的商业重镇,同时也是该国的首都科伦坡,我曾与当地工人进行过交谈,她们在不同规模的工厂中为多个品牌代工生产服装。颇具讽刺意味的是,我和业内大多数其他人曾经都认为这些品牌极其道德,但女工们每天的辛苦听起来真的让人揪心。斯里兰卡大多数制衣工人是 20 多岁的年轻女性,她们蜂拥到首都寻找工作。农民工是制衣行业重要的劳动力,因为只有社会中最弱势的群体才会接受这种最低的工资。在工厂,她们被轻蔑地称为"缝纫女"(Juki Girls)[①],并因缺少家庭生活和社交生活而备受世人指责,但这实际上是由于她们漫长的工作时间造成的。她们住在没有电灯、拥挤不堪的集体宿舍中,浴室里总是排着长队,每天被拥挤的大巴车运送到工厂,在那里经常会遭受性骚扰,微薄的薪水也常常被盗。

达努是一位身材娇小的姑娘,但她柔弱的身躯中蕴藏着巨大的坚韧力量。她告诉我,为了能在紧急情况下照顾住在北方的父母,她被迫改为打零工。科伦坡没有时间灵活的工作可供选择,打零工的人会

---

① Juki 是日本著名工业用缝纫机品牌。——译者注

聚集在出口加工区的大门口等待工作机会。出口加工区距离科伦坡市中心约 40 分钟车程，里面有许多服装厂，也有许多制衣工人住在那里。零工招募机构会用小货车把妇女们撮堆拉走，她们会在途中被告知当天将在哪里工作。

我问达努："这么说，这种安排为你提供了你所需要的灵活性，对吗？"这时，她的眼睛低垂下来，和翻译进行了长时间的沟通。翻译抬起头来，面色苍白地看着我，并转述道，货车里的妇女有时在路上会被告知，当天不会有工厂工作，她们将去一家"按摩院"工作。我的喉咙哽咽了一下，在不得不问出不可避免的后续问题之前拖延着时间。由于服装业低薪而不稳定的工作环境，这些妇女会被迫从事性交易。[①] [25] 虽然我没有详细的统计数据，但案例研究表明，这种情况并不罕见。

多位消息人士告诉我，许多妇女正是因为打零工而成为这些令人发指的罪行的受害者，这在当今的斯里兰卡服装行业日益成为普遍现象。这种现象不仅发生在斯里兰卡，在柬埔寨，服装业的女工也不得不从事性交易。[26] 据报道，那里的妇女在从性产业中"获救"后，又会被迫进入制衣厂工作，而那正是她们从一开始就试图逃离的地方。[27] 服装业和色情业之间存在共生关系并不令人意外，因为这些行业提供的报酬都极低，而且从业者主要是女性。一个可怕的现实是，由于没有其他技能可以奉献给这个男权社会，她们唯一能够出卖的就是她们的身体。

在接下来的采访中，达努眼中的羞愧令我极其难过。我找不到合适的词，甚至完全不知道该说些什么。我告诉翻译我很抱歉，并请她帮我找到合适的词语来表达我的心情。我感谢她们花时间和我交谈，并告诉自己："玛克辛，你不会忘记达努和她的遭遇。你会回到纽约，

---

① 据报道，服装女工在试图前往工厂工作或寻找工作机会时，被迫卷入性交易。——作者注

第三章 我的工厂好像牢笼——裁剪缝纫与劳工危机 **089**

虽然你会被日常生活所吞噬，但你永远不会忘记她。"我一直努力履行着对自己的这个承诺。

在科瑞尔，当我坐在丽玛的家中，听到她告诉我，每天她醒来时感觉自己的生活就像是一个牢笼时，我又想起了达努。我再次感到不知该说些什么，唯一能做的就是感谢丽玛奉献的时间和热情款待，并再次向自己保证，不要忘记那个贫民窟、那个房间、那张面孔，以及我身上的衣服与这一切之间千丝万缕的联系。

充当翻译的教授和我离开了小屋，迂回穿过狭窄的小巷，来到了位于湖畔的贫民窟背面。我再次眺望湖对岸我住的酒店，它与靓丽的天际线融为一体，旁边是以木材和玻璃建造的漂亮公寓。在我们之间，是一片飘满垃圾的水面。我好奇湖对岸有多少人知道这边有一个科瑞尔贫民窟，还有千千万万在这里谋生的人，他们的劳动支撑着孟加拉国经济的发展。如果我不是正在对服装行业进行深入研究，我会想到身处世界另一端、生产出我们所穿服装的工人吗？

面对这种情况，让人深感沮丧的是，我们对此并非无能为力。我们实际上可以做得更好，而不是强词夺理地说，这些可怕的情况是经济增长的必然代价（甚至还有人说，嘿，至少这些人不再挨饿了）。发展中国家大多数服装工人的收入仅占其所生产服装的零售成本的0.5%~4%。[28]这意味着，如果你买了一条 20 美元的牛仔裤，工人们总共只能得到 10~80 美分。所有参与制造这条牛仔裤的 30 个工人，虽然每天要生产 1600 条这样的牛仔裤，每条裤子都需要经过 50 道不同的工序和 60 台机器，但每位工人只能从每条牛仔裤中赚取不到 1 美分的收入。

如果丽玛一家不是被迫蜷缩在一间浴室大小的铁皮房子里，那会不会让我们所有的衣服都贵得离谱？研究显示，答案是响亮的"不"。如果 H&M 将一件 T 恤的成本提高 12~25 美分，就可以让工人挣到"生活工资"。[29]换言之，要将服装业工人的工资提高到"生活工资"水平，且这一成本完全由服装品牌在其供应链中消化，也只会让它们每件产品的成本增加几美分而已，还不到一件衣服价格的1%。以一件25美元的衬衫为例，这样做只会使其成本增加17美分。这对处于时装业食物链顶端的人们，比如H&M的高管和股东来说根本不值一提。H&M的董事长是品牌创始人的儿子，身价超过了170亿美元。[30] 得益于这家快时装巨头创造的财富，他的三个孩子（其中一位是公司现任首席执行官）和他的妹妹也都是亿万富翁。对Zara（飒拉）的母公司印地纺集团（Inditex）的创始人而言，这一增加的成本影响就更小了。在我撰写本书时，阿曼西奥·奥特加的净资产约为649亿美元。[31] 他和他的家人一直低调地避开媒体报道，但当他短暂击败比尔·盖茨成为世界首富时，[32] 他的家族吸引了世人的瞩目。这些勤勉的个人通过奋斗取得成功，当然可以也理应得到祝福，但是，想到他们致富的代价是使千千万万的工人难以养家糊口（满足他们作为人最基本的需求），我们又怎么能珍视和尊重他们的财富呢？同时，对那些购买衣服的消费者来说，这种改变也只不过是可以忽略的找零而已。如果购买一件衣服时多付12~25美分就意味着给他人一个机会，使其可以过上更好的生活，而不是让他们觉得自己生活在牢笼中，你愿意这么做吗？

由于交通堵塞，我们回程花的时间几乎增加了一倍，在回酒店的路上，我禁不住一直在想，我和丽玛的年龄完全一样。我们都是母亲，都在努力使我们及家人的生活更美好。早在100多年前，美国政府就已经在国内立法禁止这样对待工人，为什么时至今日，丽玛仍然要忍受这样的待遇呢？

工会的现状：全球化世界中的工人权利

鉴于丽玛以及全世界各地工厂中像她一样的工人的境况，我们无疑需要更详细地回顾一下我们自己的历史。这是因为，今天美国的劳工待遇是几十年来经济、社会和政治政策的产物，这些政策在一定程度上始于这段历史，并逐步影响了中国（现在也包括孟加拉国）等全球服装生产大国。我们已经看到了服装行业全球化进程带来的实际影响，下面我们可以将目光再拉远一些，探讨问题产生的根源，以及应如何从根本上解决它。为此，我们需要先简单地回顾一下劳工、工人权利和国际法的历史。

我们首先需要了解一个关键事实，那便是，在当今的全球化世界中，并没有什么各国普遍遵守、得到严格执行的工资、工人安全或环境保护法律。法律条文本身毫无意义，它们只是文字。换言之，法律取得预期效果的能力与它们的强制执行力成正比。有些在国际法范畴被我们视为法律的东西，如《世界人权宣言》或《巴黎气候协定》等有关公平工资和环境保护的理念，实际上只是签字国的"约定"。各国可能通过签署这些声明来保护某种信仰或原则，但这种信仰是否得到尊重完全取决于一个国家会不会信守承诺。为了解释这一原则，我想举一个大家都熟知并且确定无疑的例子：税收。设想一下，假如美国国税局不会对偷税漏税行为施以罚款，更不会送你去坐牢，相反，人们只是和政府达成共识，认同税收是社会生活的必要组成部分，所以人人都应该纳税，仅此而已，那么，即使我们原则上认同纳税的理念，你认为每个人都会老老实实地报税吗？我代表我自己回答：我相信不会。

许多人认为，联合国是国际法的发起者，但它实际上并没有执法权。联合国成员国制定的决议和宣言有助于各国政府组织起来，但联合国没有能力将任何人绳之以法。国际法发挥效力的唯一途径是被各国遵守，但这需要法律施行的规则和机制，包括警察和司法系统。在劳工和环境保护方面，我们在国际层面上并没有这种规则和机制。这就是我们不能依靠普世宣言来真正保护工人或环境的原因所在，同时也解释了为什么时装产业，由于其全球化和碎片化的性质，在破坏环境和侵犯人权方面如此猖獗。各大品牌在国内监管执行力度不大，国际监管更是形同虚设的国家里横冲直撞，如入无人之境，仿佛那就是《飙风战警》里的西部荒野，只不过威尔·史密斯和凯文·克莱恩已经挂靴隐退。

好消息是，我们并不需要借助国际法、国际警察，还有动作电影明星来有效监管其他国家的行为。我们可以利用我们自己的国内法，通过限制进口产品来规范服装行业的做法。换句话说，美国（或任何拥有足够大市场的国家）可以告诉任意一个试图进入国内的品牌，如果你想面向我们巨大的消费市场销售产品，你就必须遵守我们的规则。由于美国是一个如此大的市场，这种监管措施将产生巨大的威力。

事实上，美国确实有相关法律，禁止进口通过现代奴隶制度（包括奴役儿童）生产出的产品，这些法律最初可以追溯到 1930 年，并在 2016 年得到加强。然而，美国进口的商品中，约 4000 多亿美元的商品可能是通过强迫劳动生产的，[33] 其中很多都是时装类产品。根据一份报告，服装产业面临着将资金引向现代奴隶制的风险，其所涉金额紧随科技产业排在第二位。[34] 汤森路透基金会报告称，上述进口产品中，被美国扣押的产品价值仅有 630 万美元，[35] 这些产品包括：来自津巴布韦的钻石、刚果民主共和国的黄金、马来西亚的橡胶手套和巴西的骨黑①。美国海关和边境保护局等负责相关查验的机构资金匮乏、人手不足，只扣押了一小部分可能通过奴役制造的货物。[36] 参议院拨款委员会成员、特拉华州参议员克里斯·库恩斯告诉汤森路透，如果他们想优先考虑反奴隶制法规，就需要额外投资，包括增加 200 万美元预算充实强迫劳动审查团队。尽管海关和边境保护局的职员总数高达 62450 人，但该团队目前仅有 6 名雇员。[37] 如果没有强有力

---

① 骨黑又叫骨炭黑、象牙黑，是一种天然的黑色颜料，是由动物骨头在缺氧的条件下经过干馏制成的。——译者注

的执法，时装品牌类公司根本没有切实的动力来确保做到合规。

在更成功地实施相关国内法方面，欧洲为我们做出了表率。[38] 法国于 2017 年颁布了《企业责任警戒法》，对法国（基于员工数量）规模最大的一批企业进行人权和环境侵权方面的监管。该法要求，这些企业必须制订"警戒计划"，以查明和防止"由公司及其所控制公司的运营直接或间接导致的严重侵犯人权和基本自由的行为，严重人身伤害或环境损害，或健康风险"；公司必须能够识别违规风险，制定评估和补救违规行为的操作规程，与工会合作，并建立监控系统。任何利益相关方都可以对违反规定的公司提出投诉。如果被认定有罪，公司有 3 个月的时间来纠正这种情况。最初，法律规定可对公司处以 1000 万 ~3000 万欧元的罚款，[39] 但后来罚款条款被取消，如何对其处罚尚不清楚。尽管如此，公司有责任向受到伤害的工人支付赔偿金。[40] 这项法律本身并不能确保达至某一特定结果，但它确实为个人和组织（如新标准研究所）提供了寻求问责的法律途径。如果更多的国家通过这样的法律，那些强势的违法者就不会有如此多的机会滥用资源（包括人力资源和环境资源）。

我们可能认为，安全的工作条件，或者仅仅是非奴役劳动，是普遍和不可剥夺的"人权"，但它们并没有神圣或绝对的意义；它们必须被编纂成标准，并得到切实的落实，才能变成现实。更重要的是：强迫劳动标准的发源地正是美国，在此过程中服装女工发挥了主导作用。

时装与美国劳工运动

请闭上眼睛，轻轻敲击你的中国制造的鞋子，在脑海中想象出一个你可能在历史教科书中读到过的黑白世界，那是人类历史上最大的一次沧桑巨变：工业革命。还记得把田地里的棉花变成身上所穿的衣服有多难吗？种植、采摘、轧棉、纺纱、染色、编织、剪裁和缝纫，整个过程要花费大量的时间和人力。生活在那个黑白世界中的人们没有 QM 那种酷炫的技术来完成这项工作，因此制衣成为一项非常艰巨的工作。面对终于有望制出不会令人发痒和吸汗的服装，一些喜欢钻研的人开始不断构想出新的发明，这些发明将加快世界发展的步伐，将人类社会带入工业革命。随着轧棉机的问世，珍妮纺纱机、动力织机和商用缝纫机也一一问世，加速了服装生产的各个环节。我们从个人纺纱、手工编织、手工缝制自己的衣服，到工厂化的服装生产只花了一代人的时间。

美国南方的奴隶在棉田中辛勤劳作生产出的棉花被运到新英格兰新兴的纺织厂，而它们生产出的纺织品随后又被运到纽约市的新建工厂，在那里被剪裁和缝纫成服装。与此同时，一种被称作"百货商店"的业态随之出现，其目的是销售这些新制造出的成衣，这使纽约成为美国第一个大规模服装生产中心。[41] 到 1900 年，服装业已经成为纽约市最大的产业，其产值和产量均为该市第二大产业制糖业的 3 倍。10 年后，美国 70% 的女装和 40% 的成衣都是在纽约生产的。[42]

纽约不断壮大的劳动力大军主要由妇女和儿童组成，尤其是 19 世纪初为了逃离反犹清洗以及政治和宗教迫害而从东欧移民而来的犹太人。[43] 他们满怀期待来到美国，以为在这里可以得到自由，但在很大程度上，他们最终沦为裁剪和缝纫工厂的劳工。这些工厂的厂主通常是来自欧洲较繁荣地区的犹太移民，他们利用这些熟练且廉价的移民劳动力来试水以工业化的方式生产服装。由于妇女原本就会负责为全家缝制衣服，她们天生具备裁剪图案和缝制布料的必要技能，而孩子们在工厂里尤其有用，因为他们的手小，能够灵巧地操作设备。这些移民家庭往往全家都在服装行业工作，这份工作确保他们每天都有饭吃，而且好歹能有算得上衣服的东西遮体。

在马萨诸塞州的洛厄尔等地，类似的移民人口在另一类工厂，即纺织品生产厂，找到了工作。洛厄尔以其"纺织女工"（mill girls）

而闻名。在一开始，年轻而富裕的美国妇女蜂拥前往纺织厂工作，以此宣示在财务及其他方面的独立，这和我今天在孟加拉国和斯里兰卡采访的那些年轻女性的情况一样。同时，二者的相似之处还不止于此。在20世纪的美国，由于新式机械不断被发明（加之我们不应忘记的奴隶制），棉制服装的制作过程不断加快，但这并不意味着那些操作机器的服装制造业工人的工作状况也变得更好。工厂工作漫长而乏味，并且充满危险，工厂主所关心的，是不惜任何代价增加产出。

此时，美国制衣女工开始走上一条与她们今天的同行不同的道路。这些美国女工并没有坐以待毙。此外，她们在试图组织抗议活动时所面临的外部压力也小于孟加拉国的妇女，她们的诉求得到了认真的倾听。美国在劳工组织方面最早和最重要的一些成就是在纽约和洛厄尔取得的，由纺织和服装工人完成，她们引领了"进步时代"（Progressive Era）的发展，而那时美国妇女甚至还没有获得投票权。经过工人们的不懈努力，最早的一批工会得以成立，并成功推动了保护工人权利的立法。[44] 1909年，纽约的衬衫工厂，其中包括当时规模最大的三角衬衫厂的工会工人参加了美国历史上迄今为止规模最大的妇女罢工，后来被称为"两万人起义"。[45] 参加罢工的女工对工资、工时、工作场所安全和环境问题，以及性骚扰问题，极其不满，这些与今天为我们制造服装的女性所面临的问题完全相同。

在整个城市，群众集会如雨后春笋般涌现，一些人将这一工人阶级女性的问题与女性参政联系起来。虽然工人阶级女性（主要是犹太人、意大利人和爱尔兰移民）和受过教育的上层妇女（主要是白人、新教徒和出生在美国的女性）在私下里相互并不信任，但她们仍然携手举起了统一的女权主义旗帜。[46] 甚至美国当时名门望族的女性也参与了这一事业。例如，J. P. 摩根的女儿安妮·摩根曾虚心听取罗丝·施奈德曼向她介绍罢工的目标，后者是一名来自今天波兰的犹太移民服装工人，在罢工运动中成为工人运动的组织者。[47]

尽管由这些妇女组成的联盟在未来将被证明发挥了至关重要的作用，但在那段时间内她们并未取得多少成果。最终只有一家公司与工人达成了和解，但不是三角衬衫厂。[48] 罢工经费耗尽后，妇女们结束了抗议，重新回到工厂。最终，是一场震惊整个行业的悲剧扭转了美国工人为权利而斗争的局面。

那场悲剧发生在一年后的曼哈顿华盛顿广场公园（现在是纽约大学校园的一部分）附近的一座建筑物中，这座建筑今天仍然屹立在那里。1911年3月25日，三角衬衫厂发生火灾，许多年轻的女工被反锁在工厂里面无法逃生。随着大火的蔓延，这些年轻的女孩儿在滚滚热浪的逼迫下无路可逃，共有62名年轻的女工跳楼身亡，[49] 有些女孩儿在跳下时手牵着手。由于消防水带和梯子太短，无法抵达火场，消防网的强度也不够，无法接住坠落的人体。当天，共有146名工人遇难，其中年纪最小的只有14岁。[50]

这场灾难之后，在工人罢工期间站在工厂主一方的市政府和州政府终于同意认真审视工人的要求。一个专门的国家委员会得以成立，委员会不仅将审查服装行业的情况，还将全面审查包括化工行业在内更广泛的行业的情况。那是当年全世界所有国家中在保护劳工权利方面做出的最重要的努力。在委员会的推动下，美国通过立法赋予了工人基本的权利（包括工作场所安全标准），这些权利此前长期被剥夺。[51] 此外，限制某些工厂的工作时间在纽约州成为法律，并为美国其他地区树立了榜样。

这些工人阶级发出的越来越响亮的声音，为富兰克林·罗斯福总统在大萧条之后推出新政改革奠定了基础。不过，虽然新政的覆盖面很广，但仍未惠及所有人（新政政策漏掉了许多工人，我们将在第五章继续讨论这个问题）。随着市场崩溃，工人——特别是服装工人——率先要求并成功获得的保护政策扩大到几十个新的行业，这是政府为保护和提升工人权利而采取的最重要的措施。弗朗西丝·珀金斯（Frances Perkins）在最初的工厂审查委员会中发挥了关键作用，她后来担任劳工部长，负责制定和实施新政。她曾表示，新政始于三角衬衫厂的火灾。[52] 对于衬衫厂的制衣女工来说，这是一个重大胜利。

工会的现状：工人权利的双输权衡

有鉴于此，为什么我们不能将这一成功经验复制到孟加拉国的丽玛，以及斯里兰卡和其他地方所有像她一样的工人身上呢？答案很简单，但其原因很复杂：这是今天的经济模式所决定的。你也许还记得，早在20世纪80年代，品牌改变了商业模式，开始在海外生产以降低成本，这样，它们一方面能够以较低的价格销售产品，一方面还能悄悄为自己积累更多财富。通过一系列贸易协定，各国的经济紧密连接到我们今天共同生活的全球化世界，而工人和环境保护并未包括在内。美国劳工通过抗争得来的权利并没能走出美国的边界。

在全球时装经济中，我们这些消费大众被告知，我们会获得更便宜的产品，而兜售给发展中国家的则是经济增长的机会。美国人确实买到了更便宜的牛仔裤，但在这场逐底竞争中，全世界的工人都是输家。美国工人失去了工作，这些工作本来能够让他们有钱购买牛仔裤。海外的工人得到了工作机会，但现在他们被迫食用有毒废水种植的食物，呼吸严重污染的空气，并且像机器一样辛勤劳作，而他们作为人的身心需要以及欲望和梦想，统统遭到无视。毋庸置疑，我们确实取得了一定的经济成果，也有人认为，冷酷无情的全球服装生产是迈向更高层次发展的必然阶段，但情况是否果真如此并不确定，而且无论如何，我们都绝对没有理由如此冷血。

在去得克萨斯州的路上，我遇到了塞萨尔·维拉蒙特斯，他在埃尔帕索拥有一家洗水厂。塞萨尔身着经典搭配的腰带和牛仔靴（当然还有蓝色的牛仔裤），一双炯炯有神的眼睛在饱经风霜的脸庞上熠熠生辉，完全看不出已经 73 岁高龄。这双眼睛见证了牛仔时装风靡全球，见证了同一时期埃尔帕索借势崛起为世界蓝色牛仔裤之都，也见证了美国乃至美洲大陆丧失这一名号时带来的巨大冲击。塞萨尔曾是业内最大的牛仔服装供应商之一，目睹了这个行业从美国国内劳动力向国际劳动力的转变，以及在此过程中工作供求平衡和工人权利保护所发生的变化。

塞萨尔通过在美国牛仔服装行业打拼，得以不断累积资本和扩大经营，但今天，服装行业的众多工人（包括他自己的雇员和像丽玛这样的工人）则已经无法复制他的成功之路，甚至在美国也是如此。塞萨尔 5 岁时和家人一起从墨西哥移民美国，曾在一家投币式自助洗衣店工作了 17 年，最终买下了老板的四处店面，成为其竞争对手。他的老板开始时大力支持自己的门徒不断扩张，但随着时间的推移，塞萨尔开始以低价和自己的"伯乐"竞争。他在工业洗衣机方面的丰富经验和专业知识使他成为诸多新兴牛仔品牌的宝贵资源，合作伙伴包括盖尔斯（Guess）、卡尔文·克莱恩〔Calvin Klein，当时由总部位于埃尔帕索的太阳服饰（Sun Apparel）制造〕和威格（Wrangler）等。

塞萨尔的洗水厂与清洁牛仔裤无关，它是对牛仔裤进行"洗水和整理"的地方，这是牛仔裤特有的两个工艺流程（我们上一章在广东的工厂中也曾看到过这一流程）。牛仔裤进入洗水厂时已经做成了成裤，但还不能穿着。如果一条牛仔裤没有经过洗水厂的处理，你穿上它后可能会觉得自己不是一个自由自在的美国牛仔，而更像冈比[①]（或者像一位 17 世纪的意大利水手），因为牛仔布在未经处理的

---

① 冈比（Gumby）是一个绿色黏土动画人物，是美国 20 世纪 50 年代播出的系列动画片的主角。冈比系列的动画在美国前后播放了 35 年。——译者注

第三章 我的工厂好像牢笼——裁剪缝纫与劳工危机

原始状态下松脆且像砂纸一样坚硬。在塞萨尔的帮助下，李维斯标志性的"石洗"外观大行其道，这种方法是通过在巨大的工业洗衣机中用浮石洗涤，从而给牛仔裤带来仿旧效果。塞萨尔的洗水厂已经把几十万条曾经只适合清洗湿甲板时穿着的工装裤变成了人们日常穿着的心头之好。他的工厂还可以处理所有花哨的装饰，包括精心设计出的随意褪色、撕裂和磨损等做旧效果，再加上铆钉、毛边以及其他装饰，这些处理使牛仔裤超越功能性，成为时装新贵。你是否曾经在新买的牛仔裤口袋里摸到过小沙砾？那就是浮石的碎屑。

几十年来，牛仔裤从最初发展到现在，经历了翻天覆地的变化，而塞萨尔一直身处这一非凡变革的核心。从20世纪70年代开始，因为与美国其他州相比劳动力相对便宜，埃尔帕索日益繁荣，成为牛仔裤之都。这并不意味着成功来得很容易。洗水和整理都对技术要求很高，同时也耗时长久：我看到一位妇女用砂纸在牛仔裤口袋下方摩擦出"猫须状"效果，她用来摩擦的那只手戴着手套，以保护自己粉红色的指甲；在车间对面，另一位有一头蓬松金发的妇女用剃须刀片划过牛仔裤腿，然后用手撕出逼真的撕裂效果。

手工摩擦出"猫须状"效果

多亏 20 世纪纽约女工发起的工人运动，在塞萨尔的工厂里，男女员工在工作环境和工资方面都受到法律的保护，尽管牛仔服装公司为此付出的代价相对来说并不高。当我参观工厂的设施时，我看到场地很干净；工人穿戴着适当的安全装备；休息室（工人们确实会在那里休息）里悬挂着一张大大的《公平劳动标准法》海报，用英语和西班牙语列出了法律要求必须支付给所有工人的最低工资，以及如果工人没能领取到最低工资，他们可以做些什么；废水被排入一排整齐的矩形水池中，看起来几乎可以游泳，水质由埃尔帕索市进行监测。与此形成鲜明对比的是，我在中国一些地方看到，有毒污水在工厂的地板四溢，然后被排入河流中；在孟加拉国，赤脚的工人受到辱骂和威胁，被迫每周工作 6 天，每天工作 14 小时，以极快的速度不停地缝制服装。

当然，尽管拥有相对较高的生产标准，埃尔帕索的情况远远称不上理想。我在探访中看到的场景与塞萨尔刚入行时相比已经大不相同，规模也缩小了很多，这正是这场双向逐底竞争的结果。埃尔帕索的形势在 20 世纪 90 年代开始恶化。当时，美国、墨西哥和加拿大刚刚签订了北美自由贸易协定（NAFTA），这个协定是众多商业品牌多年来积极游说的结果，其目的是降低这些国家之间的贸易壁垒。北美自由贸易协定导致了美国以外服装生产规模的扩大，但并没有增加美国的国内生产，同样重要的是，它也没有提升美国本土以及海外工人的福利和工作环境。

塞萨尔和他的业务受到了北美自由贸易协定的沉重打击。塞萨尔从骨子里是一个商人，因此力求随机应变。最初，他试图在墨西哥建厂以顺应潮流，但这样做是有代价的。他不得不解雇许多美国工人，其中一些人已经为他工作了几十年。同时，墨西哥工会中普遍存在腐败现象，并在 2000 年左右开始引发麻烦（塞萨尔解释说，腐败问题目前已得到政府的有效控制）。墨西哥的劳动法比较宽松，这本来对在此设厂生产较为有利，但也因工会的存在变得复杂，并导致他在边境两侧都面对着昂贵的劳动力——至少相对于中国的劳动力而言十分昂贵。与此同时，随着他的价格超过中国这个更便宜的新晋竞争者，多年来一直是他客户的许多知名品牌开始告诉他："我们不是对你个人有什么不满，但这是生意……"

塞萨尔的工厂一直没有工会，他解释说，集体谈判给工人带来的价值往往会因严酷的市场现实而蒙上阴影；换句话说，如果工人的工资要求过高，他的工厂将无法保持低成本的竞争力，最终可能导致关门倒闭。他曾目睹了同在埃尔帕索的另一家制造商法拉赫公司（Farah Inc.）的倒闭，他认为这正是由其工会一手造成的。1977年，法拉赫经历了一系列毁灭性的罢工，包括由美国大型工会联合会劳联－产联［由美国劳工联合会（AFL）和工业组织大会（CIO）于1955年合并而成］精心策划的一场全国性抵制行动，此后这家公司因为无法满足工人的要求而倒闭。在其鼎盛时期，法拉赫曾经雇用了9500名工人，[53]是埃尔帕索地区的第二大雇主。

法拉赫的倒闭成为如今困扰得克萨斯州的服装产业大规模消亡的前兆，其中也包括塞萨尔的洗水厂。1995—2005年，埃尔帕索失去了2.2万个制造业工作岗位，[54]而2000—2010年，美国在全国范围内丧失了500万个制造业工作岗位。[55]当李维斯1997年开始关闭工厂时，工人们获得了当时服装业历史上最高额的遣散费。李维斯甚至推出了"再就业"计划，帮助失业工人在精神上和经济上度过这个艰难的过渡期，并提供补贴，帮助工人开设小企业自力更生。在20世纪60年代，塞萨尔正是通过开办小企业取得了成功；他从自己的前老板那里买下洗水厂，并逐步成为洗水行业的领军人物。

但是，鼓励人们白手起家在今天已经行不通了，这是由多种原因造成的。在埃尔帕索，因为其他地方较低的劳动力成本意味着牛仔布洗水和整理业务已经彻底离开了这座城市，工人们从塞萨尔那里学到的牛仔洗水和整理技能几乎毫无用武之地。因此,即使是一个充满进取心的工人自己创业,希望凭借一己之力出人头地,他/她的成功机会也极其渺茫。在一个供需都不可或缺的世界中,仅靠供应方的努力并不能解决问题。如果工人的遣散方案包括能够帮助其转行的技能培训(比如去科技行业工作),[56] 或是提供其他类型的长期赔偿,情况或许会有所不同。可惜这些都没有。比尔·克林顿总统甚至承认,北美自由贸易协定本应该对因为生产转移到海外而失业的美国本土工人提供保护,[57] 但是他怀疑,这是否能得到共和党对手的批准。

然而,故事并没有仅仅停留在单个家庭遭受失业打击的阶段。全球化和部分美国人口失业最终产生了非同寻常的政治后果。研究人员发现,在那些遭受全球化损失更大的以白人为主的郡县中,福克斯新闻频道的市场份额不断增加,竞选筹款活动中意识形态的两极分化日益加剧,共和党人当选国会议员的可能性不成比例地上升,同时人们在总统选举中也更多转投共和党候选人(尽管同样必须指出的是,那些少数族裔占多数并且在全球化进程中遭受损失的郡县更有可能选举自由派的民主党人)。[58] 简言之,全球化造成的失业问题对于唐纳德·特朗普的当选起到了一定作用。这并不意味着全球化本身是一项糟糕的政策,但它确实意味着,忽视失业这个事实会导致出人意料的严重后果。

由于这种转变的发生,塞萨尔和全美各地其他一些人已经开始为美国牛仔服装的故事翻开新的篇章,这或许可以使他能够作为一名商人继续生存下去,并有望让工人找回因为各种贸易协定而丧失的安全感和收入。他开始为高档牛仔品牌提供全套生产服务(裁剪缝制+洗水整理),这些高档牛仔品牌(如 Citizens of Humanity 和 FRAME)售价更高,因而它们可以消化更高的国内劳动力成本。目前还不清楚这种模式能否获得成功,因为首先,这些高端品牌希望通过在国内生产来缩短产品上市周期的预期并不是一成不变的;其次,

第三章 我的工厂好像牢笼——裁剪缝纫与劳工危机　　103

这种做法并没有真正打破导致当前局面出现的低工资竞争。塞萨尔对未来的希望寄托在这样一个事实上：目前高端牛仔服装生产最多的加利福尼亚州通过了一项立法，到 2022 年将最低小时工资提高到 15 美元，[59] 同时，高端牛仔服装生产中心洛杉矶则要求公司从 2020 年 7 月起支付 15 美元的最低小时工资。[60] 这将使得克萨斯州相对较低的工资水平再度具有竞争力。

超全球化经济中自由劳动力的真实成本

埃尔帕索工作岗位的流失看起来肯定是工会组织希望介入的情况——当然，前提是它们目前仍拥有像在早期美国制衣业那样巨大的影响力，可惜它们现在早已没有了那样的影响力。如果你听过特朗普政府的宣传，你可能会认为美国的工会组织正在蓬勃发展。但这种言论不过是假新闻而已。目前美国私营部门工会会员人数处于历史最低水平，参加工会的工人比例仅有 6.2%，[61] 甚至低于 1935 年之前私营部门中参加工会的工人比例，尽管那时工会还属于非法组织。[62] 在这方面，我们远远落后于西方世界的其他地区，尤其是欧洲，那里的工人加入工会的比例远远高于美国：冰岛 90% 的工人、意大利 34% 的工人，以及加拿大 26% 的工人都加入了工会。[63] 强调股东至上是造成这种现象的根本原因。企业开始游说制定更严格的法律来限制劳工的权利，同时将许多本来由工会成员担任的工作外包出去。伴随着这种情况，还有扑面而来的新自由主义信息，宣称全球化将拯救我们所有人，因为 GDP 和股市都在增长。然而，如果不能通过集体谈判来获得更高的工资和更好的工作条件，美国工人阶级就无法从这些增长中分一杯羹。美国的工资水平停滞不前，中产阶级不断萎缩，造成了今天巨大的贫富差距。（我们将在第五章中更详细地探讨这一问题。）

同时，对于既有工会而言，美国工会的质量与其他国家的工会相比也相差甚远。美国工人无法像欧洲工人那样享受公司与工会进行合作的好处，也没有带薪休假或坐下来喝杯咖啡的福利，这些福利有效地制衡了工人一方提出的要求。尽管塞萨尔一直担心，工人组织起来可能会导致企业破产，但欧洲的情况恰恰相反，企业和工人双方都知道合理要求的界限在哪里，因此双方谈判的成功率要高得多。例如在德国，工会成员会进入公司董事会，因此他们能够在工人和管理层之间进行透明和充分的沟通。[64]

然而，在美国，工会的本质往往与其名称的含义恰恰相反：工会通常以公司为单位，没有发挥团结所有工会组织的工人，从而规范整个行业的工资、工时和福利水平的作用。[65] 这意味着，即使威格公司洗水工人通过工会赢得了某些权益，李维斯的洗水工人也完全不会从中受益，反之亦然。这会造成行业内的竞争，伤害的是工人而不是公司。经济合作与发展组织（OECD）评估了不同国家工人保护的质量，我们从该组织的评估结果中可以清楚看到这种体系的糟糕程度。美国在临时性工作管理的严格性方面排名垫底，在对 71 个国家在遣散费规则和解雇原因等方面所做的评估中，美国同样得分最低。[66]

不可否认，美国工人通过工会组织起来并为改善工作条件而发声一定会取得积极的成果，但由于缺乏对全球劳工状况的认识，美国工人不仅伤害了自己的利益，而且在当前这种巧取豪夺式的残酷贸易形态中也损害了世界其他地方劳工的利益。如果我们的贸易协议中没有包含国际劳工标准，或是不能借助我们的国内法律强制加以推行，美国工人要求的工作保障越"昂贵"（无论是更高的工资，还是健康保险和退休计划等福利），公司就越有可能从海外市场寻找成本更低的劳动力。放眼全球，我们从某种程度上似乎又回到了起点，面临着一支工资过低、劳动强度过大的劳动力大军，这些人与一个多世纪前漂洋过海来到美国定居的移民相比，相似之处可能多于不同之处。

哈佛大学肯尼迪政治学院的经济学家、新自由主义批评家丹尼·罗德里克（Dani Rodrik）将目前的这种格局（即几乎完全没有贸易壁垒所导致的福利标准降低）称为"超全球化"。在超全球化的世界中，包括服装品牌在内的跨国公司已经从政府手中接管了控制权，并正在为全球经济制定规则。[67] 随着 Gap、H&M、J.Crew（J. 克鲁）和亚马逊等跨国品牌在全球各地以最低价格采购商品，它们让各国之间形成激烈竞争，极大地阻碍了地方政府制定和执行法律，并进而发展出本国的劳工或环境保护机构，如美国环保署（EPA）或职业安全与健康管理局（OSHA）。

与其他工业部门相比，时装产业引领了这种逐底竞争，因为不像建立制造 iPhone（苹果手机）等高端产品的工厂，建立一家服装厂并没有太大的挑战性，也不需要高额投资。所需要的只是一些缝纫机（它们并不昂贵），以及站在缝纫机背后操控机器的人（正如我们已经发现的那样，他们也不昂贵）。由于工厂几乎可以在任何地方建立，所以它们一定会建立在任何价格最便宜的地方。因此，如今主要的时装生产中心全部建立在民主规范最薄弱的地方也就一点也不奇怪了。

强制执行标准和法规缺失的恶果，终于通过 2013 年 4 月发生在孟加拉国达卡地区郊外的事件，以令人震惊的方式展现了出来。当地一家为许多西方品牌提供代工服务的大型工厂拉纳广场（Rana Plaza）因厂房不堪机器的重量和振动而倒塌，这所厂房显然违反了当地的建筑条例，而且相关政府部门执法不力。工人被困在了上锁的防火门内（这从技术上讲也违反了规定）。就在前一天，工人们已经抱怨大楼出现裂缝，但当他们提出抗议时，厂方威胁他们会扣发工资，并告知工厂是安全的。第二天早上，事故导致 1134 人死亡，2500 多人受伤。正是时装业及其创建的体系，阻止了本可以拯救这些生命的工人保护措施发挥作用，它们无疑是这场迄今为止世界史上最严重的工业事故的罪魁祸首。

我并不是一个持宿命论观点，相信历史会不断重演的人，如果是这样，我根本就不会写这本书。但跨越 102 年零 1 个月，发生在三角衬衫厂和拉纳广场的灾难竟然如出一辙，这实在让人震惊。当然，我们可以勇敢地选择打破历史的怪圈，书写出一个全新的故事，但要达到这个目标，我们需要再进一步地探究我们所穿衣服的生产过程，探究一个可能从未被人们意识到的环节。

第四章

中间商、管理层、营销和全新的透明

　　如果你在 1960 年购买一条李维斯牛仔裤，它很可能是在美国制造的。李维斯的首席执行官可能会知道工厂的具体位置，因为大部分工厂是李维斯公司自有的。然而，在超全球化时代，如果你在 Gap 买了一条牛仔裤，上面写着"中国制造"，[1] 你根本不会知道面料、拉链或其他东西是否来自别的国家，你只知道这条裤子是在中国裁剪缝制的。Gap 的首席执行官很可能也不知道这些细节，因为他现在考虑的是圣诞季营销预算，只关心在 Instagram（照片墙）上大热的新款牛仔裤能否按时交货。

　　今天的首席执行官们之所以如此松懈，是因为我们的服装旅程加入了另一群参与者，这群人神秘莫测，不像本书中其他参与者那样为公众所熟知，而他们保持神秘是刻意为之。随着越来越多的国家和品牌试图参与全球化游戏，一些富有进取精神的企业家看到了其中的商机。服装品牌需要有人帮助它们在宛如"荒蛮西部"的供应商市

---

[1] 如果某件产品带有"美国制造"的标签，意味着材料（织物）和生产（剪裁缝制）都发生在美国，但对于北美以外地区生产的产品，规则有所不同。在那种情况下，标签仅表明产品发生实质性改变的最后一个国家，就服装而言，是指该服装裁剪和缝制阶段所在的国家。——作者注

场通行，因此，一种新的实体——服装经纪公司横空出世。这些公司中最大的一家是利丰公司（Li & Fung）[2]；利丰运营着一个全球网络，在40个不同的市场上协调着海量的服装生产。利丰公司成立于1906年，[3]由一名英语教师和一名从事丝绸和象牙贸易的商人所创建，目前在全球各地拥有230个办事处。2018年，其销售额超过120亿美元。[4]据公司首席执行官在1998年所述（他下面所说的配额即是指多种纤维协定的配额），该集团完成一个订单（比如10 000件服装）的通常做法是：

> 我们可能决定从韩国生产商那里购买纱线，但在中国台湾进行纺织和染色。[5]因此，我们会挑选纱线并运往台湾。日本人有最好的拉链和纽扣，但他们主要在中国制造这些产品。于是，我们会找到YKK（日本一家大型拉链制造商），并从他们的中国代工厂那里订购合适的拉链。然后，考虑到配额和劳动力情况，我们认为，制造服装的最佳地点是泰国，因此我们把所有原料都运到那里。由于客户需要快速交货，我们可能会将订单分配到泰国的5家工厂。实际上，我们正在定制价值链，以最好地满足客户的需求。
>
> 在我们收到订单5周后，10 000件服装就会在欧洲上架，看起来完全像是出自同一家工厂，例如，它们的颜色完全一样。请想一想这中间所需要的物流和协调工作。

利丰就像品牌的专属买手一样，一直负责为沃尔玛、凯特·斯派德、蔻驰、卡尔文·克莱恩和汤米·希尔费格等公司[6]"优化生产的每一步"。[7]但我敢打赌，你从没听说过利丰的大名。

通过高效地充当中间商，利丰和其他类似公司无论是对品牌的供应链，还是对消费者而言，均相当于增加了一层不透明的屏障。采购公司不会及时向品牌透露制造厂商的信息。同样，这些品牌对了解工厂的情况也不感兴趣。还记得我在贾维茨会展中心为 Zady 进行采购时的遭遇吗？当时，我向服装经销商询问其供应商的情况，只得到他们茫然的目光，而那种结果出现的部分原因正是这一不透明的体系。

由于既没有政府监管，也没有品牌对当地工厂的状况进行监督，1911 年前后纽约市的恶劣生产条件像一场无声的瘟疫，或多或少地蔓延到了各大服装生产国。在这场逐底竞争中，不能见光的地下血汗工厂成了一个不言而喻的玩家，但它们不会永远藏在暗处。最终，媒体开始曝光其中最恶劣的违法工厂，包括 1996 年的凯西·李·吉福德丑闻。[8] 当时有报道称，她在沃尔玛销售的产品是在洪都拉斯的工厂里由十三四岁的儿童制造的，那些孩子每天被迫工作 20 个小时；耐克在 20 世纪 90 年代也经历了一场公关噩梦，当时曾有媒体刊登了对耐克在印度尼西亚的制造厂所做的调查报道。[9]

突然间，品牌无法再躲在利丰及其他公司为它们精心披上的隐身斗篷后面。随着媒体报道引发广泛关注，品牌的声誉受到威胁，它们不得不表明它们正在采取行动。于是，供应商行为准则被建立起来，这是一套由品牌制定的政策，表明了它们对其制造合作伙伴的期望。这些行为准则涵盖了许多公众关心的事项，包括环境和废物处理，工人的健康、安全、工作时长和加班规定，以及制造商不得雇用童工和奴隶工的要求。正如 2019 年发布的一份清洁服装运动报告所说，"这些行为准则已成为各品牌的重要工具，它们借此向客户展示自己正努力解决供应链中的工人权利问题"。[10]

让我们仔细品一品最后那句话吧，因为它揭示了所谓"行为准则"的伪善面目。品牌颁布的行为准则旨在"向客户展示"工人的权利受到保护，这与确保工人的权利得到切实保障是截然不同的目标。我再说一遍，行为准则不是为了创立或保障工人的权利，而是一种免责,以避免对工厂令人不快的恶劣条件可能引发的结果承担责任。难怪我在加济布尔那间工厂的楼梯间所看到的行为准则海报如此不显眼,以至于工厂的工人很难看到。这些海报贴在那里,可能根本不是为了让人看见,但只要它们贴在墙上,这个品牌就可以宣称,它们已经制定了相关政策来保护工人权利。总而言之,如果品牌没有采取任何有意义的举措来确保这些行为准则得到实施,那么那些挂在墙上的行为准则就只是一些丑陋的海报而已。

行为准则和企业社会责任

让我们暂且抽身,站在品牌的角度设身处地地揣度一下,它们在颁布这些语焉不详的法规和非强制性政策时是怎么想的。在今天这个时代,一个品牌必须至少在口头上支持可持续发展和道德化的生产,几乎每个品牌都自豪地在其官网上高调地挂出自己的使命宣言。例如,"完全透明"的创业公司 Everlane(埃韦兰斯)写道:"在 Everlane,我们希望做正确的选择就像穿上一件超棒的 T 恤那样简单。因此,我们致力于和全世界最好的、最遵循道德标准的工厂合作。"[11] 商业品牌的楷模 Gap 表示:"好的企业可以改变世界。"[12] J.Crew 更年轻和更酷的姊妹品牌 Madewell(美德威尔)自豪地宣称:"在 Madewell,我们努力善行世界。"[13] 而 J.Crew 的使命则是:"我们期望创造一个世界,使得行善能成为行商的准则之一。"[14](J.Crew 集团于 2020 年 5 月申请破产,成为新冠肺炎疫情暴发并给服装销售带来毁灭性打击后首个申请破产的大品牌。[15])Zara 的母公司 Inditex(印第迪克集团)也告诉我们:"我们所做的一切均以人为本。"[16]

这一切听起来都很温暖,但含糊其辞,不是吗?单是读了这些宣言就让我有一种冲动,想跑出去买点东西——不是因为我真的需要

被放大的欲望 **112**

它，而是为了尽我的一份力量，让世界变得更美好。我们已经被"让世界变得更美好"这一新自由主义的核心信条所蒙蔽，为了能够对此做一份贡献而盲目购买。但是，如果你把目光放得更远，不满足于充满理想色彩的使命宣言，而是阅读这些公司的实际政策，你会发现，这个世界并不是只有彩虹和独角兽童话。

例如，Everlane 写道，它"旨在以最高道德标准开展业务，[17] 并期望我们的业务合作伙伴完全遵守所有适用的法规，遵守我们的社会责任行为准则，并通过我们的供应链促进工作条件的持续改善"。Gap、Madewell、Inditex 和 J.Crew 也发表了类似的声明，敦促制造合作伙伴和供应商遵循相应行为准则。

在这些公司的使命宣言中，每家公司都致力于行善，并为实现它们希望的改变而努力。但在它们的实际政策中，有一个微妙但关键的概念偷换：想办法落实这些使命的责任不在品牌身上，而是在制造商身上。因此，如果某家代工厂倒闭，或是某家制造商使用奴隶工的新闻上了报纸，这些品牌就能通过下面的说辞逃避责任："这些服装实际上不是我们生产的。这不是我们的错，而是工厂的错。"现在，一些被普遍认为"有道德"或"可持续"的公司与那些被视作"快时尚"的公司之间的界限已经非常模糊，所有这些品牌似乎无一例外，都在积极转移责任。

审计欺诈

现在，让我们再进一步。品牌寻求通过审计证明这些准则得到遵守。它们聘请了大型国际审计公司进行审计（主要是总部位于欧洲的国际审计公司），通过进入其制造合作伙伴工厂进行检查，确认其是否遵守了行为准则。同样，这样做很少是为了确保工人们受到良好对待和防止不当行为发生，而主要是为了降低品牌自身的风险。

和作为中间商的服装经纪公司一样，这种审计每年可带来数十亿美元的生意，相关雇员的数量达到几千人。从事这种业务的大型审计公司包括法国必维国际检验集团（Bureau Veritas）、德国莱茵TÜV集团（TÜV Rheinland）、瑞士通用公正行（SGS）和美国保险商实验室（Underwriters Laboratories）。据道德贸易联盟（Ethical Trading Initiative, ETI）①估计，第三方审计行业的总价值约为800亿美元，[18]占公司"道德采购"（ethical sourcing）预算的80%，[19]这实在是太荒诞了。对"道德"服装的需求无疑成为这些审计公司的福音；据《纽约时报》2013年发表的一篇报道，三家最大上市监控公司的股价在此前两年中上涨了50%。[20]自审计公司大行其道以来的20年中，每年都有数千家工厂获得批准。所有这些都是为了证明中央审计对于品牌来说是多么重要，因为它是一种有效的手段，可以证明这些品牌不是坏家伙。

审计已经成为所谓道德制造的核心，因为它可以让公司表明它们确实有所作为，这样它们就可以把自己包装成一家关心工人和关心环境的公司而大肆宣传。由第三方来执行审计使品牌天然拥有了一个替罪羊。一旦悲剧发生，那么工厂显然有问题，审计公司也难辞其咎，但品牌绝对没有错。

扔掉"责任"这个烫手山芋的游戏玩法如下：品牌告诉它们的客户，它们正在拯救世界，然后把拯救世界的责任这个热山芋扔给了工厂，并让审计公司给它们开出免责证明（尽管审计公司本身并不能确保工厂确实履行了拯救世界的责任，但它们至少能确保，万一这个烫手山芋掉到了地上，品牌不会成为《纽约时报》封面故事的主角）。

---

① 道德贸易联盟是公司、工会和志愿组织的联盟。它在全球范围内开展工作，改善原材料或消费品的制造人员的工作条件。审核重点是结社自由、禁用童工、保障健康工作条件。——译者注

令人大跌眼镜的是，确实有很多烫手山芋掉了下来，于是整个游戏重新开始，品牌会指着它们的行为准则说，"不是我的错"，然后让其他人收拾一地的烂山芋。

下面这些审计疏忽的例子非常典型：孟加拉国一家Lululemon（露露乐蒙）代工厂的女工报告称她们遭到殴打，受到口头骚扰（被称为"荡妇"和"妓女"），并被迫在生病时工作。[21]当这些情况遭到披露后，露露乐蒙表示："我们要求所有供应商都认同我们的价值观，并坚持实施符合我们准则的政策。我们不容忍任何违反准则的行为。"[22]但是这个品牌并没有宣布采取任何行动。巴西政府在调查了一家为Zara生产服装的工厂后发现，其工人的工资低于最低工资标准，同时至少雇用了一名14岁的童工。[23]Zara的母公司Inditex对此轻描淡写地发表声明，称这家工厂是"未经授权的外包"，其母厂违反了Zara的行为准则。当七八岁的孩子每周在ASOS①的工厂工作60个小时而不是上学的消息遭到媒体曝光后，品牌同样以我们熟悉的口号来应对。[24]

我们现在可以看到，责任从某个品牌转移到一家制造商身上的速度有多快，这使得"大品牌拯救世界"的声明只不过又一次成为虚假新闻的标题而已。

审计的系统性缺陷

现在，就像我们在法学院时经常说的那样，让我们拆解这个体系的系统性弱点，看一看为什么这些旨在确保得到实施的准则和审计无法保护工人或环境。

---

① ASOS创立于2000年，是英国的一家全球性时尚服饰及美妆产品线上零售商。——译者注

在后勤层面上，审计工作艰巨而耗时，并且成本高昂。[25] 意料之中的是，这些成本都不会由品牌承担，而是由工厂自己来承担。审计费用从每天几百美元到每天 1000 美元不等，并且持续 1~12 天；大体算下来，每次合规审计的平均费用为 2000 美元。每个品牌都有自己的行为准则，这些准则大体相同但也会略有区别（目前对这些准则的简化工作正在进行中[26]），并且品牌会要求针对自己的准则进行单独审计，这使得审计费用成为工厂的一项巨大负担。工厂的利润率本已很低（而且它们绝对不希望在审计过程中发现任何违规内容，因为这会让它们损失业务），它们希望让审计人员快进快出，有时候审计被压缩到只有一天，而这自然会导致审查工作不够彻底。根据针对 2015 年审计所做的一份报告，Gap、耐克、塔吉特和沃尔玛使用的 12 家工厂的审计工作均在短短两天之内全部完成。[27]

审计人员会将员工面谈作为审计的重要组成部分。工厂知道这一点，而且有人发现它们会培训工人如何应对面谈，以避免揭露任何违规行为。我在斯里兰卡采访了一位审计人员，她讲述的故事不仅是我为撰写本书所做研究过程中听到的最荒谬的故事，甚至可谓我有生以来听到的最荒谬的故事之一。阿希拉·丹德尼亚曾是一名制衣工人，她曾在法庭上单枪匹马地为自己辩护，要求提高工资，这对斯里兰卡妇女来说是前所未有的壮举。她现在运营着一个名为"兰卡抗争运动"（Stand Up Movement-Lanka）的组织，每日骑着摩托车在城市中穿行，致力于教育工人争取自己的权利，并给工人提供资源和渠道来安全地分享他们的经历。她用一种批判的语气描述了有些审计人员的荒谬做法：他们会从被预先筛选出的员工那里收集信息，而这些员工事先接受过培训，知道如何回答问题以避免丢分。一个有技巧的审计人员（可惜大多数人都没有接受过类似的培训）会知道如何提问，避免对方简单地用"是"或"否"来作答，而是不得不提供更多信息。通过这种问题，审计人员很可能得到不同的答案。例如，不要问一个员工："你今天吃午饭了吗？"（这个问题她可能事先被培训过要给出肯定的回答。）而是问她："你今天午饭吃的什么？"然后观察她对问题的反应，因为她无法用事先背好的答案回答后一个问题。

同样意料之中的是，即使发现了工厂存在违规行为，品牌往往也会迟迟不采取任何行动。我采访过的一位斯里兰卡工厂老板认为这是审计制度的核心弱点之一。他解释说，如果品牌想要更安全的工厂，那么它们就需要采取实际的激励措施，促使工厂主纠正危险的做法。比如，如果某家工厂持续地违反相关准则，就终止与它的合作关系。他表示，耐克是唯一做到这一点的公司，耐克在一家工厂连续两次未通过审计后，放弃了和这家工厂的合作（这很可能是因为耐克清楚记得自己成为 20 世纪 90 年代血汗工厂丑闻代表的惨痛经历）。

一方面，即使发现工厂不合规，品牌也不会采取什么行动。另一方面，品牌也没有提供多少真正的激励措施来鼓励工厂遵守他们的准则。既没有大棒，也没有胡萝卜。事实上，2018 年春季的优质采购指数报告指出，超过 60% 的供应商根本没有因为遵守买方的行为准则而受到激励。[28] 归根结底，由于体系架构的原因，品牌内部的决策者可能根本不会意识到违规行为的发生。品牌的企业社会责任团队负责监督审计，并帮助品牌制造那些高大上的信息，但企业社会责任团队通常与负责寻找代工厂、下订单和付款的采购团队分属完全不同的部门。这意味着，企业社会责任团队中负责监管工作时长和薪酬等合规要求的人员对订单内容（即品牌愿意出钱购买的东西）了解甚少，更谈不上有任何控制。很明显，企业社会责任政策通常由法律或公关部门起草，而不是由采购团队起草。[29] 例如，在梅西百货，企业社会责任是由一名主管企业传播的高级管理人员负责的。[30] 在沃尔玛，

第四章　中间商、管理层、营销和全新的透明　　117

负责社会责任和可持续发展的人同时也负责"政府关系",[31] 用通俗的话说就是负责游说。这是一个由公关团队构建出的童话故事,旨在保护公司免遭风险。

糟糕的采购实践

说到价格,品牌与工厂谈判定价,以及要求(或不要求)某些付款条件也是目前审计制度的另一个疏忽之处。一般情况下,工厂要想有生意就必须压低价格,这意味着它们需要压低员工工资。尽管各大品牌都吹嘘自己正在竭力帮助世界,同一份优质采购指数报告发现,43% 的工厂称受到了品牌"高压谈判策略"的挤压,要求它们降价。[32] 显然,这些公司又一次遵循了新自由主义的核心理念,即利润高于人。

我们从价格走势中可以看到这一点。尽管 2013 年拉纳广场大楼发生毁灭性的坍塌,导致工厂不得不耗费巨资进行升级,但在 2016—2017 财年,孟加拉国的服装生产单位价格实际上比前一年下降了 2.12%。[33] 在随后的一个财政年度,这一价格又下降了 4.07%。当你在一个利润率已经极其微薄的行业里持续降低价格时,一些东西(通常是工作条件、工资和环境保护)必然会被牺牲掉。这是一道简单的算术题,不会有别的答案。

在我的工作环境中,到处都是不作数的最后期限——无论人们多么迫切地需要一份可交付成果,在最后期限到来后,似乎总是还会有几个小时(或是几周)的时间。但服装行业的情况并非如此,延迟会给工厂带来物流噩梦,[34] 而这最终会导致工人承受更大的压力。许多工厂经理告诉我,一旦客户找上门来,告诉他们需要交付更多的产品,或是需要提前交付产品,抑或是一些设计细节必须修改,并且如果他们不能按时交付,就将受到惩罚,随之而来的就是一场混战。

根据某人权观察机构提供的数据,"只有大约 16% 的买家(品牌)在产品开发和预生产阶段遵守了所有商定的期限;另有 20% 的买家将 80% 的最后期限提前了。"[35]

即使产品如期生产出来,也不能保证工厂能拿到货款。根据 2016 年国际劳工组织的一项调查,52% 的服装供应商声称,品牌支付的价格低于生产成本,[36] 这种情况在孟加拉国所占的比例最高。[37] 逾期或不支付货款最终会给一线员工带来许多问题,这些问题被糟糕的审计实践所掩盖。2013 年国际劳工组织的一项调查显示,由于没有支付工人工资的现金流,工厂做假账已经成为一种"普遍做法"。[38] 两本账的做法还使工厂能够要求工人加班,尤其是当它们因为订单交付日期变更而不得不赶工的情况下。

2020 年新冠肺炎疫情暴发后,品牌和工厂之间权力失衡的状况成为重大新闻。当时,全球各地的零售商店突然关闭,服装需求大大减少,而许多服装已经完成了订购或生产。品牌开始取消订单,就好像衣服本身感染了病毒一样[39](一些品牌甚至要求对它们同意收货的订单给予折扣[40])。同时,由于大多数品牌在产品发货后才向供应商付款,工厂陷入了困境。它们将如何处理这些多出来的衣服?它们怎么可能维持生意运转?更不用说为工人已经完成的工作支付工资了。(我想提醒你们,在那时工人同样面临着疾病大流行所带来的巨大恐惧、压力和疾病。而没有薪水意味着没有食物。)谢天谢地,在媒体和权益组织的压力下,一些品牌,包括 H&M、Inditex、Marks & Spencer(玛莎百货)、Kiabi(凯家衣)、PVH、VF Corporation(威富公司)和塔吉特等,承诺接受并支付全部既有订单。[41] 虽然这毫无疑问展现了品牌的善意,但这就好比给刚刚接受过开胸心脏手术的患者贴一剂创可贴一样。而更大、更核心的问题是,有鉴于品牌和工厂不受法律保护的关系中所固有的权力失衡,上述不合法的行为居然会真实地发生。

第四章 中间商、管理层、营销和全新的透明无论是在正常时期还是在疾病大流行期间，品牌都能够改变、忽视和遗漏商业协议中最重要的条款，这是因为服装品牌与供应商之间的关系存在严重的权力失衡，而这种失衡和从未得到强制执行的劳动和环境法规一样，在当前体系建立之初即已融入其中。我探访过的每家工厂几乎都会主动提及这个问题。这一切都可归结为由来已久的供需问题。由于品牌在服装代工方面似乎拥有无数选择（你们一定还记得，建立一家服装工厂很容易），因此它们占据了上风。它们对最低价格、最优质量和最快交货时间提出了疯狂的要求，而身处一个监管缺失的全球体系中，工厂如果想继续经营下去，就必须竭尽全力满足这些要求。但是，每次品牌要求重做一批服装或降低价格，都会进一步损害工厂对于任何现行可持续发展和劳工法规的合规能力，也会限制其提高社会或环境标准的能力。

斯里兰卡的一位工厂高管分享了他对品牌方的吐槽，这家工厂的客户包括多家知名大品牌，工厂方面对品牌要求的行为准则和它们为实施这些准则愿意支付的费用之间存在的脱节非常恼怒，这位高管说道："你们不能只谈论工人的工资，而避而不谈你们付给我们的生产费用。"换句话说，如果品牌不愿意为工厂的生产付款，它们就无权要求工厂遵守行为准则中的工资要求（或是其他社会和环境要求）。"如果你们跟我说什么公平的工资，那么你们能谈谈公平的价格吗？"

工人的损失

我们固然有理由抱怨审计制度的种种失灵之处，因为审计制度是普遍性强制监管的化身，几乎涉及供应方的所有人。然而，最沉重的负担仍然要由工人来承担。

首先是工资问题。我们已经看到，斯里兰卡和孟加拉国等国家都有最低工资法，品牌的行为准则也要求供应商必须遵守当地有关最低工资的规定。例如，Gap 写道："工人的工资至少应达到法定最低工资或符合当地行业标准，以二者中较高者为准。"[42]——这也是 J.Crew 和 Everlane 等其他公司的典型措辞。[43] 然而，有证据表明，尽管这些行为准则存在，制衣工人的工资仍低于当地的法定最低工资，更何况最低工资水平本身也不足以让他们维持生计。

此外，所谓"当地行业标准"到底是什么？根据这个短语，或者你在本书中读到的任何东西，你能猜得出来它指的是什么吗？反正我猜不出来。通过撰写本书，我了解到的情况是根本就不存在这样一个标准，不管是地方性的还是其他的。如果没有关于工厂工资单的明确数字规范，审计人员又该如何确认工厂是否合规地向工人支付了足额工资呢？（这里我又想教给你们一个法律知识：如果想让合规变得困难，那么就使用含糊的语言。）自然，缺乏清晰明确的界定会导致执行的缺失，这一点得到大量研究数据的支持。研究表明，服装业存在系统性和行业性的违规行为。根据 Better Work[①] 在 2013 年针对越南、印度尼西亚、莱索托、约旦和海地进行的一项研究（我们能够获得的最新已公布数据），这 5 个接受调查的国家都存在与工资相关的违规行为，[44] 而它们都是这场逐底竞争的最新参与者。2012 年，国际劳工组织的一份报告发现，51% 的印度服装厂没有遵守最低工资法。[45] 超过一半的违规率极其清楚地证明了所谓的行为准则/审计制度是多么虚伪。现在，我们可以清楚地看到，丽玛（她的工资低于最低工资水平）的遭遇颇具普遍性，一个可悲的现实是，她的情况并非个例，而是制衣工人的常态。

更深层次的工资不公平则在于：即使工厂根据所谓行为准则向工

[①] Better Work 是国际劳工组织和国际金融公司为改善全球供应链的劳工标准和竞争力，将政府、雇主、员工及国际买家联合在一起开展的合作项目。——编者注

人支付了法定最低工资，这些工资也不足以作为其"生活工资"。[46]研究人员认为，"生活工资"是指工人在不加班的情况下赚取的可以满足自己及家人生活所需的工资。清洁服装运动（CCC）的报告发现，在大多数亚洲国家，政府的法定最低工资水平不到生活工资的一半。[47]还记得我们以前的讨论吗，政府并没有动力为工人提供必要的保护，因为这可能导致品牌去他国寻找代工。具体来说，假设某个政府愿意站出来对抗那些投资于本国的大公司，表示"我们不能为你生产牛仔裤，因为按照你要求的价格，我们无法支付足够的工资给我们的公民"，那么他们无异于是在搬起石头砸自己的脚。因此，每个人都对此保持沉默，并期待用有毒废水灌溉的粮食蔬菜能让人们活得足够长，以便能完成某公司的下一份订单。

情况还可能变得更糟。我在孟加拉国和斯里兰卡采访过的人告诉我，在价格压力和资金周转压力如此之高的情况下，工厂不仅会削减工资，还会以更间接和不会留下任何把柄的方式削减成本。首先，他们会将工人从全职员工（可能会需要提供福利）转为短期合同工，类似于西方工人在所谓零工经济中变成合同工时所经历的情况。前面章节中曾出现的斯里兰卡女工达努就是这样一个合同工，她不得不将命运交给招工机构，而她作为零工的惨痛经历令人发指。

工厂也依赖于分包商，即"影子"工厂（这些"影子"工厂中的一些可被视作血汗工厂，尽管并没有充分的数据表明其中哪些是血汗工厂，哪些不是）根据品牌要求的标准完成订单。[48]如果你还记得我们在前面引用的报告，你会知道，对于接受工厂分包工作的小作坊中发生的那些不合规的事件（工厂这么做很可能是因为它们无法达到要求的时限或是价格），品牌的反应往往是这样的：好吧，我们不同意这种做法，因此，工人工资过低、工作强度过大、遭到殴打或存在性交易不是我们的错。

我在探访过程中没能进入任何一家未获得授权的分包工厂，这令我颇为失望，但我对此并不感到意外。这些所谓的影子工厂的实际数量不得而知。孟加拉国的一些行业调查估计，该国大约一半的工厂是非法的。[49] 具有讽刺意味的是，我们确实看到了分包商和工资之间的关联。例如，在柬埔寨，以出口为中心的分包商工厂数量在2014—2016年间从82家增加到244家，而在同一时期（2014—2017年），该国的基本月工资从100美元增加到153美元。简言之，当这些国家的最低工资提高时，制造商会找到新的非法方式剥削工人。即使在工人本应赚取更高收入的情况下，分包商也会通过支付最低水平工资的方式使业务得以继续运转。对于工厂而言，一方面要保持订单的质量和数量，一方面又要在表面上做到在某些时候向一些工人支付法定工资，以满足品牌的企业社会责任要求，分包似乎是唯一的办法。

如大家所见，一方面极力追求最便宜的价格，一方面企业社会责任体系又毫无强制力可言，这样的行业发展秘诀必然催生出我们在前一章中所描述的一个在童工和现代奴隶制度中起主导作用的产业。

解决之道：将工人权益和劳动权利归还给所有人

了解分析当今服装业的问题可能会让人产生一种似曾相识的感觉。20世纪初，美国服装工人受虐待和剥削的方式与此似乎别无二致，正如下面的照片所示，二者的相似性如此明显，令人毛骨悚然。不同之处在于，在美国服装业的工作条件同样恶劣之时，工会运动蓬勃发展，推动社会走入了进步时代，并迎来了全面的新政福利，如加班费和周末等。[50]

一名工业革命时代在服装厂工作的儿童（左）[51]与一名在今天的服装厂工作的儿童（右）[52]。其明显的相似之处令人毛骨悚然。

从理论上讲，再没有比工会更好或更直接的方式，能够把工人组织起来，并让工厂主以及品牌听到他们的声音。历史已经表明，提振工人力量的唯一办法是工人站起来为自己的权利抗争，而不是依靠以信誉和自律为基础的空洞行为准则。但这里也存在一个陷阱。就像得克萨斯州的塞萨尔所说，他担心自己的企业会像竞争对手那样，因为工会发起的工人运动而倒闭。如果工会的要求使得一家工厂在全球失去竞争力，那么工会的努力可能适得其反。不幸的是，这种情况在时装行业经常发生。品牌长期以来一直在以不合理的低价格压低工厂的工资和工作条件，同时行业的准入门槛很低，因此可以设想，如果某个品牌正在考虑在下面两个工厂中选择合作伙伴：某个国家的 A 工厂，那里的工人加入了工会并可赚取每小时 10 美元的工资；B 工厂，那里的工人没有加入工会，工资为每小时 5 美元。你认为它会选择哪一个？这就是为什么监管者必须介入，通过强制执行贸易协定或更广泛地保护工人权益（包括结社权）的国内法，并在各国间协调一致，防止逐底竞争。

品牌的行为准则通常包括工人有组建工会和集体议价的权利，但正如我们所看到的，这些准则的条款没有得到遵守，也不可能得到遵守，因此这些条款基本毫无意义。导致这种情况发生的原因很多，有

被放大的欲望

时候审计人员没有能力知道他们要寻找什么，也没有能力向工人和管理层提出正确的问题，而工厂为了维持运转，以损害工人权益为代价逃避规则，当然还有隐藏在行为准则背后、一心只求避免媒体丑闻的品牌。此外，这些准则并不是专门针对它们本来应该强制实施的每一个具体场所量身定制的，想一想语焉不详的最低工资规定，我们就可以知道，建议集体谈判的想法只是空中楼阁。品牌的企业社会责任专家闭门造车，撰写言辞动听的行为准则，根本就没有考虑更广泛的全球体系。他们的做法，实际上是在为这种逐底竞争添砖加瓦，因为这会让相关方面更缺乏建立工会的动力，以免工会给他们带来提升工人工资的更大压力。

对于一个品牌来说，要想表现出它真心致力于让工人拥有发言权，它就必须切实承诺与工厂长期合作，而不是四处寻找用工成本最低的制造商。它应该给予工厂更平等的地位，补上我们在本章前面已经讨论过的那些漏洞。这才像是更公平的采购实践，因为它充分考虑到了工人的要求以及环境合规的成本，同时品牌还应确保它们的审计人员熟知什么情况才算是真正有代表工人利益的工会。正如清洁成衣运动审计报告所指出的，如果审计人员没有接受充分的培训，他们很可能在工人结社自由的权利并未得到满足的情况下，错误地报告称这种权利已经得到了满足。如果说品牌与工厂密切合作是最理想的变革方案，那么还有一个次优的解决方案，即借助工厂之外的行业组织和非政府组织。但它们的作用应该是起到支持性作用，以更好地弥补行业存在的漏洞，而不应成为唯一的依靠。例如，Better Work 就是这些组织的一个代表，该组织由国际劳工组织和国际金融公司合作建立，致力于提升几大主要制造国的行业标准，其中就包括孟加拉国。它推出多项计划，为工人、工会、管理层和政府提供了行之有效的工具。

然而，我发现这些计划与夸夸其谈的企业社会责任和市场营销之间的界限非常模糊。我曾经采访过的一个大品牌热情洋溢地向我介绍他们的"能力建设"计划，该计划由 Better Work 负责在其供应商工厂落实，面向低级别经理提供培训，帮助他们学会如何报告工人在工作中的不满，同时在工人中进行调查，了解他们是否知道可以向哪些经理坦率地报告自己遇到的问题。然而，这项宏大的计划并不包括评估这项培训是否真的提升了工人的生活质量。为"能力建设"项目付费并将其纳入企业社会责任报告，远非一个真正的解决办法，因为它无法解决内在的权力失衡问题。

尽管改善不尽如人意的工作条件非常重要，例如，根据我们迄今为止所看到的情况，及时报告不安全的生产条件就非常重要，但当我与工人交谈时，他们普遍最关心的问题是工资。和我交谈过的工人中，没有一个认为"更好的工作"所做的努力和工资一样重要，这让我无法不对它的有效性心存怀疑。

综合考虑这些方面可能会让人不知所措。如果没有强制执行的法律，很难想象一个在极端新自由主义全球市场上竞争的品牌会愿意牺牲利润或选择遵守外部监管机构的标准。不过，我们确实看到了一个令人欣喜的例子。就像浴火重生的凤凰，拉纳广场大楼坍塌的余波催生了一个由非政府机构监管并得到强制执行的监管体系。在遭受了这一史无前例的生命损失后，孟加拉国终于达成了"火灾和建筑安全协议"（以下简称"协议"），这是一项以品牌和工会所签属的、具有约束力的协议为基础的建筑安全计划，对改善孟加拉国的工厂安全状况起到了巨大的推动作用。

在早餐的间隙，"协议"的执行董事罗伯·韦斯向我介绍了他们如何在一个极度混乱的体系中艰难地取得了成功。他告诉我，尽管"协议"是在 2013 年拉纳广场大楼坍塌后正式签署的，但其原则在此之前已经存在了好几年。事实上，早在 2010 年，汤米·希尔费格的主要供应商哈米姆工厂（Ha-Meem）就曾发生火灾。[53] 事件发生后不久恰逢时装周开幕，其间希尔费格遭到媒体追问，被要求回答他将如何应对这种情况。由于担心引发媒体和消费者的强烈不满，他公开同意开放代工企业以供检查。在黛安·索耶的电视节目做出有关孟加拉国的新闻报道之前，希尔费格的母公司 PVH（休森）[54] 锦上添花，发表了另一份承诺工厂安全的声明，并据此构建了针对"协议"内容的共识。[55] PVH 承诺将签署这份协议，但还需要另外四家公司的加入，该协议才能正式启动，所以它就一直被搁置在那里。

在拉纳广场大楼的悲剧发生后，媒体蜂拥而至，纷纷前来报道这场有史以来最大的工业灾难，而这些报道引发了公众的极度愤怒。这为工会和非政府组织，包括 IndustrilALL（一个全球性劳工组织）、清洁成衣运动和工人权利联盟等，提供了急需的外部力量，使它们得以说服 H&M、C&A（西雅衣家）、家乐福以及玛莎百货等大公司加入，成为与工会达成协议的缔约方，并最终确定了"协议"的条款。在不到一周的时间内，"协议"得到签署。

"协议"的执行机构设在欧洲，通过由工人、工会和管理层组成的委员会定期对建筑规范进行健康和安全检查，提升了孟加拉国的工厂安全标准。[56] 此外，"协议"还设置了员工安全培训和投诉流程。这并不是丹尼·罗德里克所设想的终结新自由主义超全球化的国际监管制度，但它至少向前迈出了可喜的一步。协议的执行机构成立之初规模很小，只有几位国际工程师和一些本地人士负责检查，但其后来发展到涵盖 1600 多家工厂、[57] 8 个本土工会、2 个国际工会[58] 以及 190 多个缔约方。[59] 它的运转资金完全由品牌提供，这些品牌根据其在孟加拉国工厂的年产量和出口的美元价值支付相应费用。罗伯尤其自豪的是，与结果并不公开的传统审计不同，根据"协议"接受检查的所有工厂的状态都会在"协议"的网站上公示。[60] "协议"原计划在运作 5 年后到期，但在签署了一份过渡协议，[61] 允许其生效至 2021 年后，"协议"于 2019 年被成衣可持续发展委员会

第四章　中间商、管理层、营销和全新的透明　　**127**

(Readymade Sustainability Council)[62]所取代。截至本书撰写之时，尚不清楚这个新的组织取得了多大进展。

在与一些工厂经理交谈时，尽管有些经理在一开始对他们口中的这些外部干预持怀疑态度，但他们中的大多数人似乎都对"协议"的成效表示赞赏，工会领导层在谈到"协议"时的态度则更加积极。"协议"取得成功的原因是多方面的。首先，它拥有我在本章中一直强调的较高水平的强制执行力，这是引发变革所必需的。一旦品牌签署了协议，它们在法律上就有义务[63]终止与未通过"协议"严格检查的工厂的合作。如果它们不这样做，工会（即"协议"的其他缔约方）便可以将它们提交仲裁。因此，双方都感到了真正的变革压力。

如果品牌不（通过支付改进费用）支持工厂改革，它们就必须另找一个供应商；如果工厂不做出改变，它们就会失去重要的业务。同时，品牌也不能像借助它们自己颁布的行为准则那样做表面文章。由于50%的"协议"委员会成员是非行业成员（即工会），在制定标准和其他政策时，工人利益实际上得到了体现。[64]平等治理原则意味着政策不会受到行业的过度影响。

即使是作为"协议"最高执行长官的罗伯也是一个与众不同的管理者；他与其他可能拥有工厂或有政府背景的首席执行官不同，并不是某个既得利益者，而是由国际劳工组织任命的。尽管如此，许多人认为，罗伯强悍（我更想称其为"令人耳目一新的直率"）的个性是"协议"如此卓有成效的关键因素。当我和他交谈时，我很明显地感觉到，罗伯不会容忍任何人以任何借口作为没能完成应尽事宜的理由。例如，他会通过定期检查，锲而不舍地紧盯一家工厂，以确保其安装了合适的防火门（这可能是前所未有的行为，但这并不越界或是没有道理），因为这得到了一个具有强制执行力的协议的支持。

正如"协议"已经证明的那样，成功促成任何重大的行业变革的关键，是品牌如何推动政策的落实。品牌如果想要维护自己的崇高主张，就不应依赖自律，而应克服阻碍，推动各国发展强有力和可执行的劳工与环境保护政策。品牌在这些国家可以发挥巨大作用，它们可以发出强有力的声音，表示："我们需要你们发展自己的基础设施，以便更好地进行劳工和环境监管，如果这意味着我们的成本会上升，我们不会逃避责任。"它们还可以停止为那些未写入劳工与环境保护条款的贸易协定进行游说。

这只是一个美好的愿望。到目前为止，我进行的访谈显示，品牌正在应用一些因果倒置的逻辑来解释，为什么它们不应该参与政府政策，甚至是参与像"协议"这样的机制。在罗伯的积极推动下纳入"协议"的强制执行部分显然是问题所在。多年来，品牌一直在制定、改变和无视比赛规则，没有人对此表示不满，所以场上突然出现一个不请自来的裁判，无疑会令它们坐卧不安。我采访过的某个著名品牌的代表曾表示：

> 如果政府提出要求，品牌可以帮助政府。但品牌只能对自己的工厂负责，要管好所有的工厂只能靠政府。就算你拥有权力，你也不能强加于人，而是只能分享。威胁是不起作用的。如果你妄加威胁，他们（政府）可能会照你说的去做，但他们可能不会真心接受。

她所展示的是一种扭曲的权力关系，而这正是让我们陷入今天这种局面的根源。在典型的扔烫手山芋游戏中，品牌会甩锅说，"政府是唯一有权力制定更好规则的实体"，但这种说法忽略了这样一个事实，即政府在目前的全球体制中受到了来自品牌的重重阻碍，从一开始就无心制定这些规则。

请猜一猜，品牌会如何看待政府针对某些建筑的要求（或是针对工资、休假或儿童保护的要求）？它们会认为这是温暖的关照还是一种威胁？财力雄厚的品牌往往比地方政府拥有更大的权力。在罗德里克终结新自由主义超全球化时代的愿景中，核心便是将权力交还给发展中国家政府。通过制定更强有力的贸易协定，并在其中明确涵盖社会和环境法规，我们将制定具有法律约束力的政策，防止进口国剥削出口国。为了使它们具有法律约束力，罗德里克主张扩大政府规模，为这些政策的实施买单，他说："如果你想让市场扩大，那么你也需要更强大的政府。"[65] 如果你是时装圈中的一员，你可能并不认为自己可以对国际贸易说三道四。但是，如果你不告诉你的立法机构这很重要，当前这种行业自律失灵的情况将愈演愈烈。

虽然可期待的最好外部变化来自政府制定的政策（通过贸易协定或国内法律将政策影响力扩大到国内市场），但通过要求品牌提高当前行为的透明度，我们同样可以取得一些进展。我所指的"透明"并不是品牌的企业社会责任专家们在 Instagram 上所说的那种"透明"。品牌不仅可以公开其代工厂的名字，还可以披露相关审计结果，并根据这些审计结果做出采购决策。从"协议"所取得的成功看，审计费用也应该由品牌负责支付，并制定政策（切实得到遵守的政策），规定如果发现工厂不符合要求，同时在合理期限内仍然无法达到要求，品牌将终止合作关系。而且，说到透明度，如果能够增加为品牌代工生产的工人工资的透明度，显然也会有所帮助。

在实际查看数字的过程中，我们可能还会发现其他缺失的内容，例如品牌自身运营的透明度——主要是由从利丰公司到审计事务所等中间商，再到企业社会责任和采购部门等相关各方各自为战造成的。随着公司日益依赖这些第三方代理人，它们离实际生产线也越来越远。如果像我们的棉农卡尔·佩珀设想的那样，品牌与供应商保持更直接的关系，那么双方就可以同时也应该发展出一种更平等的关系，公开讨论品牌作为需求方给出的价格将如何影响工厂的运营方式以及工人的工资。

做到这些并不会特别困难或极其昂贵，除非你将客户看到品牌的真实作为后可能导致的潜在业务损失考虑在内。当我与一位斯里兰卡工厂老板交谈时，他问道："我们是在试图解决可持续发展的问题，还是在解决一个公关问题？"这个问题的答案完全掌握在我们手中。

经济学家琼·罗宾逊（Joan Robinson）曾经写道："与无人剥削的痛苦相比，被资本家剥削的痛苦微不足道。"[66] 40年前，当全球化的曙光照耀在我们宏伟的"山巅之城"（city on the hill）①上空时，服装业似乎为世界各国和人民提供了摆脱贫困的途径。事实上，正如我们在中国、孟加拉国、斯里兰卡和其他地方看到的那样，它确实对提高国民收入和某些方面的生活质量做出了贡献。

但我们同样也看到，这些新闻标题上强调的数据远远不是故事的全部。当前的体系正在毁灭我们赖以生存的地球，对失败者漠然视之，让就业乃至未来都变得朝不保夕。现在，许多人坚信一个美好的愿景，无论在行业内部还是整个社会，都提出对"这个体制"进行彻底变革，逐步废除新自由主义及其创造的极端资本主义，因为这一体制导致政府放松对社会福利计划的管制，并鼓励个人将自己的每一部分都视为赚取资本的途径。这种对未来的美好憧憬还包括回归真正的民主资本主义，市场是为了满足人们的需求，而不是鼓吹所谓"一切由市场决定"的过时理论，在企业之间制造不自然的竞争。极端新自由主义资本家声称，如果我们放弃市场对我们生活的某些控制权，那么数百万人将被赶出"脱贫致富的上升通道"。在他们看来，与找不到工作，或是困守在贫瘠土地上忍饥挨饿相比，每月挣95美元、接受

---

① "山巅之城"，现在美国政治中指美国在自由民主方面要做全世界的标杆和模范。——译者注

24小时轮班制的"自由",即便房前屋后到处堆满垃圾,也是一种更好的生活。

但这真的应该成为我们为自己设定的最高标准吗?对我们而言,制定政策和法律、保护环境,并使工人过上体面生活而不仅仅是勉强维生并非什么创举。20世纪初,美国的劳工活动家就曾为保障劳工权利而不懈斗争并赢得了胜利,今天,我们有义务让全世界的劳工都能享受同等的权利。

"我们不应被动接受变革,而是要促成变革。"一位在孟加拉国与我交谈过的国际劳工组织代表表示:"发生(质的)转变需要时间。如果发生变革,例如欧洲的消费模式转变,也许会出现不同的购买形态。也许我们会失去一些工作,但其他工作将会被创造出来。你不能说,我们不惜毁灭世界也要维持现有的模式。"对于这些尖锐的话语,我的解读没有那么富有诗意,但我希望它们同样有效:我们需要加强并利用我们的知识力量来创造一个清洁的行业,并切实提升他人的生活质量,即使这意味着品牌的首席执行官少赚一点,或是我们在买牛仔裤时多付 25 美分。正如斯里兰卡的阿希拉告诉我的那样,她之所以奋力抗争,是因为"当不公平的事情发生时,我会从心底里涌出一股愤怒"。

第五章

满足所有人的刚需
——包装和配送

劳拉[①]的职业生涯始于一家大型航空公司。她喜欢这份工作,但总觉得自己志不在此,于是她报名参加了一个野生生物学副学士学位课程。在已经学完四分之三的课程后,她发现自己怀孕了。最终她未能完成学业。20年后,她离了婚,带着3个孩子,不得不开始寻找一份新工作,但是她没有拿得出手的简历,也没有当今高收入工作所需的技能。

后来,她偶然发现了一个工作机会,这让她如获至宝。亚马逊公司正在招聘员工,工作地点就在离她居住的西雅图郊区不远的地方。这份工作对技能和知识的要求很低,而且提供优厚的健康保险(这对单亲妈妈而言不可或缺)。最重要的是,她的工作申请收到了回复,只要求她来参加一次"招聘面试",而她唯一真正的"面试"就是药检。她顺利通过了药检,因此在面试结束时,她拿到了公司的胸牌,并在几天之后接到了电话,通知她开始上班的日期。

这份新工作与她早年的工作完全不同,无论是在体力上还是在精神上都消耗极大。到了年底业务异常繁忙的时候(即一个长达两个月

---

① 本章中受访者的姓名均为化名,以保护其隐私。——作者注

的"高峰期"），她必须在早上 6:30 上班。这意味着她每天把最小的孩子送到日托机构后再去上班就肯定会迟到。如果她使用自己每季度拥有的无薪事假来补上日托机构开门和上班时间所差的半个小时，她就会耗尽自己的无薪事假时间，并很可能遭到解雇。

这份工作干得越久，劳拉（身体上以及精神上）就越痛苦。她还发现，不是只有她自己面临这样的问题。她的许多同事也已经为人父母，但无论是在高峰期，还是在一年中的其他时候，公司都没有为他们养育孩子提供任何便利。根据美国联邦政府的指南，低收入家庭（即劳拉和她许多同事所属的群体）用于儿童保育的费用不应超过其收入的 7%。[1] 但对劳拉来说，这个比例更接近 70%。事实上，根据美国农业部的调查，自 1960 年以来全美范围内的儿童保育费用已经上升了 800%，[2] 同时，住房和医疗保健等其他必需品的支出也在增加。但是，当劳拉向她的站点经理提出托儿补贴申请，以便减轻她和许多同事的巨大负担时，她得到的回答是"我完全不知道还有这种补贴"，然后就没有下文了。当我联系亚马逊寻求评论时，对方给了我一个项目链接。根据亚马逊的网站，这个项目于 2020 年 6 月启动，预计持续到 2021 年 1 月，项目针对应急后备儿童保育服务提供最多 10 天的补贴，补贴标准为对于儿童保育机构内的儿童提供每天 25 美元的补贴，对于居家照顾的儿童提供每小时 5 美元的补贴。这一覆盖面极窄的应急措施似乎并没有考虑劳拉面临的问题，即在她开始上班时日托机构还没有开门。

亚马逊是美国第二大私营雇主，仅次于沃尔玛。[3] 我们之所以在我们的牛仔裤之旅中造访这里，是因为在今天，亚马逊很有可能是这些牛仔裤裁剪和缝制完成后的目的地。虽然亚马逊一向以售卖厕纸等生活必需品而闻名，但以购物人次衡量，它实际上是美国最大的服装零售商。它也是刚从长期竞争对手沃尔玛手中夺取了这一冠军宝座。[4] 随着消费从实体店转向电商平台，亚马逊在服装行业的实力只会不断增长。2019 年，在线商务首次在销售额上击败实体店，[5] 而美国超过三分之一的在线服装交易发生在亚马逊平台上。[6]

自新冠肺炎大流行以来，实体店和电商平台之间此消彼长的态势愈演愈烈：2020 年 6 月，美国在线销售额高达 732 亿美元，比前一年增长了 76.2%。[7] 专家预测，消费者购买行为的这种变化甚至在新冠肺炎疫情后也会持续下去。[8] 随着 J.Crew、Brooks Brothers（布克兄弟）、Ann Taylor、JCPenney（杰西潘尼）和 DVF（美国时装界尊尚品牌）等前时装巨头（这些品牌都既有实体店也有网店）因新冠肺炎疫情对零售业的打击而纷纷寻求破产保护，时装零售经济的未来看起来更像是亚马逊一枝独秀的时代。

亚马逊通过下列多种方式从时装中获利：(1) 作为传统零售商，以批发价格从某个品牌购买服装，然后在其网站上零售；(2) 以自有品牌销售服装；(在这两种情况下，制造商均是直接将产品发送到亚马逊的履约中心) (3) 由第三方公司在亚马逊平台上销售商品（在这种情况下，履约配送可能由第三方公司完成，也可能由亚马逊完成）；(4) 时装公司可以通过自己的网站（而不是亚马逊网站）销售产品，然后付钱给亚马逊完成订单配送。亚马逊正在成为商业基础设施，它既自己销售商品并与其他销售商品的公司竞争，又拥有支持大部分交易完成的平台。部分由于这个原因，在国会有关不公平竞争的听证会中，亚马逊已逐渐成为主角。

虽然亚马逊的服装业务主打内衣类产品（圆领衫、背心、袜子），但多年来，它一直试图进军高端时装领域。2011 年，亚马逊推出了一个与 Gilt[①] 类似的闪购网站，一直坚持运营到 2016 年。2012 年，亚马逊的创始人兼前首席执行官杰夫·贝佐斯参与主办了时尚界规模最大的晚会——纽约大都会艺术博物馆慈善舞会。2015—2016 年，

---

① Gilt 是美国著名的奢侈品闪购网站，会不定期推出一些特价的大牌产品。——译者注

第五章 满足所有人的刚需——包装和配送

亚马逊又携手美国时装设计师协会（CFDA）共同赞助了第一届纽约男装周。在此期间，亚马逊还推出了在线时装平台"亚马逊时尚"（Amazon Fashion），并扩大了其自有品牌产品线。现在，亚马逊在所有产品类别中一共拥有超过 111 个自有品牌，涵盖了超过 22000 件单品，亚马逊自有品牌中一半为服装、配饰和鞋类产品。[9] 2020 年春，*Vogue*（《时尚》）杂志主编安娜·温图尔宣布，这家媒体公司与亚马逊时尚合作，共同推出一家名为"Common Thread: *Vogue* x Amazon Fashion"（共同线索：Vogue x 亚马逊时尚）[10] 的线上商店，旨在支持受新冠肺炎疫情影响的美国设计师和品牌。贝佐斯慷慨出手拯救了时装界，得到的回报是，他在时装业获得了越来越大的话语权和控制力。

考虑到亚马逊已经深度介入了我们的服装销售和分销体系，现在甚至进入了设计领域，在我们探究牛仔裤进入我们衣柜的最后一步时，亚马逊自然成了我们的重点研究目标。在此过程中，我们将看到亚马逊的经营方式对时装业、零售业和全球经济如何发挥了重大影响。"当我们谈论亚马逊时，我们实际上是在谈论工作的未来。"零售、批发和百货商店联盟（RWDSU）主席斯图尔特·阿佩尔鲍姆告诉科技网站 Recode 的谢林·加法里和杰森·德雷，"其他雇主认为，他们要想生存下去，就必须找到一种方法来改变工作条件并复制亚马逊。"[11] RWDSU 拥有众多会员，包括梅西百货、布鲁明代尔百货和 H&M 等公司雇用的数千名零售员工，以及通用磨坊和可口可乐等美国家喻户晓品牌的雇员。

在截至目前的旅程中，我们已经看到遍布世界各地的数百万生产牛仔裤的工人面对的恶劣的工作和生活条件，这些条件远谈不上健康和令人满意。在本章中我们将看到，我们不得不在这个长长的名单中再加上一些工人，他们就是将我们购买的服装送到我们家门口的那些人。亚马逊在美国雇用了超过 25 万名此类工人，[12] 这些工人每天都在履约中心辛勤工作（颇具讽刺意味的是，这份工作对他们来说却难言满足①）。他们的年薪中位数是 28446 美元，[13] 这个薪资水平迫使许多亚马逊人不得不接受政府救济，②[14] 包括食品券（劳拉告诉我，在她工作的履约中心，公司餐厅甚至不接受食品券）。我们用纳税人的钱救济的这群人尽管在一家世界上最成功的公司工作，但其赚到的钱无法满足基本生活需求，而作为雇主的亚马逊公司在 2016—2019 年成功做到了不用支付一分钱的联邦税。[15] 与此同时，公司的大老板贝佐斯本人则成为这个星球上第一个积累了超过 2000 亿美元财富的人。在 2020 年 8 月，他的财富高达 2046 亿美元，[16] 大大超过了比尔·盖茨，[17] 拥有路易威登、塞琳和芬缇等品牌的路威酩轩家族掌门人伯纳德·阿尔诺，以及沃伦·巴菲特、马克·扎克伯格。

新冠肺炎大流行进一步扩大了贝佐斯和亚马逊仓库员工之间的工资和福利差距。你可能听说过（甚至参与过）一些疯狂的网络购物，这些狂潮始于 2020 年 3 月初，当时新冠肺炎刚刚开始在美国肆虐，随着世界各地的实体店纷纷关闭以及"居家抗疫"令的实施，网上购物成为人们获取需要（以及想要）商品的主要方式。亚马逊的股价因此一飞冲天，在 2020 年前 9 个月上涨了约 50%。贝佐斯的个人财富也在飙涨：到 2020 年中期，他的净资产突破了 2000 亿美元大关。[18]

事实上，亚马逊已经控制了我们需要（以及想要）的很多商品，外加我们获取这些商品所需的便捷和无接触渠道，这意味着劳拉在亚马逊处理库存的上一份工作，以及其他类似岗位工作的重要性也突然上升到"刚需"的高度。电视上不停播放着催人泪下的亚马逊商业广告，提醒观众"递送人们需要的东西从未像现在这样重要"，并感谢

---

① "履约"一词的英文还有"满足"的意思，此处为作者双关。——译者注
② 据报道，亚马逊在亚利桑那州的雇员中有 1/3 需要依赖补充营养援助计划（SNAP）福利，在宾夕法尼亚州和俄亥俄州，这一数字约为 1/10。——作者注

使这一切成为可能的"亚马逊零售英雄们"。[19] 其他广告突出宣传了微笑的员工,并声称他们的孩子为父母在配送中心的勇敢工作感到自豪。[20] 我在明尼阿波利斯郊区度过新冠肺炎疫情流行的前几个月时,那里的街道上经常有深蓝色亚马逊 Prime① 送货卡车呼啸而过,车身上的微笑标志提醒我,我和邻居们的刚需商品(包括运动裤这种已经迅速取代以前所穿牛仔裤的服装)正在送达的途中。

与此同时,我们看到,在亚马逊履约中心内发生的事情则完全不同:工人们继续为了赚取勉强维持基本生活所需的工资而辛苦工作,同时因为要去上班而使自己面临被感染的风险。疫情暴发后,亚马逊确实做出了一些改善姿态,包括将基本时薪提高了 2 美元,加班费提高了一倍,无薪事假也不加质疑地得到批准。不过,随着一些州似乎已经控制住病毒,这些针对"刚需"工作的福利现在已经消失。据加法里和德雷在 2020 年 6 月发表的报道,似乎为了应对公众的批评,亚马逊向每位全职员工支付了 500 美元的奖金,[21] 非全职员工则得到了 250 美元的奖金。

亚马逊员工的待遇之所以如此重要,是因为我们的经济已经走上了零售为王的轨道。正如我们在第一章中所讨论的,美国开始从制造业经济转向零售经济并不是很久之前的事。从 20 世纪 60 年代中期到 2000 年,美国的制造业一直保持稳定,但在接下来的 10 年中,制造业岗位数量骤减了 1/3。而在同一个 10 年中,零售和在线购物销售额增长了 1/3 [22](不包括 2008 年经济衰退后的暂时下降)。

伴随着向零售经济的转型,我们曾经讨论的一些商业品牌快速崛起,包括李维斯、J.Crew 和 Gap,这些品牌将生产转移出美国,从而降低了服装价格,并促使我们更多地购物,进而增加了零售业的就业。但零售业发展的最新阶段,即从实体店到网店的转移,值得我们仔细

---

① Prime 是美国亚马逊推出的一种类似于 VIP 的收费会员制度。——编者注

研究。为了满足不断增长的网络购物需求，自2010年以来，以亚马逊为主的网络平台公司创造了数十万个仓储工作岗位，这一领域的工人增速是总体就业增长率的4倍，但经济政策研究所警告说，尽管有上面那些吸引眼球的数字，事实上，亚马逊在其开展业务的领域中并未创造就业机会的净增长。尽管如此，亚马逊已经以创造就业为由，通过设立履约中心从多个州和地方政府获得了至少10亿美元的税收优惠。[23] 下图比较了亚马逊零售店和实体店的就业情况。（我们可以看到，在图表的最右边，"亚马逊经济"的就业增长在2019年左右已经显露出下滑的迹象。）

零售业的两种业态
12个月就业率变动百分比（未经季节性调整）

数据来源：美国劳工统计局
* 非实体店面零售商、仓储、快递和邮递服务

创造就业机会固然很伟大，但作为一个品牌和一个超级经济体，亚马逊正在以它喜欢的方式塑造我们世界的未来，而这个未来很难说是健康的。如果任由它继续统治世界，我们将看到更少的工作机会，对拥有这些工作的那些劳动者的保护也会更少。但是，如果能立刻尽我们之力发声，我们就可以拥有一个完全不同的未来。我们可以自行

选择是否将改变自己投票和购物的方式视作"刚需",而找到答案的最好办法,也许是亲眼看一看今天的"刚需"到底是什么样子。

"刚需"工作的真实面貌:深入亚马逊内部

"努力工作。玩得开心。创造历史。"[24]当我走进新泽西州爱迪生市的亚马逊履约中心时,首先映入我眼帘的便是这句口号。该中心是亚马逊在美国的 110 个履约中心之一。我去那儿是参加中心面向公众开放的参观活动。参观活动的目的显然是打动公众,这一点从我们那位热情过度的导游身上一望可知,她在自己的公司制服上别着一枚"星期五餐厅"[①]风格的徽章,一路上一直在叽叽喳喳地讲着各种励志小故事。但是,据我采访过的三位员工(两位前员工和一位现任员工)所述,我已经知道了工人们的一些日常体验,其中包括那句著名的企业口号(我快速拍了一张照片,然后把手机收了起来)。正如劳拉以及导游所解释的那样,仓库内有"禁止使用手机"的规定;员工每天上班通过安检之前,需要将手机和其他贵重物品存放在储物柜中。这意味着,如果他们想在白天查看手机(浏览社交媒体、电子邮件或是孩子和亲戚可能发来的紧急消息),他们需要通过安检出来,然后再重新经过安检进入工作区,这些都需要在他们自己的休息时间内完成(一次休息时间只有 15~30 分钟)。

我在爱迪生履约中心的参观开始时,恰逢早班刚刚上班,在非高峰日,上班时间为早上 7 点。我从布鲁克林过去的时候交通不算拥堵,

---

① 星期五餐厅(TGI Fridays)是一家专注于休闲餐饮的美国连锁餐厅,其名取自在美国硅谷颇为流行的一句话:Thank Goodness, It's Friday。(感谢上帝,今天是星期五)。餐厅以其店面装潢著称,有着红色条纹顶棚、铜栏杆及蒂凡尼灯饰,也常使用古董作为装饰。——译者注

被放大的欲望　　**140**

不过我访谈过的亚马逊业务伙伴[①]告诉我，他们许多同事住的地方都离各自工作的履约中心有一小时以上的车程。劳拉曾强调说："上班绝不能迟到。"因此，通勤时间较长的人可能需要在凌晨 4:30 或 5:00 起床。这主要是由于大城市糟糕的交通状况，加之仓库附近缺乏便宜的住房。25 岁的贝基是一位亚马逊前雇员，来自中西部。她的住址离工作的地方不远，因此不需要起太早就能及时赶到上班地点并在入口附近找到一个停车位，以确保自己不会迟到，这一点让她深感幸运。许多履约中心的规模巨大，例如爱迪生中心就占地 92.3 万平方英尺，有 16 个足球场那么大。这家中心以前是 Frigidaire（北极牌冰箱）的工厂。导游兴高采烈地告诉我们，考虑到中心有 2500 名全职员工，[25] 车子的停放位置确实非常关键。步行穿过一个巨大的停车场，存好自己的东西，通过安检，然后再步行穿过一个巨大的厂房，最终到达自己的工位并开始一天的工作，这个过程需要花费大量时间。

如果出于某种原因，比如送孩子去托儿所、交通拥堵、停车位太远或者是腿脚不便，某一天你在 7 点后才扫描你的工牌打卡，你可能会被"钉"一下，这是员工因任何违规行为而收到的众多非官方警告之一。如果员工迟到，他们也可以尝试使用自己的无薪事假来抵扣，但无薪事假的缓冲作用极为有限。如果你每季度的休无薪事假的时间超过 20 个小时（像劳拉那样每天迟到 15 或 30 分钟，以便把孩子送到日托机构，累计时间很快就能超过 20 个小时），那么你会被叫到人力资源部，并可能会遭到解雇。[26]

山姆是一位亚马逊现任员工，在劳拉原来所在的履约中心工作。他说，在实际工作开始前，员工们会先做一些打气活动。他们会聚在一起，与区域经理举行一个"站立"会议，由区域经理带着他们做一

[①] 亚马逊将其配送员工称为"业务伙伴"，希望通过这种称呼强调公司的普通员工与公司管理者和所有者的利益高度一致。——作者注

第五章　满足所有人的刚需——包装和配送

些伸展运动来热身。尽管亚马逊的工作目前还没被列入团体运动，但它其实和团体运动差不太多，因为它同样需要极高的体力劳动强度。根据员工所在的中心和职位不同，他们可能需要举起10~40磅重的物品（比如大袋的狗粮），蹲下，爬高，伸手，长期站在一个地方，或不停地走动、走动、走动，穿过像足球场那样大的空间。在热身期间，经理会喋喋不休地提出一些激励性建议，包括如何提高工作效率，如何在处理货物时使用"C形握法"，以防止手和手腕受伤，最重要的是，反复强调高质量工作的必要性。

从上面这个细小但却生动的例子中，我们可以明显地看出批准使用这些效率愿景话术的亚马逊高管和执行它们的普通员工之间横亘着的鸿沟。正如山姆所解释的那样，C形握法"在技术上也许可行、正确并可以帮助"治疗腕管综合征和其他疼痛（例如，劳拉就不得不接受了两次手术来治疗手臂疼痛，每只手臂各接受了一次手术）。但是，考虑到员工需要处理的箱子和物品的大小、形状和重量各异，并且不可预测，C形握法"与实际的工作场景格格不入。因为如果你想快速完成工作，你就不可能真正坚持使用这些技巧"。而另一方面，如果你想保住自己的工作，你就必须快速完成工作。工人们都知道这一点，但很少指出它；与管理层争论是没有意义的，因为他们必须鼓励"安全"的方法，即使他们自己知道这种方法并不符合他们对生产效率的要求。

履约中心有5~6种主要岗位，分成两大类：入站和出站。入站工人被称为"堆装员"，他们负责分拣运抵中心、进入亚马逊物流系统的商品（比如我们从孟加拉国运来的牛仔裤）。亚马逊履约中心大多以附近的机场代码命名（爱迪生中心的代码是LGA9，以拉瓜迪亚机场命名），算是对商品通过飞机和火车到达他们手中这一事实的认可。像基本款牛仔裤这样的主打产品会通过海运运输，而时装牛仔裤则可能需要空运过来，以便在流行潮过去之前拿到商品。

堆装员在他们的工作站接收商品，工作站配备有一块显示屏、一架四脚活梯和一台黄色扫描仪。扫描仪是亚马逊员工的魔杖，也可以说是手铐，这取决于你如何看待它。它一丝不苟地跟踪他们的一举一动，以便收集数据，评估这项"刚需"工作的效率，既包括每位员工的个人工作效率，也包括他们的总体效率。在那些现代化的自动中心里，每隔6英尺左右就有一个堆装员工作站，它们位于一个被围起来的巨大区域周围，那个区域中满是移动的货架，堆装员不断把刚刚送达的商品放到货架内。这个场景我们可以称之为保持社交距离的早期形式，或是单独监禁，因为工作站之间的距离使员工在工作时根本无法相互交流。

这些移动货架乍看起来没什么特别之处，它们是一些高高的可移动方形铝框架，四面包着黄色芳纶布，并隔出一层层的小方格和口袋。它们像忠诚的宠物一样，在堆装员早上来到自己的工作站时已守在门口迎接。劳拉的货架会由一个像扫地机器人那样的橙色大机器人送来，这个机器人的官方名称为"驱动单元"，但员工们一般称它为司机（在亚马逊全球175个履约中心里，目前有26个中心使用这样的机器人[27]）。"司机"会自动驶入一个移动货架下面，将它托起，然后把它送到工作站，让工人开始分拣。看着爱迪生中心中一个个小小的机器人在巨大的封闭空间里载着移动货架四处运动，颇像正在观看一部未来世界的电影，因为这是一个完全自动化的内部传送过程。与实体店的库存系统不同（那里的货架是将相近商品按大小和颜色排列在一起），移动货架是根据设计随机摆放的。举例来说，与在一整箱看起来一模一样的牛仔裤中找到一条29码靛蓝靴型牛仔裤相比，在一条牛仔裤旁边快速找到一小包除臭剂要容易得多。不过该系统也反映了亚马逊所带来的过度消费。山姆回忆起前不久他分拣的一个移动货架："一条装在塑料袋里的特大号牛仔裤压在一个性玩具上，这个性玩具又压在一袋薯片上，货架格子的两边则塞满了苹果礼品卡、

'警察的命也是命'[①]贴纸、梅耶太太（Mrs. Meyer's）牌肥皂和一摞平装版《白人的脆弱性》(*White Fragility*)，这一切都堆放在一大包狗粮上。"这简直像是时下最流行的疯狂填词游戏。很显然，我和山姆在2020年年初的这次对话神奇地预示了随后几个月席卷全球的时代思潮。

在我参观的那个高度自动化的中心，工人无须自己找到产品在货架上应该放置的位置，取而代之的是堆装员扫描产品上的代码，货架上的一个区域就会亮灯，引导他们找到最佳装载位置——按编号快速入库。一点不夸张地说，扫描仪完全控制着一个堆装员做出的每一个动作：取出这袋狗粮，将其放在那个位置的那个格内，整个任务不需要认知思考能力，甚至不需要认识很多单词，因为扫描仪的显示屏上会出现产品的照片。此外，它还能跟踪堆装员的扫描速度，自动化地完成了达卡工厂那位效率工程师的工作。如果工作人员有两分钟没有主动扫描，屏幕就会开始计算"任务暂停时间"，这个时间将被记录并累记到无薪事假时间中。劳拉还告诉我，她和她的同事经常因"任务暂停时间"而受到申斥，即使这种情况的出现是因为在工作间歇期并没有什么可供扫描的商品。

不过，我离题了——让我们回到正轨吧！一旦你点击了中意的牛仔裤上的"购买"按钮，下一步的流程立刻开始启动：拣选，这是出站的第一步。在一个配备了机器人的中心，"司机"会把装满随机组合商品的货架运送到拣货员所在的工作站，以便拣选出我们的裤子，如果裤子堆放在高处，拣货员会爬上一个小梯子拿到裤子，如果裤子被压在货架底部，拣货员需要蹲下来寻找。他们会扫描牛仔裤，把它

---

① "警察的命也是命"（Blue Lives Matter）也被译为"蓝命贵"，是一句反社会运动口号，起源于美国，其提出者认为任何杀害执法人员者皆应依照仇恨犯罪判刑。此口号与另一平权运动口号"黑人的命也是命"（Black Lives Matter）针锋相对。——译者注

们放在托盘里送到传送带上。一遍又一遍地重复同样的任务。在机器人还没有出现的年代,或像贝基那样,在还没有配备机器人的中心工作,拣货员则必须在整个仓库内穿行,走到相应的货架处(那些货架像大型商店中的货架一样整齐地排列着),找到商品,并将其带回工作站进行扫描和装箱。贝基说,这份工作让她平均每天步行 10 英里。她最长的步行记录是 15 英里。

作为流程的最后一步,我们订购的所有商品,无论是我们的牛仔裤、中意的咖啡,还是我们最喜欢的网红在 Instagram 上推荐的"自助式"护理套装,所有这些都通过传送带,从拣货员面前的箱子传送到打包员那里。打包员早已准备好工具:一个屏幕作为操作的大脑,外加各种尺寸的纸箱、一卷胶带和一卷作为填充物的充气塑料包。商品到达后,屏幕上会显示要使用的包装箱尺寸,并分发预先测量好的胶带。在几秒钟的时间里,一个包裹就完成了打包,几乎不需要打包员做任何思考。

然后,纸箱被继续沿着传送带向下运送,在传送带上,另一台被称作贴标机的机器以每秒 8 次的速度在包裹上贴上运输标签。"系统"将确定箱子将要运抵的下一个位置,即分拣中心或配送站。当它准备好被装车时,另一名工人会"像砌砖工人一样把箱子沿着车厢壁堆起来,以使卡车厢内部一层层地堆满亚马逊特有的笑脸箱子,"山姆告诉我,"卸车就像玩叠叠乐游戏。"因为箱子在运输过程中会四处移动,并且会松动。就像在游戏中一样,随时都有可能有箱子坠落下来。(山姆就听说过,曾有人因为箱子坠落而被砸成了脑震荡。)

经历了这场在仓库中旋风式的旅行后,打包好的纸箱已经准备好前往它的下一个目的地。

从手工拣选到"司机":"刚需"工作的自动化未来

2020 年 7 月,我在撰写本章内容期间曾休息了一天。就在那 24

小时内，杰夫·贝佐斯的净资产增加了 130 亿美元。[28] 这还只是他个人在一天内得到的收益，而不是亚马逊公司的总收益。对于一个普通亚马逊员工而言，即便他以广泛宣扬的高达 15 美元的时薪全职工作，他也需要工作 400 多万年才能挣到他老板一天的收益。

当然，我并不是说这种资产增值速度会一直保持，但它或多或少提醒我们，当前时装业最顶端的不平等问题已经有多么严重。更糟糕的是，面对压榨员工的问题，亚马逊所做出的非正式但相当明显的反应似乎使这种差距越来越大。从表面上，我们可以看到一些做秀式的员工关爱措施，或者至少是某种妥协，例如：对保护工人健康没什么实际作用的 C 形握法，颇具讽刺意味地坚持称其仓库工人为"业务伙伴"，在入口处迎接工人的公司宣传口号，还有出于公关考虑的临时"加薪"。但从根本上讲，真正推动亚马逊前进的是自动化。机器一直威胁着劳拉、贝基和山姆，他们所做的"刚需"工作对亚马逊的盈利能力而言已经越来越不是"刚需"。

我在亚马逊之旅中目睹了这种替代，机器人"司机"就是一个例子。根据亚马逊的说法，在履约中心配备"司机"显然是为了让员工的工作更轻松，因为这使他们摆脱了工作中繁重的体力劳动（步行）。还记得吧，贝基必须整天在巨大的仓库中四处穿行，才能完成她的拣选工作，而在实现了自动化的中心，"司机"可以直接将整个货架运送到工人面前。但是这样一来，履约中心的工人虽说不用再每天长途跋涉，但他们现在需要每天蹲下、起立，或是在梯子上爬上爬下将近 10 个小时。这项工作一点也不轻松，只是和原来有所不同而已。

亚马逊还声称，通过增加这 20 万台机器人，他们将创造更多的人类就业岗位，并声称在部署机器人期间，共增加了 30 万个就业岗位。[29] 这听起来很棒，对吧？但是只要冷静思考，你就会意识到，这些额外的工作岗位只是为了更快地满足我们不断增长的需求。[30] 亚马逊引入机器人和其他自动化设备，并不会像他们声称的那样创造更多人类工作岗位，而是导致前文图中"亚马逊经济"曲线向下走的根本原因，因为即使需求增长，如果有更多机器更快地完成任务，那么亚马逊也只需要更少的人类雇员。

不断追求自动化的努力并不会止步于"司机"。直到最近，像拣货员那样需要评估随机分类内容的工作一直是人类的专属领域。尽管工作本身具有机器人的性质，但机器还无法做出这种识别。但是，德国的一家新公司最近向市场投放了一种名为 Covariant 的机器人，这种机器人已经能够以人类的速度和效率执行这些任务。[31] Covariant 以及肯定会随之而来的同类产品进入亚马逊履约中心也只是时间问题而已。

亚马逊所做的不仅仅是以机器取代人类雇员。它还正在努力把人变成机器，甚至模糊了人们眼中这两者之间的界限。我的导游在一台停靠在行进轨道边上的机器人"司机"面前停了下来，并对我们说："就像工人一样，机器也需要充电。"但据我从山姆、贝基和劳拉那里听到的情况来看，人类工人实际上享受不到这种奢侈。

还记得扫描仪和自动货架的指令是如何让堆装员机器人化的吗？山姆直言不讳地告诉我，这一切对工人而言毫无帮助，而是"让这项工作变得更糟，因为工作节奏比以往任何时候都更快、更符合人体工程学，允许并要求身体持续运动而不需要做任何微小停顿，也不需要任何思考。看、抓取、扫描、放置、按钮，看、抓取、扫描、放置、按钮，看、抓取、扫描、放置、按钮……"他的声音越来越含糊不清，让电话另一端的我心脏都开始不舒服了。这就是他们的工作：一直站立、扫描、堆装、扫描，贝基估计"每小时要处理 80~100 件商品"，根本没有机会坐下来充电。

在时装行业中，机械化生产已经长达几个世纪。我们现在看到的是，机器人的广泛应用会给工人带来怎样的影响。显而易见的是，如果商品需要在不到一秒钟的时间内完成分拣，机器肯定会比人类更好用。

一方面，工人可能会抗争，或是抱怨他们的扫描仪，不断提出新的要求，不能一次搬运一整托盘货物，肌肉会酸痛，骨骼会断裂，会感染新冠肺炎；另一方面，机器人不会因为低工资而抱怨（它们根本不要工资！），永远不会迟到（它们就睡在办公室！），当你冲它们大吼大叫的时候，它们也不会哭。它们给你带来的责任要小得多，因为它们没有真正的需求。

比如说，上厕所的需求。由于山姆接受过针对不同工作的交叉培训，所以接受我采访的那段时期，他正在做一份辅助性工作，工作性质基本上是在其他工人上洗手间时替班。我很好奇，如果每个人的每一秒都受到监控、箱子、包裹、机器人和屏幕从四面八方不断袭来，工人们怎么可能有时间去洗手间（我在达卡工厂里也有同样的担心）。贝基说，在她所在的履约中心，堆装员解决自己的个人需求相对比较容易，因为你可以设法在工作过程中走到靠近卫生间的货架，扫描一件商品，快速跑去上个厕所，然后在不到两分钟的时间内再次扫描（以免产生无薪事假记录）。然而，如果你是拣货员，在一个没有机器人的中心，你可能会被随机派到巨大仓库里的任何一个角落，在取回物品后可能需要 10~15 分钟才能回到你放推车的地方。亚马逊并不承认上面的说法，称其员工"从未被限制使用洗手间"。

另一种显而易见的选择是在班间休息时去洗手间，也就是名正言顺地在规定的休息时间内上厕所，但这同样不太容易，有时候甚至更难。与我交谈过的亚马逊履约中心员工告诉我，在长达十个半小时的一个班次中，他们共有一个小时的休息时间，包括两个 15 分钟的班间休息（上下午各一个），外加半小时的午餐休息。但是，如果你真的想利用那个时间去洗手间，那么你必须争分夺秒地跑着去。光是从你的工位跑到洗手间可能就需要 5 分钟，然后你还要再花 5 分钟跑回来。（亚马逊表示，洗手间"距离每个工作站都只有很短的步行路程"。）休息室可能离得也很远（在劳拉所在的中心，休息室距离仓

被放大的欲望　　**148**

库最远的角落有 1.5 英里）。总而言之，这意味着除去路上所花时间，在你再次开始扫描之前，你在洗手间里最多只能待 5 分钟。如果你还想在那段休息时间看看你的手机……？好吧，请记住，那意味着你必须通过安检，回到正门的储物柜区，然后再通过安检，重新进入工作区，并走回自己的工作站。

同样地，要获得真正的午餐休息，即吃点东西（另一件机器人不需要做的事情），你需要完成一个不可能实现的时间之旅。"如果你必须加热一些食物，那么祈求上帝来帮你吧。"劳拉补充说。她所在的中心微波炉从来都不够用，排队使用微波炉可能会占用你全部的休息时间。而且午餐时间也提供不了多少社交营养。劳拉极其厌恶她的经理们"喋喋不休地谈论"团队成员之间的情感联系，他们不停地告诫着："有朋友相伴，日子过得更快！"她说，她有时会和同一批招聘进来的人结个伴，但这并不意味着她们之间存在真正的友谊。在一片死气沉沉的脸庞中如果她认出了某个人，她会一边想着"我认识你，你看起来眼熟"，一边向那个人挥挥手。

尽管工休是工人们一天中为数不多的能够聚在一起的时间，但他们在休息时很少交谈，尤其是不会谈论他们的日常工作多么令人厌烦。劳拉说，"这些问题不是我们所能掌控的"。贝基同样不认为和同事闲聊是个好主意，更不用说和他们讨论如何改善工作条件这样严肃的大话题了。这样做是徒劳的，因为"这只会让自己意识到你是多么无助"。人们可能喜欢同病相怜，但是，如果你全天只有不到 10% 的时间能够暂时逃离痛苦，你可能并不想把这些宝贵的时间花在和他人一起重新咀嚼痛苦上。山姆说："这些深深的无力感总是让我感到震惊。"此外，太多的抱怨只会引起不安，没有人想成为那个挑起事端的人。

山姆告诉我，尽管存在种种不尽如人意之处，总的来说，在他工作的履约中心里，每个人都希望能够做好工作，这可能是因为亚马逊制定了一种游戏化的工作策略，也可以说，尽管亚马逊制定了一种游

第五章 满足所有人的刚需——包装和配送 **149**

戏化的工作策略，人们仍然乐于认真做好工作。这种策略是把扫描仪变成类似于任天堂游戏机的东西，扫描仪追踪的工作进度将以赛车或其他形式显示在游戏屏幕上，从而鼓励员工之间开展竞争。获得最高分数的工人甚至可以抽奖（奖品可能是一个士力架）。这些游戏看起来既愚蠢又自以为是，但确实有一些员工喜欢它们，因为用这种方式，他们对自己正在做的事有了一些参与感。山姆努力从光明的一面看待这一切，并为自己的工作感到自豪，因为不这样做，而是选择沉湎于如何摆脱这个体系"只会让一切变得更悲惨"。

尽管如此，山姆告诉我，他每天回家时都筋疲力尽，以至于他在休息日唯一愿意做的就是看电视。他的身体长期感到疲惫，有时需要请几天无薪事假，以便身体从轮班中恢复过来。贝基描述了她的大脑在工作时是多么容易走神，因为她的高级思维过程在扫描时"进入睡眠状态"。这项工作需要"足够的注意力，你真的需要集中全部注意力"，但它不足以让你避免"成为一台机器"。当我问她每天在扫描、拣货并步行长达 15 英里的过程中都在想什么，她回答说："从来都没什么开心的想法。"每当她的同事们进入机器模式时，她会看到他们的脸上浮现出同样的表情。

在这份工作中，工人被期望实现机器般的产出，同时对自己的工作内容几乎没有任何掌控力，这不仅仅让人厌倦，还会在现实生活中带来严重的健康后果。研究人员发现，如果对自己的工作没有一定程度的掌控力，人们往往更容易变得抑郁，经历严重的情绪困扰，乃至对薪资斤斤计较。[32] 这种结果并不奇怪。正如作家约翰·哈里（Johann Hari）所说："你不是一台需要更换零件的机器，你是一个需求没有得到满足的动物。"[33]

我告诉山姆，我以前曾访问过服装制造工人，比如孟加拉国的丽玛和斯里兰卡的达努，她们也承认感觉自己活得像一台机器。他谦虚地表示，他的状况可能远不如后者那样糟糕。当我告诉他，实际上他们面临的某些挑战听起来非常相似时，电话另一端传来一阵不安的笑声，随后是长长的沉默。

不稳定与不平等

对于亚马逊履约中心的员工而言，他们的个人和职业发展轨迹都是不确定的。根据我访谈过的员工的描述以及我在参观过程中看到的情况，大多数工人年龄都只有二三十岁，身体健康。任何年纪偏大的人似乎注定无法承担这份工作，这纯粹是因为身体原因。在亚马逊工作不到两年后，年仅 39 岁的劳拉患上了严重的足底筋膜炎和腕管综合征，膝盖也出了问题，她和她团队中的每个人都知道，亚马逊规定的晨间伸展运动无法缓解这些症状。至少亚马逊提供了一份医疗保险计划（按照劳拉的话，这是"一个真正令人惊喜的大好事"），但这项工作"对身体摧残极大"，实际上需要经常使用这项计划。贝基在亚马逊工作了两个合同期后，25 岁的她脚踝就已经伤到无法再继续从事这份工作。可以想象得出，对于年纪较大的工人，比如山姆在他工作的中心遇到的那位年逾七旬的老妇人而言，这份工作意味着什么。"这不是我想象中的退休生活。"她告诉山姆。

贝基并不是唯一因为身体吃不消而丢掉工作的人。如果不是因为物流高峰期，这种事情可能不会发生：在一年的最后两个月，人们的购物量，尤其是在亚马逊平台上的购物量因假期到来而飙涨，这些网购商品都落在劳拉、贝基和山姆等人的手中等待处理。2019 年冬天的圣诞新年假期，山姆所在的履约中心在两个月内运送了 2600 万件商品，工人的工作时间也从每周 40 小时增加到强制加班的每周 55 小时。山姆告诉我，在高峰期间，竞争强度被大大提升，因为所有的履约中心都在争夺已发货订单榜首的位置。获胜可能对中心高层有好处，但对山姆、贝基和劳拉这样的工人来说则不然。亚马逊给出的奖励是为表现优异的个人和中心提供 Echo 智能音箱或是免费午餐，但与其带来的负面影响相比，这个回报几乎不值一提。因为一旦确定了工人在高峰期可以达到的工作速度，这将成为一年中其他十个月的预期基准速度。

高峰期只是造成亚马逊员工惊人的高流失率的一个原因。还记得吧，因为高峰期上班时间提前，劳拉最终不得不在孩子和工作之间做出选择。劳拉估计，她所在的中心每年的员工流失率为 80%。我在参观时注意到，新员工有一个单独的入口；亚马逊对员工高流动率的假设已融入其架构设计。工作还不到两年，与劳拉同一批入职的 20 人就只剩下她一个了。入职 6 个月后，他们中就有 16 人离职。山姆声称，他所在的中心高峰期的员工流动率几乎达到了 100%。他们的观察与研究结果一致。研究显示，2017 年（可获得数据的最近一年），亚马逊履约中心所在县的仓库工人平均流动率为 100.9%。[34] 为什么会有超过 100% 的流动率？这意味着离开仓库工作的总人数高于当年仓库工人的平均人数。劳拉补充说，就算留了下来，她也不觉得在 3 年之后会有真正的晋升机会，因为大多数中高层的人（通常是指那些不做体力劳动的人）都过得很舒服，因此不会离职。因此你可以看到，在看不到任何曙光的情况下，大多数人甚至熬不过一年。

薪资水平对此也没什么帮助。我访谈过的工人时薪为 14~17 美元。这是亚马逊于 2018 年底将最低时薪提高到 15 美元之前的事，亚马逊后来提高了最低工资，以应对公众针对其工作强度日益增加的质疑。山姆开始在亚马逊工作时每小时能挣 14 美元；但是当他获得加薪（就是那次在媒体上大肆宣扬的加薪），每小时挣到 15 美元时，他失去了股票期权和生产效率奖金。

今天，这个薪资水平连维持一个人的生计都捉襟见肘，更不用说像劳拉那样还要养活其他家庭成员了。在离开亚马逊的时候，劳拉的时薪达到了 17.25 美元，与她以前在航空公司工作时 75 美元的时薪

被放大的欲望　　**152**

相去甚远，同样远远低于她自己算出来的每小时 35 美元的生活工资（能让她宽裕地养家糊口的工资）。如果能达到这个收入水平，她或许就可以为自己的四口之家买一套普通的三居室公寓，并购买食品杂货，支付育儿费用，甚至偶尔奖励自己一次美发或是出去喝一杯咖啡。

这个问题从根本上讲已经超越了亚马逊公司的范畴。在新冠肺炎疫情暴发前的经济快速增长时期（假设我们单纯以传统的 GDP 增长来衡量经济繁荣程度），住房、医疗、儿童保育和高等教育的成本大幅上升，但工资的增长与此并不匹配。一位记者曾将这场危机称为"负担能力大危机"。[35] 我们对此思考片刻便可知道，如果最低工资水平从 1968 年以来与生产率增长保持同步，那么现在它将达到 24 美元/小时，[36] 从这个角度再来审视媒体大肆宣扬的亚马逊将最低时薪提高到 15 美元的新闻，你也许会有不同的感受。考虑到通货膨胀因素，包括亚马逊员工在内的普通美国人现在的收入实际上比 1979 年要低。因此，即使在新冠肺炎疫情暴发前，美国已经有 17% 的成年人无法全额支付当月账单，[37] 还有近一半的美国成年人连应急的 400 美元储蓄都没有。[38] 新冠肺炎大流行和政府应对不力使许多家庭濒临绝境，并凸显了劳工阶层不稳定的生存状态，这种情况已经存在多年，但并未引起广泛重视。

与此形成鲜明对比的是，这些低收入工人的雇主可能是世界上最富有的个人（美国收入最高人口的平均寿命比收入最低人口足足高了 15 年）。[39] 在新冠肺炎大流行前，领取食品券的美国人已经比 2008 年增长了 30%，[40] 而亿万富翁数量也达到了 10 年前的两倍。[41] 抛开富得离谱的贝佐斯先生不谈，企业高管作为一个整体在过去 40 年中的收入也是节节攀升。1965 年，公司首席执行官的平均收入为 92.4 万美元（约为普通员工的 20 倍），到 2018 年，这一数字已经增长到 1700 万美元（达到普通员工的 278 倍）。[42] 与 1989 年相比，收入最高的 1% 人口的财富增长了 21 万亿美元，[43] 而后 50% 的人口则变得更穷。

第五章　满足所有人的刚需——包装和配送　　**153**

工人和企业高管如此惊人的收入差距也可以追溯到本书第二章讨论的新自由主义理念，这种理念崇尚股东至上，而实现股东至上的主要工具便是高管薪酬。正如我们所讨论的，根据股东至上理念，公司不再关注所有利益相关方，而只是致力于创造最大利润。[44] 为了实现这一目标，公司董事会不是直接支付高管薪酬，而是更多地将其与股票挂钩。股票表现越好，高管赚的钱越多。[45] 在这种充分激励下，高管们将工作岗位转移到了劳动力成本较低的国家，将无法外包的工作自动化（橙色的大号扫地机器人就是一个绝佳的例子），并通过阻碍建立工会来压低国内工人的工资。于是，企业成本降低，收入增加，股价上涨，工资差距扩大。事实上，亚马逊一直处于这一模式的前沿：它的高管薪酬号称高于市场平均水平，但具体做法是支付显著低于市场水平的薪酬，并以股权激励来弥补巨大的差额。[46]

就在商界大佬将目光投向太空殖民[47]的时，工人们的预期寿命正在工资过低和工作条件恶劣的双重压力下不断缩短。尽管 GDP 稳步增长，但自 2014 年以来，美国人的预期寿命每年都在下降[①][48]（最近一年的数据除外）；但不管怎样，现在美国的人均预期寿命与 2014 年相比仍然是净下降。现在美国一些县的人口平均预期寿命甚至低于孟加拉国。[49]

那么，是什么原因导致了预期寿命下降？一个重要因素是安妮·凯斯和安格斯·迪顿所称的"绝望的死亡"。所谓"绝望的死亡"，是指酒精、药物和自杀导致的死亡。凯斯和迪顿写道："一定发生了什么，使生活变得更糟。"到底发生了什么？"公司的经济和政治权力不断增大，而工人的经济和政治权力不断消减",[50] 这使得工人在不公平的竞争环境中只能忍受大公司的剥削。让亚马逊员工和其他低收入工

---

① 美国人口预期寿命自 2011 年开始稳定在高位，2014 年~2018 年逐年下降，2018 年~2019 年止跌回升。——作者注

被放大的欲望　　**154**

人保持健康的最好办法，是彻底改变他们的工作方式，包括重塑整个劳动力市场的政治和经济权力结构，从而使得我们在获得"刚需"商品的时候，不会导致他人丧失属于他们自己"刚需"的东西——健康。

从战略角度出发：让工会和产业政策保护"刚需"

正如本书前两章介绍的那样，得益于先辈的不懈努力，美国在劳工保护方面取得了今天的成就，那么，为什么现在却要面对国内人口预期寿命下降的问题呢？这是因为，公司的高管一方面将大量工作外包给没有劳工保护的国家，一方面也削减了对那些无法轻易外包的国内工作（比如亚马逊履约中心的工作）的保护。在亚马逊，任何关于工会的言论（揶揄工会的言论除外）都已成为禁忌。贝基下面的话颇值得玩味，在此我不想用幽默一词（因为这并不是一个可以置之一笑的话题）。她告诉我，如果你提出有关工会的问题，管理层会让你觉得"自己像个白痴"。为了证明工会毫无存在的必要，亚马逊会向所有新员工播放一段视频，讲述在公司工作是多么棒的体验。贝基还说，当员工向管理层提出有关工会的问题时，公司会给他们播放一些员工感言视频，声称在亚马逊所做的那些体力劳动帮助他们减掉了20磅的体重，能够整天锻炼绝对是一种福利。在劳拉工作的履约中心，经理们会大谈特谈工会这个仲裁中间人将如何"破坏经理与员工的个人关系"。然而，劳拉向经理提出儿童保育补贴时收到的"有益"回应已经证明，这种"个人关系"中并没有多少爱和尊重。对此她的评论是，"婊子，滚吧"。

事实上，管理层不仅努力让员工相信工会有害，还让工人们切实地担心，如果试图组织起工会，会给他们带来严重的负面影响。他们甚至不愿谈论工会（即使他们在午餐时间还有精力谈话），因为他们担心他们所做的一切都会被看到和被追踪。如果贝基认真严肃地表达她的想法,她担心自己可能会被亚马逊解雇,并被列入其众多子公司的黑名单。尽管亚马逊发言人对此予以否认,但仍有几份报告称,有亚马逊员工在公开披露了履约中心的情况后遭到解雇,[51] 还有更多报告称,亚马逊监控了其欧洲雇员的工会组织的活动。[52]

当然,抛开一些公司尽其所能阻止工会成立的做法不谈,即便有工会也并不能保证情况一定会改善。劳拉的一种观点可能非常典型地呼应了公司阻止工会成立时的说辞,那就是:工会不适合像她这样的工人,而是更适合"机械师或铁路工人",即传统的"蓝领"工人。山姆在他工作的中心也看到了类似的态度,他认为这是美国个人主义思潮的体现;他的同事们认为,他们之所以落到今天的地步完全要怪他们自己,他们没有足够的能力看到,当前的体制根本就不会让他们获得成功。在今天的经济体制中,所谓"蓝领"制造业岗位已经天然地不再占据主导地位,而是正逐渐让位于其他行业,鉴于已经有证据表明,我们只能顺应自然变化,那么工会应该保护哪些人,以及为什么要保护这些人的逻辑也需要改一改了。"我认为我们经济体制存在的问题是,人们已经习惯了看到它崩溃,而不是主动求变。"美国劳联－产联(AFL-CIO)秘书兼财务主管利兹·舒勒告诉 Recode 的谢林·加法里和杰森·德雷:"很长一段时间以来,经济形势一直惨淡,并不仅仅是因为出现了新冠肺炎疫情。"[53]

我们有非常明确的证据表明,如果能团结起来共同发声,会带来不同的结果。工会会员的平均收入比非工会工人高了 13.6%。[54] 目前,亚马逊内部发生的一切都是管理层说了算;允许成立工会将迫使高管和股东分享部分权力和财富。加入工会可能会给员工带来真正的好处,以至于一位不愿透露姓名的亚马逊前高管对自己所属的阶层反戈一击,告诉加法里和德雷:"工会组织可能会成为(亚马逊)商业模式的最大威胁。"[55]

亚马逊内部反对成立工会的态度还与美国另一个沉疴已久、最终在 2020 年引发集体共鸣的社会痼疾有关，那就是种族主义。研究显示，加入工会的黑人工人比未加入工会的黑人工人的平均工资要高 16.4%。[56] 亚马逊有很大比例的黑人员工，[57] 超过其在美国国内总雇员的 1/4（美国总人口中，黑人比例为 13.4%[58]）。大多数在履约中心工作的黑人的收入远远低于他们其他相同岗位的工友。

黑人工人比例偏高并不是亚马逊独有的现象；[59] 由于长期盛行的种族主义，在低技能的仓储产业部门，这种现象极为普遍。被奴役的黑人不仅处在时装产业的最底层，也处在全球经济的最底层。奴隶制废除后，美国黑人仍面临着歧视和一个又一个法律障碍。南方《吉姆·克劳法》（Jim Crow laws）[60] 的影响之一便是将黑人的职业限制在低收入部门，包括农业和家庭劳役。罗斯福新政立法正式确立了集体谈判、最低工资和每周 40 小时工作时间以及加班的规定，但故意排除了家政、农业和服务工作，而这些领域恰恰是黑人大量从事的工作。与此同时，在这些法律的基础上，银行拒贷等经济歧视做法使得基于种族的住房歧视广泛存在，并成为我们今天生活在种族隔离城市的一个重要原因。[61] 尽管这种做法现在已属非法，但其影响在教育经费相对较低的低收入、主要居民为非白人的社区仍然十分明显，并造成了事实上的种族隔离和资金投入不足的恶性循环。① [62]

由于制度化的种族主义，黑人在工业自动化和离岸外包的初期遭受到比白人更沉重的打击，这部分是由于黑人从事低技能工作的比例更高。[63] 自 1954 年以来，黑人的失业率高达白人的两倍，[64] 这一趋

---

① 这只是粗略描述了种族主义对美国的制度和人们看法的广泛影响。这是一个亟须深入理解和反思的领域。安吉拉·Y·戴维斯（Angela Y. Davis）、史蒂文·A·里奇（Steven A. Reich）、尼克·埃斯特斯（Nick Estes）、梅尔萨·巴拉达兰（Mehrsa Baradaran）和雷斯玛·梅纳科姆（Resmaa Menakem）的作品都对我帮助很大，我在此强烈推荐他们。——作者注

势在近年来长期保持不变；拥有工作的黑人也大多从事收入最低的职业，[65] 并且这些职业向上流动的希望很低。[66] 正如马丁·路德·金在 1961 年的一次工会大会上所说的那样："我们的需求与劳工的需求完全一致：体面的工资、公平的工作条件、适宜居住的房子、老有所养、健康和福利措施，以及其他能够保证生儿育女、子女接受教育和在社区获得尊重的条件。"[67]

纵观美国的整个历史，种族主义法律、政策和态度错综交织，显性歧视和隐性歧视共存，最终导致了作家伊莎贝尔·威尔克森以令人信服的笔触所描绘的一种"种姓"制度。[68] 随着向上流动的机会被无情剥夺，美国黑人社区的进步受到阻碍。创造向上流动机会的一个重要途径便是成立工会组织，因为我们已经看到，工会将带来实质性的工资增长，缩小种族之间的工资差距。因此，通过阻止工会成立，亚马逊不仅为高管们囤积权力，还使结构性的种族主义得以固化。在本书中，我们也探讨了另一种劳动力改革途径，即政府层面的干预。在过去，黑人工人确实求助于联邦政府来阻止商业场所和工会中的歧视性政策，但结果喜忧参半。对此，亚马逊也有自己的应对之道，它对所有工人都有负面影响，但对黑人的伤害更大。除了关起门来密谋阻止成立工会，亚马逊还与其他公司合作，花费大量资金进行游说。（2019 年，亚马逊在游说上的支出高达 1600 多万美元，[69] 自 2012 年以来，相关预算增长了近 470%。[70]）亚马逊不是唯一这样做的公司。《大西洋月刊》2015 年的一篇报道称："现在，工会和公共利益团体加起来，每在游说上花 1 美元，大公司及其协会就会花 34 美元。在 100 个游说支出最高的组织中，[71] 95 家始终代表的是商业利益。"亚马逊还有雇用离任政府官员的传统。[72] 对于一家公司来说，承诺在未来提供一份位高权重、薪资优厚的工作不正是确保政府官员极力阻止对公司权力的威胁，进而保护其利益的最好方法吗？不断增长的政治权力和经济权力无疑可以确保亲劳工立法无法获得通过。

被放大的欲望 **158**

很不幸，美国企业界认为劳资双方面对的是一场零和博弈。实际上，很多强有力的证据表明，集体谈判越多的国家生产率和就业率越高，工人对于经济下跌的抵抗力也就越强。[73] 对于每一家企业来说，倾听工人的声音也不代表着丧失权力。倾听员工面临的困难可以帮助他们提高工作效率，至少会降低辞职率（从而意味着减少培训新员工所需的资源）。例如，如果一个工会能够向亚马逊管理层传达劳拉的育儿困境，那么它很可能帮助她和其他在职父母找到解决方案。她可能会在亚马逊待得更久，减缓亚马逊员工流失的速度，从而提高整体生产率。

现在，你已经了解了有关全球工人待遇的诸多信息以及工会的发展史，我希望你能一眼看出，这两者就像老妈裤和老爹鞋一样搭配得天衣无缝。① 然而，许多高管似乎都选择对这一体系的运作方式以及他们在其中应扮演的角色视而不见。2018 年，谷歌前首席执行官埃里克·施密特在推特上表示，希望找到一只"中产阶级的独角兽"，以便提高人们的工资。互联网对此的反应则让我们猛然警醒，面对大部分中产阶级消失的困境，解决之道并不是某一家花哨的初创企业，而是要像一个世纪前的服装工人那样付出巨大努力。我们不应寄希望于通过给工人提供某个新奇的系统或软件来赋予他们更大的权力，而是必须回到问题的本源：牛仔裤、T 恤，还有工会。

———

我们需要重振劳工运动，但光靠这一点并不能确保今天把我们的牛仔裤递送到我们家门口的人明天仍然有工作。工会可以帮助改善现有岗位的工作条件，而更强有力的国内法和国际贸易协定则可以确保更公平的全球竞争环境。但这些均无法确保未来有足够的人类工作岗

---

① 老妈裤指近年来流行的复古直筒高腰牛仔裤，老爹鞋指近年来流行的厚底运动鞋。——译者注

第五章　满足所有人的刚需——包装和配送

位。目前，我们正在讨论财富分配不公的问题，但要做到公平分配，首先要有财富，而财富不会凭空而来。还记得第二章吗，我们深入研究了中国，你当时可能会疑惑："为什么在一本关于服装行业的书里，我要上一堂关于中国的历史课？"事实上，这是因为历史向我们展示了，为什么中国能够主导今天的时装生产：中国政府对这个产业进行了投资。

如今，包括中国、德国和日本在内的许多成功的工业经济体都利用政府投资（或称为产业政策）来制订全国性的发展计划，通过培训和补贴促进国内相关产业的发展。[74] 例如，中国政府颁布了"中国制造 2025"计划，投入数千亿美元的补贴来发展先进制造业。

美国政府也曾经在产业和劳工政策领域扮演过类似的角色。当年的新政使 2000 万人重返工作岗位，并在 9 年内将失业率从 25% 降至 10% 以下。[75] 今天，我们需要同样富有远见的思维和投资。立法机构必须审查全球经济环境，确定防范风险的计划，并与大学、企业家和私营部门联手，投资于那些有助于帮助美国人过上富足生活的令人振奋的行业，例如高铁、绿色能源，以及能够治愈癌症和新冠的新兴医疗技术。我们需要审视建立在新自由主义思想之上的极端资本主义理论（正是它将我们带到了今天的困境），并回归核心价值观，以使美国变得伟大，拥有积极进取的人民和创新、安全、公平、可靠的工作，建立我们可以为之自豪的经济和社会。丹尼·罗德里克和查尔斯·萨贝尔创造了"好工作"这个术语，[76] 概括了那些可为人们提供下列基本要素的工作条件，如"稳定""议价权""生活工资"，当然还有"向上流动"和"职业发展机会"。

极具讽刺意味的一点是，许多美国白人工人，包括那些把我们的牛仔裤递送到我们家门口的工人，在这方面却选择投票反对为自己谋利。这又是为什么呢？一些工薪阶层的美国白人对未能从美国的经济繁荣中分得一杯羹感到愤怒，这完全可以理解，但他们错误地将矛头指向移民和少数族裔,并将手中的选票投给了煽动种族主义的候选人。正如在上一章我们在得克萨斯州看到的情况,首先受到全球化影响的白人工人阶级不太可能投票给支持新政式社会服务(如再培训)的候选人,而这些服务本可以帮助他们找到收入更高的好工作。他们更有可能投票支持威权主义。[77] 在欧洲,研究人员发现了同样的趋势,那些受到全球化负面影响更大地区的选民反而并不支持民主。[78]

事实上,美国白人工人的工作机会并不是被国内其他工人拿走的。拿走这些工作机会的,是那些位居高位的人,还有他们为了一己之利而投票选出的那些政府官员,这些人主要是一些富有的白人,他们有自己的既得利益,会不惜一切代价地去享受和维护这些利益。不要责怪那些看起来不一样或是说另一种语言的移民,因为他们同样拥有未得到满足的担忧和刚性需求,人们应该将他们对失业、恶劣工作条件、工资持续下降的沮丧发泄到那些现在仍然不愿意分享财富的高管和股东身上,这些人之所以能够攫取巨大的财富,很大程度上是因为剥削了工人。此外,也别忘了那些与企业沆瀣一气的政府官员。

路易斯安那州立大学历史学家南西·伊森伯格(Nancy Isenberg)曾撰写了《白垃圾:美国四百年来被隐藏的阶级真相》(*White Trash: The 400-Year Untold History of Class in America*)一书,她解释说:"纵观美国历史,我们必须认识到,贫穷的白人和那些曾经遭受奴役而后获得自由的黑人之间相互仇视,并被用作政治工具。"而政治新闻网站 Politico 的一篇报道则写道:"我认为,对于白人至上主义我们必须意识到的一点是,让这两个群体相互对抗会让精英阶层坐收渔翁之利。"[79]

以"好工作"为基础重塑我们的经济需要不同劳动群体的合作,[80] 但同样需要公共和私营部门之间的合作,作为产业政策的一部分,由政府、公共部门和企业共同投资教育、培训和扩张就业机会。如果我们不能在这个更高的层面通力合作，即使是最团结、最宽容、最易于合作的工人阶层也将继续面临被遗忘、被裁减、被海外工人替代或是被机器人取代的巨大风险。

为什么不让由我们选举产生的政府为我们工作，促进与他国的良性竞争，创造一个更美好的世界呢？我在第九章中将详细阐述应如何借助我们作为公民的力量发声，以实现这个目标。

<hr/>

在亚马逊的围墙内，贫困工人像机器一样辛勤工作，并很快就会被机器彻底取代，被踢入更为暗淡的就业市场。他们极度沮丧，迫切需要一个以他们熟悉的面貌出现的救世主。我们已经看到，我们未来的许多可能性都源于过去，即好工作和工会的保障，因此，在我们走向投票站时，我们有责任唤醒那些记忆，让历历在目、栩栩如生的往昔，帮助我们选择能为我们需要的立法而战的代表。

这并不意味着要彻底抛弃资本主义制度，因为事实已经证明，资本主义制度是一种非常有效的方式，可以带来诸多好处。历史学家斯文·贝克特曾指出，资本主义制度是一个不断向前发展的制度。如果我们想要保留资本主义的优势，就必须清除极端的新自由主义，正是后者导致了"好工作"日益减少，制度性种族主义长期存在，创造出一个只服务于少数人的经济体系，并破坏了我们赖以生存的环境。

针对上面的问题，贝克特提供了另一个视角，这将改变我们对"增长"概念的理解："漫长的资本主义历史已经证明，人类拥有巨大的创造力，并拥有大幅提高人类劳动生产率的集体能力。我们可以将此视为一种威胁（导致人类的工作岗位不断减少，人们将被迫失业），但另一方面，我们也可以将之视作一种机遇（我们的子孙后代只需劳作更短的时间，就能够维持整个社会的财富水平）。"[81] 亚马逊仍然可以继续按照自己的方式运作，杰夫·贝佐斯可以移民火星，但山姆、劳拉和贝基可以不必继续在仓库里像机器人一样工作。像他们这样的人,也就是我们这些普通人,可以开始将我们的精神、情感和心理资本用于别的事情,从多个方面对我们这一代乃至子孙后代产生影响。我们将在第七章中看到,要想超越自身的基本需求进行思考,我们首先需要破除头脑中关于生存的重重压力。因此,我们将帮助美国和全世界的工人满足他们的基本需求,努力工作,繁荣发展,共同创造历史——一段我们希望子孙后代能够引以为荣的光辉历史。

第六章

多多益善
——消费主义的病毒式泛滥

> 只是想跟你说一声：我决定禁用我所有的快时尚应用程序了。

> 哦，谁说服你停用它们的？

> 我花时间思考了一下。我讨厌这个困住我们的世界。然后，我意识到 H&M、Zara 那些品牌已经控制了我……

上面的对话摘自我和一位人在巴黎的朋友（姑且称她为克莱尔吧）的短信聊天。那是在 2020 年 4 月初的一个下午，面对着她发来的消息，我不禁眨了好几次眼，以确定自己没有看错，因为这是她给我发过的最不寻常的一条信息。我和克莱尔在 2008 年暑假里曾经短暂地当过室友，那是我进入法学院学习前的暑假，我选择在巴黎度过这段愉快的自由时光。在那段时间里，我：(1) 假装学了一点法语；(2) 知道了再也不用电吹风吹干头发（我了解到，那种"精心修饰"的发型一下就暴露了你是一个美国人）；(3) 确定我未来的生活目标之一就是将来我的衣柜也要像克莱尔的那样，衣服和衣服之间留有足够大的空隙，每件衣服都能被看到，而不是像我当时在家里的衣柜，里面杂乱无章地塞满了衣服。

2020年初新冠肺炎疫情暴发前，我在为撰写本书和她联系时，克莱尔自称是一个优雅时髦的人。虽然我永远也没有办法以她那种悦耳动听的口音说出这个短语，但我完全认同这个表达。她喜欢经典的款式，比如开司米和机车短外套，但是也能驾驭更多风格，比如满是闪光亮片的服装，还有精选潮品，就像她在我们谈话时所穿的泰迪熊外套。她承认，她在自己关注的一位Instagram网红发的帖子上看到了同款外套，于是在打折季的第一天，坐在出租车上用手机下单买了这件外套。（与世界上大多数国家不同的是，法国有法定打折季，称为"Les Soldes"。）她经常发现自己一头扎进Instagram的神奇兔子洞，查看有关当季新品及打折商品的最新帖子，还有她"痴迷"的网红大咖和设计师的账号。即使她人在实体店附近，她也几乎总是选择在网上购物。多年来，她的购物品位不断提升，但她同时也是一位"快时尚的受害者"。几年前成功减肥后，她屈从于廉价、出圈、俏皮的衣服，希望给减肥后的自己打造一个全新的形象。

克莱尔是泛滥的网络购物大潮中的一个典型代表，网络购物与社交媒体相结合，给我们提供了即时的满足感。今天，购物场所已经远远不止克莱尔过去经常光顾的地方，当然更比我第一次喝酷爱饮料[①]的明尼苏达州购物中心大了许多。基本上，只要有3G信号，你随时随地都可以"进入"这个大型卖场。这种购物方式固然令人兴奋不已，但甚至在戒掉随性购物的毛病之前，克莱尔已经开始对自己的习惯表现出担忧。"我并不为我的所作所为感到骄傲。"她告诉我，几分钟前

[①] 作者此处语意双关。酷爱饮料（Kool-Aid）是卡夫亨氏旗下的低价调味饮料品牌，深受美国年轻人喜爱。此外，1978年邪教组织人民圣殿教大批信众饮下掺有氰化物与镇静剂的酷爱果汁集体自杀，共造成914人死亡。因此，"喝酷爱饮料"（Drink the Kool-Aid）成为一个习语，在美国流行文化中指因潜在的高额回报而轻信他人，并误入歧途。——译者注

还兴冲冲的声音低沉了下来。这位购物达人心底悄悄升起一个声音，提醒她这种生活方式有点不对劲。而几周之后，这种自责的低语演变成大声的呐喊，并汇入众多同样的声音，这些声音已经被压抑了太久，早就该被大声地表达出来。

新冠肺炎疫情的暴发让许多涌动的暗流浮出水面，包括人们日益增长的挫败感、社会不公平现象，也传达出我们对变革的共同期待和需要。这种变革涉及很多方面，其中之一便是我们与物质的关系。突然间，我们的家不再只是一个超大的储物间，而同时要成为办公室、运动场和瑜伽室（如果我们有幸拥有一所大房子的话），这让我们更清楚地看到自己已经积攒了多少东西。而为了适应我们对购物的痴迷，我们的房子已经越变越大；从 20 世纪 70 年代初到 2015 年，美国普通住宅的人均居住面积中位数已经从 507 平方英尺（相当于纽约市一套高档公寓的面积）上升到 971 平方英尺。[1] 我们的上网时间也已不再纯粹是用来休闲、为获得即时满足感而购物和在网上追剧，网络已经成为我们上学、工作、看病，以及社交的平台。让我们用现金购物的工作岗位已大幅削减，甚至可能已彻底消失。2020 年 4 月，新冠肺炎大流行带来的失业潮达到高峰时，14.7% 的美国人口失业，[2] 而黑人和拉丁美洲工人的失业比例更高。[3] 2020 年第二季度，黑人工人的失业率高达 17.4%，拉美裔工人的失业率高达 16.9%，相比之下，白人工人的失业率为 10.8%。[4] 过去，我们在约会、开会，甚至外出购物时都需要保持精致优雅的形象，现在，我们只需要在一块小小的正方形屏幕上，确保胸部以上部分看起来像样即可，而且"像样"是一个没有严格定义的词，我自己就可以证明这一点。在如今的"后 ×× 时代"里，一夕之间，许多曾经给我们带来快乐、幸福、满足和价值感的事情——当然，有许多人像克莱尔一样，可能觉得它们并没有让我们更幸福——突然变得完全不合时宜，毫无意义。

针对新冠肺炎疫情对零售业态影响的早期报告显示，许多人像克莱尔一样开始重新思考他们的购物习惯，并且可能会做出长期性的改变。目前，虽然新冠肺炎疫情对生活各方面影响的数据仍然有限，并且还在不断变化，但麦肯锡公司对 2000 名英国和德国购物者进行的一项调查表明，超过一半的人对他们的购买行为以及品牌的环境影响表示出更大的担忧，并开始向更具可持续性的方向改变自己的生活方式。衣服的耐穿性变得更为重要，65% 的受访者计划购买更耐穿的衣物，71% 的人计划使用已有物品更长时间，57% 的人愿意修补衣服；人们对二手服装也有了新的兴趣，尤其是年轻购物者更是如此。得益于克莱尔和其他人的觉醒，我们在前几章看到的那些生产廉价、不耐穿衣服的一次性时装机器可能将被迫减速。[5]

考虑到我们已经看到的服装背后整个体系的所作所为，上面这项调查显示出的向更理性购物习惯的转变尽管仍然处于萌芽阶段，且规模有限，但无疑仍然是一个值得庆祝的好现象。不过，为什么这种理性消费方式没有成为我们默认的行为习惯呢？这显然是一个更值得注意和更令人震惊的事实。这是一个关于营销的故事，如果看过电视剧《广告狂人》(Mad Men)，你可能对这个故事并不陌生。我们今天的购物模式 [主体是网络购物（并且网购比例仍在不断增长），外加小部分实体店购物] 并非巧合。我们的消费模式不是时尚、经济或人类行为自然演变的结果，即像营销人员宣称的那样，是所谓"内生的消费需求"。与我们迄今为止已经看到的服装制造业运作模式一样，我们购买衣服的方式也是一个复杂有时甚至是恐怖的矩阵操纵的结果。我们已经看到，市场力量以创纪录的速度推动了人力和自然资源的消耗，也看到了快时尚乃至即时时尚的兴起。在本章，我们将把探针直插这一切的核心部分，探究其背后的根源。我们将提出一个显而易见却被所有人忽略的问题：我们到底为什么要购买一条新的牛仔裤？如果我们想得到的答案是长期的幸福感，而不只是瞬间血清素飙升的快感，那么我们显然追逐错了目标。大错特错！

在本章接下来的内容里，我们将深入探讨消费主义心理学，了解到底是什么驱使我们疯狂地购物，并学习如何才能剥去过去几十年来人类（尤其是女性）层层包裹在自己身体和思想上的操控外壳。我们将纵览从现实生活版的"广告狂人"时代（这些人中的确有一些狂人，换言之，一些不折不扣的疯子！）到今天社交媒体时代的历史，探讨市场力量如何一步步塑造了我们的欲望，还将与各包括普通购物者、设计师和网红在内的各色人等交谈，他们既是时装机器的养料，也在不断被时装机器所喂养。现在，我们确实应该全方位审视我们的购物习惯，并在点击大大的购买按钮之前三思。我希望，读者最终能够了解如何重新掌控自己的欲望和风格，并找到真正的幸福，无论那意味着和好友面对面地拥抱，还是买一条新的牛仔裤。

品牌：消费者营销的起源

今天，人人都有自己的品牌，尤其是在宛若当年蛮荒西部的网络市场上更是如此。你需要个性鲜明的品牌，以便在众多与你买卖同样物品的人群中脱颖而出的同时，还能够尽量融入你渴望成为的那一类人，以他们的方式生活。"品牌"（brand）一词的起源有力地揭示出这个有关个人和服务的商业理念在我们的社会中有多么根深蒂固。这个词最早出现在公元 950 年左右的古挪威语中，指用一块燃烧的木头在木材和牛身上打上"烙印"，以标记所有权。这个词一度代表了一种极其残忍的行为，用于描述美洲和其他地方的奴隶被打上"烙印"，以宣示主人对他们的所有权，或是作为一种惩罚。

时装在品牌历史中占有独特的地位。我们可以从路易十四时代（这位"太阳王"奠定了法国今天作为时装之国的地位）找到我们今天所知的市场赖以成长的种子。1643 年"太阳王"登基，当时的地区超级大国是西班牙而非法国。西班牙诠释了现代的定义。随着西班牙在全球扩大其贸易网络，并通过帝国主义和殖民主义不断攫取土地和黄金，其紧身、正式且大多为黑色（当时最昂贵的染料，因此也是财富的展示）的服饰成为欧洲各国宫廷中最高贵的服饰。

但是，法王路易希望法国取代西班牙成为经济超级大国。为此，他制订了经济刺激计划，并利用时装业实现了自己的目标。是的，从路易十四到工业化的美国，再到现代中国，时装产业一直是经济崛起的关键。路易王全力支持法国国内纺织业的发展，使该行业最终雇用了巴黎三分之一的劳动力。政府通过组织行业协会（工业政策的萌芽）确保竞争优势，并实施现代经济学家口中的保护主义，禁止进口任何可以在法国制造的商品。

在同胞中，路易王也注重打造自己作为法国新奢侈品品牌代表的形象。晚上去歌剧院时，他会抓住机会展示一套大胆的服装，配上他标志性的卷发和红色高跟鞋。他还资助了一系列印有法国商品和服装的时尚插画，上面还印着诙谐和富有讽喻意味的说明，以博得人们会心一笑，并获得迅速传播。那些插画堪称他那个时代的时尚杂志、TikTok（国际版抖音）短视频和 Instagram 帖子。

但要想借助时装成为超级大国，这些还远远不够。时装的引擎需要加速。为了做到这一点，时装季应运而生。国王的财政部长让-巴蒂斯特·科尔伯特在推出一年两次时装季，以及强化时尚永不过时的理念方面发挥了重要作用。这不是一种潮流的选择，而是一个更重要的经济刺激计划，目的是确保年复一年、每年两次定期推出时尚新品。法国的时装风格与西班牙的文化截然不同，西班牙文化强调始终如一的外观；相比之下，不断变化的法国时尚意味着，你这一季所穿的衣服注定在下一季就会过时。现在，巴黎成为新的时装之都，法国将因为这些很快过时的服装而在经济上受益。时装产业带来了巨大的影响。科尔伯特曾表示："时装之于法国，犹如秘鲁的矿产之于西班牙。"现在，谁还敢说时装愚蠢呢？

这便是"有计划地过时"的起源。由于新的时装季就在眼前，人们在选择服装时不仅要考虑美观和天气情况，还要满足不断变化的社会期望。对于法国法院的一名法官来说，在 1645 年的夏季身穿 1644 年的夏季款服装完全不可接受，即使那是最豪华的服装也不行。[①][6] 通过操纵人们的欲望来促进经济增长的做法从此发源。

你可能没听说过爱德华·伯内斯（Edward Bernays）的大名（至少我在写这本书之前对他一无所知），但你拥有的一切，包括你看待自己的方式，无疑都受到了此人对现代心理学革命性应用的影响。

伯内斯幼年从祖国奥地利移居美国。1914 年第一次世界大战爆发时，他是一名媒体代理人。他擅长撰写极具说服力的文字，因而加入了美国公众信息委员会，负责起草宣传稿，呼吁人们支持战争事业。他在这项工作中取得了巨大成功，曾陪同威尔逊总统参加巴黎和会，担任美国在欧洲传播民主福音的特使，并帮助塑造了威尔逊作为自由世界捍卫者的形象。

"（战后）回到美国时，"伯内斯在一次采访中说，"我决定，如果你能为战争做宣传，那么你当然也可以为和平做宣传。由于德国人对'宣传'一词的使用，让这个词带上了贬义。因此，我试着找到一些替代词，所以我们找到了'公共关系委员会'这个词"。[7] 伯内斯在公关游戏中确实有一些天赋。他的舅舅是西格蒙德·弗洛伊德，后者提出了一种理论，声称潜意识思维的力量塑造了我们的情感、行为和自我意识，从而彻底颠覆了心理学界。随着世界大战再次爆发，希特勒登上权力顶峰，弗洛伊德开始相信人性本恶。受到舅舅思想的启

---

① 意料之中的是，在新冠肺炎大流行期间，时装季的整体理念受到了质疑。根据麦肯锡公司的一项调查，65% 的受访者支持推迟推出新品系列，58% 的受访者表示受疫情影响，他们对"时尚服装"不再那么感兴趣，"新品"成为他们做出购买决策时最不重要的因素。——作者注

第六章　多多益善——消费主义的病毒式泛滥

发，伯内斯接受了一种观念，认为人们并不是因为产品既有的实用功能而购买它，相反，人们购买产品是因为在潜意识中与其存在着情感联结。看到纳粹政权在第二次世界大战中激发出弗洛伊德及其门徒认定的人类行为所固有的阴暗面，并犯下滔天罪行，伯内斯深感恐怖，并断定最好的办法是用漂亮的衣服和宽松的长裤来分散我们的注意力。正如伯内斯的一位员工彼得·斯特劳斯所说，这种策略是"重点不是你认为自己需要一件衣服，而是拥有一件衣服能让你感觉更好"。[8] 于是，购物成为控制大众的工具。

也许你或你的家人朋友能理解这种想法，至少我对此心有戚戚，并且我们知道克莱尔也是如此。她的社交媒体瘾是伯内斯策略的直接延伸，这种策略把人们变成了失焦的幸福机器。先买再说，至于思考和感受……管他呢（也许要在退换期过了很久之后才恍然大悟）。当年之所以这样做，是为了在人们面前展示一些新鲜闪亮的东西以吸引他们的注意力，以免他们加入纳粹这样的邪恶组织（这在当时是切实存在的威胁）。然而现在，经济和政治利益已经深深地植入了我们的时装产业，这样做已不再让人们免于被某些真正的邪恶势力所蛊惑，而是正在转移人们在各个层面上对政治的参与。试想一下，克莱尔在购物时显然无暇去做或是想其他事情，比如思考为什么杰夫·贝佐斯每11秒钟赚到的钱就足够他薪资最低的员工挣上一年。[9]（直到现在，她终于有时间来思考这些问题，于是她改变了自己的购物习惯。有趣的是，改变的速度真是够快的……）

同样的故事也发生在另一位女士身上（我们姑且称她为塔玛拉），她今年45岁，是明尼苏达州人，有一双明亮的眼睛和一头漂亮的长发。塔玛拉的衣服有两个功效：实用和愉悦心情。有时这二者也会重叠：所谓实用，是指她作为发型师工作时穿的衣服要实用，因为她在工作中一站就是几个小时，身上还可能沾上各种颜色的染发剂；而所谓愉悦心情，则是指有些衣服让她感觉"舒心"。在我们交谈的一个小时里，她至少说了十几次"舒心"这个词，包括她上班穿的裤子，她在家或出门办事时穿的"旧"卫衣，还有她在 HomeGoods 家装连锁店淘到的毯子，她非常喜欢在那里购物，购买频率甚至超过对 T.J.Maxx（连锁百货公司）。很明显，在花钱和充实自己衣柜的时候，心情决定一切。

"我用现金购物，"她说，"我把兼职赚到的所有钱（还有小费）都用于购物，所以我每周都有几百美元用来乱花，它们是我的零用钱。"但同时，她希望这些零用钱花得划算，所以她会把它们花在 T.J.Maxx 这样的折扣商店里。塔玛拉每周至少会去一次 T.J.Maxx。从她工作的美发厅回家的路上就有一家 T.J.Maxx，所以逛起来很方便。她承认，当她带着满满一大袋商品走出商店大门时，她对那些东西并没有多满意，而只是觉得用小费买到这么多东西"实在是很划算"。在 T.J.Maxx 购物还意味着，即使区区几百美元的"小钱"也能买到很多东西。"我决定买一件东西总是因为它很划算，而不一定是因为我多喜欢它。最后，我总是变得彻底不喜欢它了。我购物的时候总是想要更好的东西。但是，每次回到家，我从来都没觉得它们是更好的东西。这么说你能理解吗？"当然。

从公民到消费者：时尚如何引发了物质主义革命并压制了政治参与

除了作为购物疗法给像塔玛拉这样的人提供精神慰藉之外，正如伯内斯所希望的那样，购物已经成为社会控制的一种工具。我们都知道，暴力有可能撕裂文明，而经济需要发动机来保持高速运转，因此，引领美国发展的思想家和政治经济精英们接受了伯内斯的理论。战后，拜伯内斯所赐，消费成为民主的化身：购买新款牛仔裤成为防止社会动荡的利器，因为购物分散了大众的注意力，同时还刺激了经济。

啊,伟大的路易十四国王!

换言之,按照弗洛伊德和伯内斯的理论,塔玛拉这样的购物者被潜伏在意识中的欲望所困扰,而这些欲望如果自由释放,将导致邪恶和破坏,因此必须让负责经济运转的"理性"之士(主要指白人男性)对这些欲望加以管理。在不破坏文明与和平的情况下,人们可以通过购物获得他们心目中的幸福,同时 GDP 也能得到提高。他们认为这是两全其美之举。但是,不要忽视一个小事实:这意味着我们的主要角色已经不再是公民,而是变成了消费者,同时这也意味着整个民主理念遭到了腐蚀。正如塞缪尔·施特劳斯(Samuel Strauss)在 1924 年所说的那样:"美国民主面临着新的挑战",为此他创造出"消费主义"一词,并补充道:"美国公民在国家中最重要的作用不再是作为一个公民,而是作为一个消费者。"[10]

突然间,美国民享、民治的政治制度被压制与顺从所取代。伯内斯帮助威尔逊总统向全世界分享的参与式政府以及开放和平等的理念消失不见了。公共关系史学家斯图尔特·尤恩(Stuart Ewen)描述了这种新的民主模式:"它不是由人民当家作主,而是由人民的欲望当家作主。[11]他们在这种环境下没有任何决策的权力。因此,民主不再是假定应体现积极公民意识的思想,而是退化为一种理念,认为公众只是被动的消费者,主要受本能或潜在欲望所驱动,如果你能触发这些需求和欲望,你就能从他们那里得到你想要的一切。"

消费既可满足实用性需要,也有意识形态和心理上的功用。战争结束后,这种战术立即发挥了效用。美国在与邪恶轴心国作战的过程中开发出一个强大的战争机器。[12]在珍珠港事件后,美国共生产了18.5 万架飞机、12 万辆坦克和 5.5 万门高射炮。从生产的角度来看,战争使工业化得以完善。法西斯势力被击败后,经济发展也将依赖那些继续开足马力生产的工厂,虽然它们现在生产的不再是子弹,而是衣服和冰箱(或是化肥和杀虫剂)。数以百万计的商品被源源不断地生产出来，即使考虑到被战时定量供应所抑制的需求得到释放，生产出的商品数量也远远超过了这个国家的消化能力。

一方面，供给充足是一件好事，至少比相反情况，即供给无法满足需求要好。最终，它创造了一个富有活力的中产阶级。[13] 但是，恐惧感驱使企业依然觉得他们需要做点什么，以消除可能出现的生产过剩的阴影。这种风险只能通过一件事得到缓解，那就是稳定的购买流。雷曼兄弟的保罗·马祖尔曾经写道，为了实现这个目的，"我们必须将美国从需求文化转变为欲望文化。人们必须被训练得在旧有之物还没有消耗完之前，就去渴望新的东西。我们必须在美国形成一种新的心态。人的欲望必须盖过他的需要。"[14]

换言之，我们需要接受训练。如果我们受控于在 T.J.Maxx 抢购打折货所带来的短暂快感而冲动行事，而不是遵从更理性的想法，清醒地认识到，我们的购物车中没有任何东西是我们在生活中真正需要的，那么结果就是，这种行为会给我们带来更大的压力。塔玛拉告诉我，她的衣柜和抽屉里堆满了运动服；但是每当她去逛 T.J.Maxx 时，她总是会寻找更多的运动服装。"我想如果买了运动服，我会做更多运动，"她告诉我，"一点不夸张地说，我足有 50 多条运动裤！"

伯内斯成为塑造这种"新思维"的合适人选。他担负起以制造商品的速度制造欲望的使命，将经济增长与社会顺从结合在一起。伯内斯创造出"制造共识"（engineering of consent）这个术语，用以描述对消费者意志的操控，也就是说，量身定做商品广告来满足人们潜意识中的欲望，从而创造确定的条件，促使人们对产品说"是"（正像我们在《广告狂人》中看到的那样）。

今天，人们每天都要接触 1 万多条广告，[15] 而 50 年前，他们每天只接触大约 500 条广告。[16] 观看这些广告会巧妙地刺激我们的大脑，促使其分泌让我们感觉良好的多巴胺激素，让我们把购买广告推荐的商品与购物带来的快感联系起来。[17] 再加上网络零售带来的便

第六章 多多益善——消费主义的病毒式泛滥

利，就构成了将所有人从公民转变为物质主义瘾君子的秘诀，而在此过程中，行业大佬们则赚得盆丰钵满。

大脑与购物："被制造的共识"神经科学与建立在消费基础之上的国家

谢天谢地，弗洛伊德并不是最后一位插手市场营销并发挥影响的心理学家。目前，许多研究人员正在探究，在喝下"被制造的共识"鸡尾酒并沉醉于购物后，当代人的大脑会发生什么变化。伊利诺伊州诺克斯学院名誉教授蒂姆·卡瑟（Tim Kasser）一直致力于研究到底是什么让我们对购物如此沉迷，他撰写了一本关于消费主义的经典之作《物质主义的高昂代价》（The High Price of Materialism）。我们在 2 月一个寒冷的早晨通过电话讨论了这本书。

他在 20 世纪 80 年代末 90 年代初开始关注这个问题。当时从表面上看形势一片大好：在罗纳德·里根和玛格丽特·撒切尔的大力鼓吹下，那是一个自由经济（即新自由主义）盛行的时代。正如我们所知，将服装生产转移到海外正是那个时代的产物之一，同时资本也得以在全球各个角落自由流动。但是卡瑟注意到了一些现象。他和他的朋友们不断购买更多的东西，但似乎没有人变得更幸福。同时，不幸福和极端新自由主义二者之间似乎有某种关联。到了 1993 年，卡瑟和他的研究生导师里奇·瑞安（Rich Ryan）合著了一篇开创性的论文，论文标题一语中的地点明了主题："美国梦的黑暗面：将财务成功作为核心的人生愿望。"

卡瑟的研究确定了与物质主义相关的五个主要因素。按照他的定义，物质主义是"一套只关注财富、财产、形象和地位的价值观与目标"。[18] 他发现，那些表现出具有物质主义价值观和目标的人有以下共同点：(1) 有更多财务问题；(2) 幸福水平较低，包括报告的幸福水平较低，较多患有精神疾病，以及较多出现身体问题等；（3）表现出更多的反社会行为，例如不愿分享等；（4）表现出更差的环保态度和行为（卡瑟表示，这一点的关联性甚至比幸福水平更为密切）；（5）没有形成优秀的学习风格，因为如果你只关心考出好成绩或是进入某个学校（即寻求地位），你就不太可能真正努力地学习和掌握知识，而只会死记硬背，力求短期记忆。

卡瑟认为每个人都有物质主义倾向。我们有时确实需要物质，从进化论的角度讲，需求得到满足会刺激我们的大脑提供回报，这是一件好事。但不必像伯内斯主张的那样，让奖赏回路全天候地开启。经过多年的研究，卡瑟找到了物质主义的两个主要诱因：（1）社会模仿，即做某件事或相信某件事是因为你周围的榜样，比如你的同学，你在 Instagram 或 TikTok 上点赞关注的网红大 V，或是在生活中包围着你的数以百万计的广告；（2）不安全感或威胁感，它们会让你重视物质，以此来满足自己的被保护感、安全感或自我价值感。

那么，即使我们的房子里塞满了我们并不真正想要的东西，但只要它们并不影响其他人，又有什么关系呢？首先，我们刚刚讨论了物质主义对我们社会行为的影响，此外还有你在前几章中读到的所有内容，即我们今天的服装生产和交付方式对人类和地球的影响。但是，单纯以思辨为目的暂且排除这些因素，我们能列出的物质主义对个人副作用的清单也会远远长于赞安诺药盒上列出的副作用。物质主义价值观固然可能使人们远离邪恶的政治，但这样做的同时，也带来了很多不幸福感。它使我们与一些重要的东西丧失联系，包括人际连接、社区和健康，研究发现这些东西能真正在更深层次上满足我们的需求和欲望，而在当今的物质社会中，这些全都被抛在了一边。

我们可以从多个角度思考人们购买一条牛仔裤的原因。首先是伯内斯的模型：我的偶像告诉我这条牛仔裤很酷，所以我想拥有它。与此相对的是人道的模型：在购买牛仔裤时考虑到制造牛仔裤的工人的福利，而如果它能让我感觉很酷或看起来很好，那是锦上添花的事。此外，还有第三个隐含的原因，即意识到我真正的问题是需要治愈我的家庭或社会关系，而牛仔裤解决不了这个问题。广告商们精心炮制了那些打动人心的信息，并通过我们的智能手机推送给我们……千真万确，这些牛仔裤会让你看起来很酷，每购买一条还会让非洲盲童获得 1 美元的捐赠。所以我买下了这条牛仔裤，从来没有想过生产它的工人被驱使着加快生产速度，或是为了纺织棉纤维而燃烧的化石燃料，因为，一个贫困儿童刚刚从我这里得到了 1 美元，所以我偿还了对社会的业力。

不安全感是一个更为阴险的诱因，但过度的物质主义对缓解不安全感毫无作用。无疑，不安全感可能源于情感因素，但确实也有生存压力带来的切实的不安全感，这与时装从物质主义中获得养料的方式密切相关。比如，有人没能挣到足够的钱来支付账单——这很常见，正如我们从服装和仓库工人的故事中看到的那样。卡瑟的研究表明，这些人会寻求更多物质来作为自我保护的手段，在学习和发展时也会形成那些反社会、反生态、次优的特质。因此，如果我们想解决个人与他人打交道及与环境互动的方式问题，我们就必须先解决人们财务不稳定的问题。我们必须满足人们的需求，而不是满足他们的欲望。

当然，我并不是说所有购物行为都是生死攸关的大事情。我曾经因为购物而真心感到快乐，并且时装对于我自己和我的身份认同感（现在还包括我的工作）意义重大。但我们需要找到一种方法来正本清源，以使我们通过新牛仔裤获得的快乐发自内心，而不是由某个坐在办公室角落中的人精心制造出来的"共识"。我们需要拿回行使共识的权利，无论是购买我们所穿的牛仔裤，还是投票给某个候选人，抑或是我们想要如何生活。否则，我们的世界将被表面顺从和稳定的虚假现实所扭曲，并终有一日自行崩溃。

好消息是，我们现在已经对身边这个充斥着广告影响的大环境有了更深刻的了解。新冠肺炎疫情的大流行将我们困在了塞满东西的家中，整日面对弹出速度比亚马逊 Prime 订单发货还快的广告，这也许可以让我们不得不正视自己已如此沉迷于广告不能自拔的现实。我们可以选择继续维持这种心态，也可以做出不同的选择。下面，我们将更深入地了解物质主义诱因已经如何悄悄地潜入我们的生活，并了解如何将它们赶走。

榜样行为：明星、社交媒体、网红和你的大脑

根据卡瑟的理论，引发物质主义的第一个诱因，即社会模仿，是我们每个人都曾经在某个时刻屈从过的因素。社会模仿实质上是社交媒体的基础，是其中最明显的一种消费形式。社交媒体不断宣扬某件物品的优点，无论那是一条牛仔裤或是一双运动鞋，还是一个别致的度假小屋或是一款美容产品，甚至是所谓拥有"对"的东西会让你更受欢迎的概念，通过这种做法，它不断蚕食着我们的注意力，既成为我们消费的对象，也在不断消费着我们。

但在很久以前，在互联网还只是罗伯特·卡恩和温顿·瑟夫眼中闪现的灵光之时，伯内斯就开始通过明星广告引发基于社会模仿的消费浪潮。他甚至还受聘于报刊大亨威廉·伦道夫·赫斯特，帮助后者利用一些名人客户的平面广告，例如无声电影明星克拉拉·鲍（她也曾聘请伯内斯打理自己的公关事务），来推广某些产品。这种策略还延伸到了大银幕，伯内斯首先提出了在电影中和电影首映式上植入产品的概念（也标志着广告宣传与无处不在的潜意识就此分离）。[19] 这些营销工具在今天仍然被广泛使用。我们最喜欢的零售商亚马逊就是一个很好的例子。正如我们所看到的，亚马逊不仅销售卫生纸和图书，甚至还销售衣服、鞋子和配饰，同时它还制作和销售影片。贝佐斯辩称，投资好莱坞是为了获得更高的零售利润，他曾不无戏谑地表

示:"赢得金球奖有助于我们卖出更多的鞋子。"[20]

几十年来,用明星做广告的做法日益普遍。现在,明星广告的形式千变万化。首先是利用明星的偶像效应,那些光彩夺目的电影明星和歌星/舞星因为在公众中广受欢迎而引得设计师蜂拥而至,成为免费的人体广告位。哦,其实并不是免费的。无论是穿着某个品牌的礼服走红毯,还是成为某个品牌的代言人,明星都能挣到数百万美元的收入,甚至都不需要背下来一句台词或是学会唱一首歌。你可以将明星的这份兼职收入与自己生活方式博客赚到的钱做一下比较:朱莉娅·罗伯茨为兰蔻代言赚了5000万美元,[21] 布拉德·皮特从香奈儿拿到了700万美元,布莱克·莱弗利从古驰赚到了400万美元,凯特·布兰切特从阿玛尼赚到了1000万美元,而罗伯特·帕丁森从迪奥赚到了1200万美元。那么,让一位顶级明星穿上你设计的服装要付出什么代价?一般而言这需要10万~25万美元。[22] 这个价钱是孟加拉国服装工人丽玛年薪的100多倍,而明星只需要穿上一条裙子出席一次晚会就能轻松挣到这笔钱。

听起来像是梦想中的工作,对吧?如果站在镜头前摆几个姿势,并允许别人在你的照片上用Photoshop(图像处理软件)打上品牌标志就能赚到大钱,谁还会费心去做"真正的工作"呢?但其实,明星偶像光鲜亮丽生活的背后也有黑暗的一面。尽管这些明星时尚的生活方式与其说给我们普通人带来欢乐,不如说更多激起了我们的嫉妒,但实际上他们自身也是伯内斯物质主义体系的受害者。若要说起谁最了解明星光鲜外表背后的甘苦,肯定非明星造型师莫属。造型师这一职业属于"红毯产业综合体"(red carpet industrial complex)的一部分(感谢一位业内人士悄悄向我透露了这个行业术语),其作用不可或缺,因为他们负责打理明星个人品牌的所有"外部活动组件",包括珠宝、鞋子和服装。

我采访的明星造型师要求匿名以保护自己和客户,他们对自己服务的男女明星受制于代言协议并付出如此高昂的代价感到愤愤不平。"他们从本质上讲就是活的广告牌。"一位造型师说,并指出,即使是像裙子和耳环这样极其简单的东西,都要涉及长长的一串代理人(包括公关人员、经纪人等等)的利益。走红毯是一个打造个人品牌的机会,对明星的职业生涯意义重大。另一位造型师告诉我:"他们努力推销自己,以便未来能拿到角色。"红毯上的关注可以转化为电影的宣传力量。同时,在红毯上亮相还会带来广告工作,正如我们现在所知道的那样,这可能是非常有利可图的。这位造型师接着说:"一个在红毯时刻风光无限的明星会有很多挣钱和工作的机会。因此,我们的工作具有战略意义,因为我们希望提供尽可能多的未来机会。"

虽然明星可以通过在红毯上秀出设计师的造型获得一大笔酬劳,但这笔钱首先要在团队中进行分配,这会让支票上的零大大地减少。在其他人(如经纪人、造型师、发型师和化妆师等等)拿走他们的份额之后,这种按照要求穿着某一套服装,向世界展示一张可能并不是自己真实"面孔"的"代言"的报酬可能没有看上去的那么丰厚(只是相对而言,因为那仍然是一大笔钱)。此外,代言费还会根据明星的受欢迎程度上下浮动。品牌会为获得大奖的明星支付更高的代言费,以便在播出时获得更多的"曝光"。这意味着明星们必须在下面两个领域都努力有最佳表现,即要赢得奥斯卡/格莱美奖,又要看起来完美无缺。

我们不需要深入研究就知道,时尚对女性的负面影响更大,对明星来说也是如此。我采访过的一位造型师表示,自"我也是"运动开展以来,颁奖典礼上围绕女性身体展开的话题开始向好的方面转变,但在获得高薪代言的压力方面,还有性别因素在起作用。我们现在知道,女演员往往比男演员的收入少。她们经常通过演艺事业之外的广告(无论是走红毯还是参加其他活动)来填补薪酬差距。同样,正如我们在前几章中所讨论的那样,男女明星的相对酬劳差距与明星和从

第六章 多多益善——消费主义的病毒式泛滥

事制衣、包装等工作的工人（主要是女性）的收入差距完全不在一个档次上，但不管怎样，差距存在仍然是一个现实。

不论性别如何，随着富人（各种类型的明星、金融家、国家的统治阶层）和穷人间财富差距的不断扩大，代言文化背后的急迫感也会不断增长。在某些活动场合（比如由贝佐斯参与主持的纽约大都会艺术博物馆慈善舞会）置身于亿万富翁之中，会让明星们突然感到，自己必须超越现在的六位数或是七位数的收入。正如 CNBC（美国消费者新闻与商业频道）财经记者罗伯特·弗兰克所说的那样："你在娱乐业能赚的钱只有这么多，所以（明星）环顾四周，意识到他们还需要努力向上爬，以便能够与在大都会艺术博物馆慈善舞会及其他慈善活动等社交场合遇到的更高社会阶层人士比肩。"[23] 相对而言，穿一件品牌服装参加晚会是帮助他们登顶的一种较为轻松的方式。

直到最近（如 2020 年的奥斯卡颁奖典礼），尽管伊丽莎白·班克斯为了支持新标准研究所的倡议穿上了一条曾经穿过的礼服，许多明星仍然极力避免被看到在人前穿同一件衣服，哪怕是被八卦娱记拍到他们跑去药店买药（名人和普通人一样，也需要纸巾和创可贴！）。每一套服装都是免费广告的免费礼物，或是因合同规定必须穿着的服装，它们还可能给你带来新的代言机会——也许你去 CVS（美国最大的药品零售商）买药时穿的牛仔裤被拍了下来并登上著名时尚杂志 *In Touch* 的封面，一下子引发同款牛仔裤卖断货，从而给你带来该品牌的代言机会，这样你就不必再去演什么无聊的浪漫喜剧角色了。

社交媒体还推动将明星作为人体广告牌的市场实现了爆炸式发展，而且这种趋势不会消失。由于新冠肺炎疫情的大流行，2019 年 7 月至 2020 年 7 月，社交媒体的使用量增长了 10%，[24] 扭转了 2018—2019 年社交媒体流量减少的趋势。[25] 红毯活动、药店抓拍，以及作为品牌大使拍摄广告的受众从原有的数百万电视和杂志观众激增到数十亿每天都机不离手的人。这一方面使明星们可以通过一件超级亮眼的礼服收获更多的点赞，从而提高他们的代言费，另一方面，也提高了品牌辨识度，从而有助于他们销售其他产品。

社交媒体的作用可能更像一面哈哈镜，无法真实反映明星们的真正价值和才华。与此同时，它还正在改变明星的定义，进而改变向我们推销商品的人。现在已经出现了第二类明星广告代言人，即 21 世纪版的明星代言人。他们不一定擅长演戏、唱歌，也不是运动明星或皇室成员，但是他们擅长给我们讲故事，诱使我们购买他们穿着的衣服和使用的化妆品，去他们度假时去的地方，听他们听的音乐，或是买他们上网时蜷缩的沙发。我指的，当然是今天的网红。

网红大体按照下列情况分为不同等级：如果你在社交媒体上有 1 万~5 万名粉丝，你就是一个"小网红"，那么你在社交媒体上发一个帖子可能挣到几千美元。如果你的粉丝量在 100 万之下，那么你每发一个帖子最多能挣到大约 1 万美元。一旦粉丝数量超过 100 万，你发帖的收益将增加 10 倍。YouTube（油管）的内容尤其值钱，在那上面每发布一个视频可以带来数万美元的收入。[26] 在新晋视频平台 TikTok 上，网红经济呈现出爆炸式增长。例如，在平台上收入最高的网红大咖、深得 20 多岁 Z 世代①喜爱的艾迪生·雷·伊斯特林拥有 6300 多万粉丝，她还拥有一个美妆产品系列，与 Spotify（声田）有业务往来，并作为 American Eagle 的代言人为其牛仔裤大量带货。这些使她每年的纯收入高达约 500 万美元。[27]

从商业角度很容易理解网红们为什么都倾向于永远穿新衣服。与明星的情况一样，他们所发的每个帖子、视频，讲的每个故事都可以成为一个广告，无论他们是否因此直接收取了广告费。假设你因为穿

---

① "Z 世代"是美国及欧洲的流行用语，指 1995~2009 年间出生的人，又称"网生代"等。——编者注

第六章　多多益善——消费主义的病毒式泛滥　　**183**

某件衣服而得到酬劳，那么如果广告主只付了一份广告费，你为什么要为他们打两次广告呢？正如帕丽斯·希尔顿（从某种程度上讲她属于第一代网红）所说，"品牌免费送我衣服穿是因为他们想让我穿出来展示，我一天要换六次衣服……我甚至不喜欢自己所穿的东西。"[28] 但这种潮流带来一个意外的后果，那就是它扭曲了我们的消费常识。即使我们并不拥有 100 万粉丝，我们也开始觉得有必要在去海滩度周末时穿一件新泳衣，在出席家庭婚礼时穿一件新礼服，或是在去参加聚会时穿一双新鞋。如果连普通民众也不能接受在公开场合重复穿某件衣服，我们显然需要一个以汽油（可能还有煤）驱动、马力全开的生产大循环。

由于这个原因，品牌开始看重网红，对其重视程度甚至超过了传统明星。以专业营销术语来说，网红能更好地实现"转化"。用非营销的语言来说，这是指我们在购物时更信任网红的推荐，因为与红毯上熠熠生辉的明星不同，这些网红是"和我们一样"的普通人，换句话说，他们可能代表着我们理想中的自我。同时，网红通过社交媒体天然地与受众产生了更紧密的联系，而这恰是"社会模仿"理论的完美应用。根据麦肯锡公司的报告，86% 的品牌借助网红进行营销，[29] 他们精心打造的"故事营销法"的规模不断扩大，到 2023 年，可能将占到中国在线广告市场的 20%，即 1660 亿美元（网红的合作价格大大低于顶级演艺明星，[30] 因此品牌能够用一位明星的高额广告预算与多位网红合作，并通过他们吸引数百万忠实的粉丝）。

调研数据显示，人们更信任网红的推荐，特别是在服装方面：一项针对欧洲消费者的调查显示，四分之一的消费者在购物时会参考社交媒体的推荐，其中三分之二的人直接根据网红推荐做出了购买行为。服装是网红营销最普遍的一个类别，5% 的网红带来了 45% 基于社交媒体的购买量。[31] 显然，新一代顶流人物已经闪亮登场。

另一个重要的转变是：现在，我们在现实生活中有能力购买推销给我们的一次性服装。³² 随着快时尚的兴起，几乎在网红发帖的同时，他们所展示的最新服装的低价版就已经上架销售。在这个过程中，路易十四的两季服装日历也指数式地增加到每年 52 个"微季"。Boohoo（英国著名的在线时尚零售商）和 Fashion Nova（美国超快时尚电商）等时装销售网站让 TikTok 一代能够以便宜的价格购买他们网红偶像昨天才穿上的新衣服，价格甚至低于 H&M 或 Zara。Boohoo 一直以每年近 50% 的速度迅速增长，³³ 直到令人吃惊地发现，它支付给自己工厂工人的工资仅相当于每小时 4.4 美元（这些工人大多在英国，以便确保设计生产的周转速度足够快），同时也没有针对新冠病毒提供足够的防护措施。尽管负面新闻缠身，在新冠肺炎大流行期间，它的销售额仍然增长了高达 45%。³⁴

贱女孩①：购物带来安全感

下面我们来看看蒂姆·卡瑟提出的物质主义的第二个诱因（不安全感和威胁感）如何悄悄地发挥着影响力。受这一诱因影响的不止是那些缺乏财务安全的人，也就是那些基本生存需求都难以满足的人，如今，全社会都被灌输了下面的观念：我们不够好，在日常生活中，哪怕现在被困在家中，我们看到的依然是那些光鲜亮丽、远超我们生活水平的图片 [如果不相信，只要查看 #quarantinelife（隔离生活），你就能发现大量例子]。社交媒体已经成为一个全天候、全球化的大舞台，每周 7 天、每天 24 小时给所有年龄段的人带来巨大的社会压力，无论是让我们对高级定制的大牌礼服裙心驰神往，还是对

---

① 贱女孩（Mean Girls）代指当今社会中一个年轻女孩群体，她们在人际关系中表现出一系列反社会行为，包括八卦、口头贬低他人、霸凌、暗箭伤人和利用他人取得成功等。这个词因影星兼模特、歌手林赛·罗韩主演的同名电影而广为人知。——译者注

第六章　多多益善——消费主义的病毒式泛滥

完美的老妈牛仔裤或舒适的有机棉休闲裤爱慕不已。那么,什么是消除这种不安全感的灵丹妙药?当然是购买更多东西。

2月中旬一个阳光明媚的早晨,我在纽约布鲁克林一家咖啡馆里与一位女士见面,让我们姑且叫她杰西卡吧。和2月通常的寒冷天气不同,那天的天气异常暖和,但杰西卡靓丽的外形足以令明媚的阳光失色:为了应景刚刚过去的情人节,她穿了一件红色外套,搭配了一条酒红色围巾和一条带银色刺绣的栗色丝绒长裙,并涂着同色系的口红。自称是一个"潮流狂"的她是Rent the Runway(RTR)的"大使"级会员[1][此前,她是该公司的"无限"(unlimited)会员,RTR已于2020年9月取消了这一会员级别],因此可以每月收到18~30件新衣服。她的穿衣风格极度繁复(她自己用的形容词是"浮夸"),但她的衣柜却极度简单,因为她自己真正拥有的只是一些运动衫和睡衣等基本用品。

她的会员资格让她至少在每个工作日都能穿着新衣服出门,在特殊场合还可以换更多的新衣服,而不必为臃肿的衣柜发愁。因为寄居在纽约的公寓意味着拥挤狭小的居住空间,特别是如果像她一样和男友同居。

她一边吃着热乎乎的椒盐卷饼,一边向我历数她每天都要换一身新衣服的各种理由:这能让她尝试许多新潮时尚的衣服,这些衣服做工精美,远远好于她刚搬到纽约时钟爱的豹纹中长裙,当时她抛弃了自己在中西部时的牛仔裤和T恤行头,并代之以快时尚服装,但她很快就舍弃了这种衣服。"我们今天的社会非常挑剔,"她小声说,好像希望没有人能偷听到她在说什么,"如果我和朋友一起出门时要自拍怎么办?我不能让人们看到我两次拍照居然穿着同一套衣服。"

---

[1] Rent the Runway 是美国一家专门提供高级设计师品牌服饰的网站,"大使"(ambassador)是其高级会员。——译者注

虽然杰西卡关注了几位高端时尚博主，她本人并不像其他许多人那样迷信网红。尽管如此，网红对她的影响仍然一望可知。她深信服装应该带来即时的满足感，并且应该穿过即丢，否则你就会遭到他人的侧目。由于红毯产业综合体多年的教育，外加社交媒体营造的"现实"，我们都已经开始相信，要想成为别人心目中的时尚达人，你必须确保一套衣服只穿一次（如果有兴趣，你可以查看 #OOTD 主题帖）。根据儿童慈善机构巴纳多（Barnardo's）的一项调查，在英国，每三位年轻女性中就有一位认为，穿过一两次的衣服是"旧衣服"，每七个人中就有一个认为，从时尚角度而言，穿同一件外套拍两次照是一种失礼行为。[35] 同样是在英国，巴克莱银行信用卡部门进行的一项调查显示，9% 的购物者承认，他们在网上购买衣服只是为了拍照和发到社交媒体，在照片发布后，他们会选择退货。[36]

杰西卡通过服装租赁来满足她对衣服只能穿一次的执念，这不失为一个创新的解决方案，可能比不断购买新衣服，然后在穿一次后就扔掉它们更经济，对环境也更为友好。但这和整个以追逐潮流为基底的明星/网红文化一样都缺乏一种自主审美意识——我的风格我说了算。不停地追赶潮流，哪怕是通过租赁服装来实现这一点，并不能成为帮助我们解决时装行业问题的长期方案。以娱乐和 Instagram 粉丝的名义将一件衣服先后租给三个人，每租一次后都将它洗干净，这真的能显著减少对环境的影响吗？RTR 的生态足迹数据现在仍不得而知，但道路运输和干洗都会消耗大量能源，因而其对环境的影响不可能很小。

那么，我们为什么不能从源头上解决我们的社交媒体错失恐惧症呢？如果我们直面自我价值受到威胁的根本原因，而不是试图为自己购买"更好"的生活，情况又会怎样？爱德华·伯内斯并不认为人类作为一个群体有能力做到这一点，但我有信心，也有一些想法，来证明他是错的。这一切都源自那块小小的长方形屏幕（也许它现在就在你的手边）。

第六章　多多益善——消费主义的病毒式泛滥　　**187**

我们需要交谈：与手机保持社交距离

红毯时装秀的规则渗透到我们日常生活的途径是什么？你获得朋友和家人的动态、你钟爱品牌的促销信息、你在约会应用程序上刷到过的人的近况、最新的播客剧集，以及来自老板的电子邮件和突发新闻的渠道又是什么？你的手机。目前，超过 80% 的美国成年人[37]以及全世界近一半的成年人拥有智能手机。[38]美国人平均每天查看手机 96 次。[39]在越来越多的情况下，人们手指纷飞不再是正在发短信，而是在网购。在中国，人们平均每天至少花两个小时在网上购物。[40]新冠肺炎疫情暴发后，这一本已惊人的数字再度暴涨。麦肯锡公司的一项研究显示，疫情暴发之前未在网上购买过衣服的受访者中，43%的人现在开始网购服装，[41]还有近 28% 的人（在 Z 世代和千禧一代中比例更高）表示，他们计划今后减少在实体店购买衣服的数量。

将更多时间花在电子设备上购物会在很多方面损害我们的健康。不断增长的消费带来了看不见的后果：它破坏了我们的资源，加剧了气候变化，加快了工作节奏，并且如我们已经清楚看到的那样，它还会将世界各地的服装和零售业工人推向身心健康崩溃的边缘。与此同时，购物者自身也会感受到购物习惯恶化的痛苦。长期看电子屏幕会导致我们的颈部疼痛、背痛、睡眠不良和其他身体疾病，并且我们通过屏幕消费还会带来心理上的影响。

我们在手机上经常会看到误导性的时装信息，这会从以下几个方面损害我们与服装和身体的良好关系。首先，由于频繁地查看手机，我们会越来越多地接触到广告中传递的物质化的信号。如果说用这些信息淹没成年人已经非常有害——至少表面上看，成年人的自控力和自我意识更强，因而面对此类信息有更强的判断力（尽管这一点也存在很大争议）——那么让尚不具备强大自控力的青少年日益暴露在受广告驱动的时装文化前无疑更加危险。研究表明，如果儿童大量接触充斥着广告的电视节目、手机视频和应用程序,那么他们将呈现更明显的物质主义价值观。有一项研究甚至显示,在接触到玩具广告后,四五岁的孩子更倾向于自己单独玩玩具,而不是和其他孩子一起玩。[42]

越来越多的科学证据表明,使用手机会对我们的高级执行功能、冲动控制、注意力、信息学习和记忆、人际关系,乃至我们对企业社会责任的承诺和我们的职场关系产生负面影响。[43]我们甚至不需要使用手机,只要把它放在附近,或是听到电话铃声或感觉到它在衣袋里的震动就可以带来这些后果。[44]一项研究甚至发现,对于经常同时使用多个媒体平台的人而言,除了其他影响,他们大脑中控制注意力部分的灰质会减少。[45]难怪克莱尔完全无法抗拒Zara应用程序不时跳出来的提醒,因为这些提醒她该买点什么(无论什么)新东西的消息,已经将所有理性的逻辑推理从她的意识中挤了出去。

毋庸讳言,更多上网时间(包括更多网购的时间)并不能让我们更幸福。屏幕时间对青少年的影响尤其惊人。皮尤研究中心2018年进行的一项调查发现,95%的美国青少年拥有智能手机[46](比例甚至高于成年人),他们每天使用智能手机约9小时。[47]有些人甚至会带着手机睡觉,以确保不会错过任何更新。这使得他们暴露在各种有害信息(不仅仅是有关时装的信息)面前,并面临着巨大风险。美国疾病控制与预防中心(CDC)公布了一份令人不安的女孩自杀率趋势图:1993—2007年,年轻女性自杀率一直稳步下降,[48]但此后自杀率突然升高。尽管相关性并不等同于因果关系,我在此仍然希望强调,脸书正式面向公众开放的时间是2006年9月,恰好是在年轻女性自杀率激升之前。

我们现在拥有的大量物质已经开始令我们窒息,塔玛拉的衣柜就是一个证明。她的衣服塞满了卧室的两个衣柜,原来是她和先生二人各用一个,但现在全是她的了。此外,她办公室的衣柜里也塞满了她的衣服,那些是她不常穿的衣服。紧身裤放在她梳妆台的抽屉里,运

第六章 多多益善——消费主义的病毒式泛滥

动衫在她床下一个可拉出的抽屉里。这些还不够，她一直计划拆掉一堵墙来扩大卧室的储藏空间。当我问她，这些被塞在各处的衣服她一共穿过多少时，她在开口回答前紧张的笑容表明，我应该不会喜欢她将要说出的数字。"我希望非常坦白，"她说道，不过"可能只有5%~10%。"

有关物质对我们心理健康影响的证据令人震惊。南加州大学心理学教授达尔比·萨克斯比（Darby Saxbe）在 2010 发表了一项观察性研究，该研究检测了夫妻双方的皮质醇水平。[49] 皮质醇是人类在受到压力时释放的一种激素，通常在早晨达到峰值，白天则会下降。她发现，超过 75% 的受测家庭非常杂乱，他们把车库专门用来储物，而不是存放汽车。[50] 当研究人员检测夫妇双方的皮质醇水平时，他们发现妻子在白天皮质醇的下降幅度较小，而丈夫则不是这样。[51] 可能的原因是：家里东西太多，压抑了妻子的情绪，并增加了压力，从而使得她们的身体难以放松。

萨克斯比告诉我，她认为我们和物质的关系与我们对快餐的渴望很相似。从大脑分泌化学物质的角度来看，吃下一个咸鲜多脂的三明治或是一块香甜的饼干给我们带来的多巴胺瞬间升高的快感完全等同于我们看到一件价格优惠的商品并将其加入购物车（无论是真实的还是虚拟的）时的感受。[52] 今天，我们已经越来越认识到，应该明智地选择那些能够长期保持身体健康的食物，而不是只图满足往往由情绪驱使的一时的口腹之欲。既然我们在选择食物时能够优先考虑身体的长期营养需要，那为什么不在购物时坚持同样的原则呢？

时装行业当然不是造成焦虑和抑郁情绪迅速攀升的唯一原因。[53] 根据世界卫生组织（在新冠肺炎大流行之前）的最新预测，到 2030 年，抑郁症将成为全球最主要的疾病负担。鉴于各种明星和网红已经成为当今社会的偶像，他们应该扪心自问，为了换取代言协议付出下面的代价是否值得？这些代价包括：使人们深陷物质主义驱动的生理和心

被放大的欲望　　**190**

理绝望循环不能自拔，脱离与社会的积极接触，同时造成地球的破坏和对最弱势群体的剥削。同时，我们这些受影响的人也应该质疑我们自身的角色。如果你的家开始变得凌乱不堪，到处都是没有穿过或几乎全新的衣物，最明智的选择当然是扔掉它们！以塔玛拉为例，她完全可以把自己回家试穿后觉得"可怕"的任何衣服退回 T.J.Maxx；但我们知道她（还有我们）总能找到一大堆借口不这么干。

因此，塔玛拉没有选择退货，而是和许多人一样，把自己不想要的衣服捐给退伍军人协会（Veterans Association）。我们将在下一章中更详细地介绍这些捐赠中心的情况，但长话短说，这些捐赠的衣服中只有一小部分实际转售给了我们社区有需要的人。因为现在许多衣服的质量很差，从一开始就按即穿即弃的标准设计，所以它们并不容易被转售出去，而是会在一系列慈善机构中被不断传递，甚至横跨大洲。最终，绝大多数衣服都会被送到垃圾填埋场或焚化炉。

遭到退货的商品也会面临同样的命运。尽管零售商试图隐瞒他们对退货商品的处理方式，但法国和德国政府的估计表明，法国在 2014 年共销毁了价值 6.89 亿美元的消费品，[54] 而德国在 2010 年销毁的消费品价值高达 91 亿美元。网络购物盛行使得这种做法在品牌中越来越频繁，由于可以免费退回任何不合适的商品，人们看中某一款衣服后，往往会一次下单几个型号，并只留下其中一件。人们在网上购买的所有商品中约有 11% 遭到退货，[55] 服装类的退货率甚至更高。这听起来很不错，只不过，检查和重新包装这些遭到退货的商品需要人力投入，而品牌并不想再为此花钱，所以它们往往会被直接扔掉。[56]

在塔玛拉和我谈论她的购物习惯以及这种习惯给她带来的感受时，她说得越多，就越对再去逛 T.J.Maxx 或是给自己添置新装兴致索然。她仍然拥有很多东西，这些东西让她在购买后很快就会后悔。事实上，在她拥有的数百件物品中，没有任何一件物品是她"绝对喜欢的"。她通过购物追寻的幸福感并没有藏在她卧室地板上的任何一个袋子里，也不在她衣柜顶上成箱的运动衣里，或是塞满不同颜色背心和 T 恤的抽屉里。如果幸福不在那些地方，那么它会在哪里呢？

夺回我们对时装的发言权：让穿衣激发快乐

爱德华·伯内斯提出"被制造的共识"理论不久后进行的一次大型广告宣传活动是该理论的一次成功应用，同时也是有史以来最成功的广告之一。这场广告活动的宣传对象是香烟（如果看过《广告狂人》，你一定会记得好彩香烟广告对其创意总监唐·德雷柏及其团队的重要性）。在 20 世纪初的几十年里，好彩、骆驼和弗吉尼亚女士香烟等主要香烟品牌借助一系列创造性的手段来鼓励人们吸烟，其中就包括一场由伯内斯领导的将吸烟等同于赋予妇女权利的广告宣传战。当无辜的人们翻阅杂志或开车行驶在高速公路上时，微笑的医生、电影明星（包括 1950 年切斯特菲尔德的一则广告中年轻的罗纳德·里根）、运动员，甚至是动画片中的野生动物随时跃入他们的眼帘，告诉他们吸烟不仅很棒、很酷、很自由，还很安全，有些广告文案甚至声称他们的品牌优于竞争对手的品牌，并得到医生的推荐。[57] 各个香烟品牌兴高采烈，烟民们的瘾头则越来越大。

接下来，在 1964 年 1 月 11 日，美国卫生部长发表了一份报告[58]（那天是星期六，以便最大限度地获得媒体关注，并尽量减少对股市的影响），列举了尼古丁和烟草对健康的诸多危害，包括引发肺癌、慢性支气管炎、出生缺陷和使死亡率增加 70% 等。到第二年，即 1965 年，国会通过了一项法律，要求所有烟盒上都必须贴有健康警告，这就是现在已经成为例行内容的"卫生部长警告"[59]，其目的是让顾客在购买下一包香烟之前先冷静思考片刻。五年之内，所有电视和广播上的香烟广告都遭到禁止。尽管烟草行业每年仍然花费数十亿美元为其"致癌的小纸棍"做广告，但电视和广播广告禁令显然与吸烟率的下降有关。自从美国卫生部长最初发表报告并引发反广告立法以来，美国的吸烟率在近 50 年里已经降低了一半。[60]

不过，这一切和服装有什么关系吗？当然有了。吸烟和购物（尤其是网络购物）都会成为一种习惯，甚至会让人上瘾，因而对人的健康不利，对环境也有害。但我并不是来劝诫人们戒烟的（尽管我确实认为吸烟不好），我只是想用上面的例子表明，公众认知与立法形成合力后将带来什么效果。我们将在第九章中进一步讨论立法问题，鉴于本章的重点是人们在购物时的大脑体验，现在我想要强调的是：大脑是我们的，我们有权自由地掌握和使用它。我们拥有足够的认知去探寻如何穿衣打扮，并从中获得快乐（无论这种快乐是不是由服装带来的）。我们在使用自己的大脑，或是发出自己的声音时，可以呼吁变革，如同当年帮助美国人改变对吸烟的态度那样，帮助改变当前以潮流为中心、由网红所推动、即用即抛的穿衣习惯。

我们可以从我们的衣柜开始，甚至从衣服挂入衣柜前开始改变。也就是说，我们需要找回对潜意识和天生的个性和情感的控制权，而不是任由它们被伯内斯这样的广告营销人员所操控。我们应压抑糟糕的购物欲望，重拾公民的身份。我们可以找回自己的个人风格，摆脱疯狂购物的怪圈，穿自己喜爱的衣服，过自己想要的生活，而不是为了穿衣而活着。时尚记者雷切尔·塔什坚的评论非常睿智："个人风格，而非时装，能给人带来最大的满足感，它让你可以投资于自己，而不是迷失在一堆告诉你可以或是应该成为谁的想法当中。"[61]

如果这个理念让你感到紧张或是困惑，你可以从本章中出现的人物那里寻求一些线索，学习如何打磨个人风格。首先，你可以查看自己最常穿的衣服。它们是如何生产出来的？它们是什么材质的？当我问克莱尔她最喜欢的服装面料是什么时，她毫不犹豫地回答："羊绒和丝绸，因为它们柔软舒适。"这一类服装与她理想中的衣柜很合拍，那个衣柜里全是"面料精致的漂亮衣服"。她强调说，法国人和美国人在风格方面有一个关键的区别，那就是法国女性会根据自己的风格精心打扮；她们不会盲目追随潮流，试图驾驭那些并不适合自己的衣服。（这与她口中那些顶着"戴森头"——用吹风机做出的夸张头发造型——在时装周期间游荡在巴黎街头的美国女性形成鲜明对比。）

的确，和克莱尔在巴黎同住的那段时间里，我发现自己的着装风格变得更简单、更经典、更知性、更优雅，而且有时候不再带着夸张的美国味儿（不过我得承认，我的确有一个戴森吹风机）。在为撰写本书而采访的美国购物者中，我发现她们要么无法说出自己最喜欢的面料是什么（塔玛拉认为她喜欢合成纤维服装面料，因为那很"舒适"，然后她查看了自己最喜欢的衬衫，发现它们是棉质的），要么虽然知道喜欢什么面料，但对这些面料并不那么在意，也不理解干洗这些面料可能不像她们想象的那样"无害"。这表明，更多购物者需要真正了解他们购买的东西，并为此承担责任，这种责任不仅是将衣服挂进衣柜，还包括负责任地做出购买决定，然后将衣服带回家、穿在身上，使其成为他们更自主的个人品牌的一部分。

如果说我们不了解自己所穿的衣服，那并不全是我们的错，而是因为伯内斯、广告商和时装业将整个体系设计成一个不需要我们思考的系统，只需要看广告、买东西、完成（服装生产和销售过程同样不用动脑子）。我们即穿即弃式的着装模式也同样有害。不过，据零售人类学家、《顾客为什么购买》（*Why We Buy*）[①] 一书的作者帕科·昂德希尔（Paco Underhill）预测，基于教育的购物将成为引领我们走向时装业未来的核心。他告诉我："在人们年龄尚小的时候就教育他们，让他们认识到世界上基本没有能让人脱胎换骨的衣服。"他认为，这将帮助人们在购买时三思而后行，以免买过再后悔，只得退货，把

---

① 中译名参考中信出版社 2004 年中译本。——译者注

被放大的欲望　　**194**

它们扔到衣柜最里面眼不见心不烦，勉为其难地穿一下，或在家里放置一段时间后扔掉或是捐掉。一旦人们放下执念，不再坚信某一件或某几件物品会让自己变得与众不同或是更好，他们就能更清楚地认识自己，知道自己真正想要什么，以及什么样的衣服最适合自己。而在终于找到这些东西后，他们也会更愿意珍惜。

找到"你"独有的风格意味着推翻"广告狂人"王朝奉行的每一个营销诀窍，包括市场细分的理念，根据这一理念，营销人员收集购物者感兴趣的商品以及他们的性别年龄等人口统计数据，以便针对不同人群定制广告，让他们感到自己的独特需求正在被满足，向他们推销的商品的确能改善他们的生活。

了解真正的自我（一个拥有复杂自我意识并且不断发展的人），而不是任由广告商把我们归入某个类别（一个穿着老妈牛仔裤的"觉醒"女性）。对营销人员试图推销给你的关于你的故事，你应该持怀疑态度。想想"灵性消费主义"（spiritual consumerism）[62]，根据这种理念，品牌大力传播令人感觉良好的信息，例如他们的产品可以助力社会事业，改善人类健康，或是用近藤麻理惠的收纳方法将T恤叠成三折以便涤荡你的灵魂，要实现这一切，只需要买他们的商品即可。事实上，我们如果想更具灵性，大可直接做这些善事，更妙的是这么做并不需要花钱！

或者想想"市场女权主义"（marketplace feminism）[63]，也就是我们用自己的钱包来支持女权。这里有一个经典的例子，奇玛曼达·恩戈兹·阿迪契（Chimamanda Ngozi Adichie）（卓越）的宣言"我们都应该是女权主义者"变成了时装界的流行语。例如，迪奥将这句话印在一件售价860美元的T恤上。我不知道阿迪契是否会因此在买衣服时得到折扣（如果会，恭喜她），我也无法想象她会告诉读者拿那么多钱去买一件T恤，而不是用它去支持一个致力于清除妇女进步法律障碍的非营利性女权组织，或者单纯留着那笔钱好好过日子。如果我们相信可以通过买买买来建设一个更加美好的社会，那么我们所做的一切，实际上只是创造了一个我们的全部意义就是买买买的社会。

现在让我们回到最初的问题：购物能给我们带来幸福感吗？当然能。但首先我们必须知道幸福对我们而言意味着什么，它看起来像什么，会带来什么感觉，而不是由广告狂人们告诉我们，幸福应该是什么。它也许是一件奢华的羊绒衫，也许是一条打着补丁的二手牛仔裤，让你穿着去电话银行给你最喜欢的政治候选人打电话。无论是二者中的哪一个（以及介于两者之间不计其数的其他选项），只要你感觉自己完全掌控着购买过程的每一步，或者说，只要你感到完全顺应了自己的天性，那么你的选择就是合理的。

第七章

断舍离
——我们扔掉的衣服去哪儿了

八月里的一天，我站在山顶，四周环绕着我有生以来见过的最"壮观"的景象。这次登顶任务并不需要特殊装备，我脚下穿的就是我在威廉斯堡健身房跑步机上跑步时所穿的耐克运动鞋。沿途不用系安全带，没有向导，也没有补给站。事实上，尽管中途不断停下来拍照，我只花了大约20分钟就成功到达山顶。在那里，我可以清楚地望见右手边无垠的蓝天和左手边那一大团浓密的黑烟。

那不是一座传统意义上的山。克波内垃圾填埋场在加纳首都阿克拉郊外大约25英里处，里面堆放着家庭垃圾、塑料袋、食物垃圾（虽然我并没闻到很重的臭味），还有——你猜对了——衣服。虽然那里的大部分垃圾都塞在塑料垃圾袋里，但我几乎不需要弯腰，更不用说在这座我刚爬上来的巨大垃圾山上翻翻捡捡，就可以轻松地找到几十个熟悉的品牌标签：彪马的高帮运动鞋、H&M的直筒裙、山寨范思哲包包，甚至有和我所穿同款的耐克鞋。好巧不巧的是，当天克波内垃圾填埋场的一角恰好着火，所以我才会看到浓浓的黑烟。在那天之后，整个垃圾填埋场被熊熊烈火吞没，大火烧了整整一个星期。

如果你感到好奇，为什么这么多外国品牌的鞋子、衣服和配饰会流落到加纳的垃圾填埋场，你不是唯一觉得奇怪的人。我们中很少有人会思考被我们扔掉的衣服最终落到了何处。我们用大号垃圾袋装满不再"激发快乐"的物品，然后拖着它们送到救世军（Salvation Army）那里，或是把它们和用过的星巴克纸杯一起扔进垃圾桶。我们带着赋予旧衣服第二次生命的美好愿望捐出它们，并坚信它们会焕发新生；就算我们认为它们已经不再有用，我们还是期待着它们到了其他人手中后能够物尽其用。虽然有时候会是这样，但实际上并没有多少人需要我们捐赠的大量低质二手服装。最终的结果是，我们的美好愿望变成了代价高昂、铺天盖地的浪费，成为生活在地球另一端的人们的环境噩梦。

克波内垃圾填埋场，它的一部分已经笼罩在滚滚浓烟之中

还记得我在上一章中分享的统计数据吗？自 20 世纪 70 年代以来，美国人均居住面积几乎翻了一番。尽管多出这么大的空间，我们每人每年仍然要扔掉 80 多磅重的纺织品。[1] 2017 年，所有美国人一共产生了 2.678 亿吨垃圾（平均每人每天 4.51 磅），这其中 4.8% 是衣服和鞋子，差不多是 1280 万吨。[2]

被放大的欲望　　**198**

同一座垃圾填埋场五分钟后的景象,可以看到火势带来了更浓密的黑烟

我们在本章和下一章中将看到,被丢弃的衣服会踏上一段曲折的旅程,下面的图呈现了其极度简化的流程。从人力和自然资源的角度,这段旅程的复杂程度不亚于我们在本书前几章中追踪的服装生产/制造过程。一旦我们决定"舍弃"一件衣服,它就变成了其他人的问题,直到它最终变成垃圾,而且这个过程往往比我们想象的要快得多。我们的服装原材料跋涉数万英里,最终被制成我们在 Instagram 的诱惑下购买但可能永远也不会上身的服装,同样地,这些原料的生命终结之旅可能横跨数万英里,并可能需要耗费同样多的人力。

我们在处理衣服时的随意态度是本书一个重要的议题。本章的内容将带我们经历这一过程的国内部分,并向我们揭示其背后的真相。面对一个设备完善、运转良好的环卫系统,以及一个似乎本身并

第七章 断舍离——我们扔掉的衣服去哪儿了

不完全了解其海外工作意外后果的捐赠系统，大多数美国人并不清楚这个真相。在下一章中，我们将探访世界其他地区，包括重回克波内（真是令人激动），并看一看美国的国内系统对这些地区的全面影响。下图列出了在接下来的两章中我们将要探访的地方，这条路径表明，尽管我们扔掉的垃圾有时候会成为他人的宝藏，但它们更主要的是变成了越积越多的垃圾。

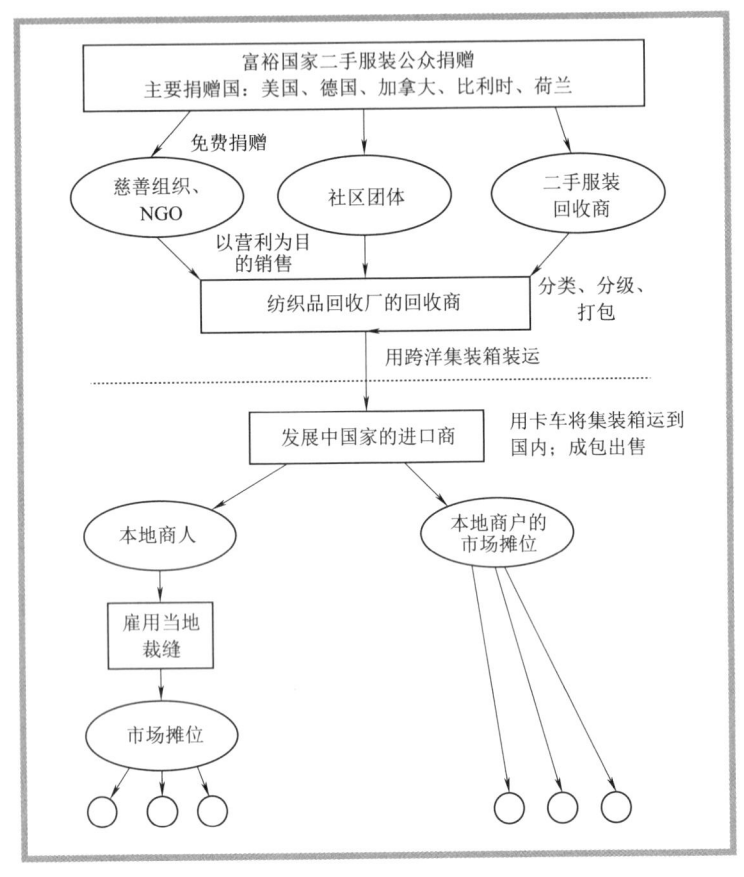

```
┌─────────────────────────────────────────────────────┐
│         富裕国家二手服装公众捐赠                        │
│    主要捐赠国：美国、德国、加拿大、比利时、荷兰          │
│                                                     │
│              免费捐赠                                │
│                                                     │
│    慈善组织、      社区团体      二手服装              │
│      NGO                        回收商               │
│                                                     │
│       以营利为目                      分类、分级、     │
│         的销售                           打包         │
│                                                     │
│           纺织品回收厂的回收商                         │
│                                                     │
│              用跨洋集装箱装运                         │
│                                                     │
│                                   用卡车将集装箱运到   │
│         发展中国家的进口商         国内；成包出售      │
│                                                     │
│                                                     │
│      本地商人          本地商户的                     │
│                        市场摊位                      │
│                                                     │
│      雇用当地                                        │
│        裁缝                                          │
│                                                     │
│      市场摊位                                        │
│                                                     │
│      ○ ○ ○            ○ ○ ○                         │
└─────────────────────────────────────────────────────┘
```

二手服装处理流程示意图

资料来源：雷沃斯（Reworth）（2004）

被放大的欲望　　**200**

深入垃圾世界：纽约的垃圾收集

"没什么是可怕的，也没什么是不可能的，"说这话的是 27 岁的维托，那是 2020 年初一个寒冷的日子，他就坐在我的对面。我已经见证了一条牛仔裤的诞生之路，最初以棉纤维的形式从工厂运出，经历纺、染、织、剪、缝、洗、处理、包装、在亚马逊打包，然后在各种网络平台出售。现在，我已经准备像大家常做的那样，把穿旧的牛仔裤连同香蕉皮和亚马逊包装袋一道扔进垃圾箱，成为纽约人每年扔掉的 20 万吨衣服和纺织品中的一部分。[3] 维托是纽约市的一名环卫工人，他将告诉我，被我扔掉的一条牛仔裤会经历什么。

我和维托约在离我在威廉斯堡的办公地点不远的一家精品咖啡馆见面，他以大力的握手和热情友善的微笑迎接我的到来。尽管天气寒冷，他却只穿了一件连帽衫，这使得他结实的身躯和带着纹身的粗壮胳膊传达出的信息更加清晰："我来收捡你的垃圾完全没有问题。"不过，他说话时慢声细语，这种强烈的反差不止一次让我猝不及防。他再三拒绝我请他喝咖啡的提议，并且直到我们谈话结束时才告诉我原因："我更喜欢唐恩都乐。"

维托讲话时带着斯塔顿岛口音，好像刚从马丁·斯科塞斯下一部黑帮片的选角会里出来，他向我解释了他是如何进入环卫行业的。几年前，他参加了一系列市政工作考试，以应聘相应的城市公共部门工作，包括医疗、消防、警察和环卫。通过考试后不到一年，他就接到了纽约市环卫局的电话，他欣然接受了这个难得的机会；这个职位非常抢手，人们通常要等上四五年才能等到一个空缺。

他说，这是一份"很好的工作，城市工作"，而且待遇也很好。当然，这份工作意味着他无法保持有规律的作息，因为工作需要轮班，上班时间为早 6 点到下午 2 点或下午 4 点到午夜 12 点，但由于有工会的保护和加班费（在下雪时加班费相当丰厚），他对此并不介意。另外，他的叔祖父当过 20 年环卫工人，所以对他来说，这有点像是家族传承。坦率地说，听到他如此乐观地谈论这项实际上并不好干（但有工会保护）的工作，并不介意难闻的气味和肮脏的工作环境，我非常吃惊，尤其是当我想到我在亚马逊员工中看到的普遍性抱怨。表面看来，维托的工作更糟（也更臭），但他似乎对自己的工作真心满意，这让我想到，如果有机会的话，劳拉、山姆和贝基可能也会愿意把他们的梯子和卷尺换成这份有工会撑腰的收垃圾工作。

和维托聊得越多我就越意识到，关于垃圾有太多事情跟我想象的完全不同。我居住的布鲁克林威廉斯堡街道上远谈不上垃圾泛滥，但这并不意味着纽约或西方世界的其他地方不会产生垃圾。这些垃圾并不会自行消失：清除它们每年要花费大约 23 亿美元，[4] 由税收和商业清运费用来承担。虽然就像我们购买习惯中其他令人讨厌的方面一样，清运管理垃圾也要花一大笔钱，但在纽约，对大多数美国人来说，垃圾是眼不见心不烦的存在。像维托这样的环卫工人大多在晚上或清晨清运垃圾，以便人们能够在白天享受清洁干净的人行道，日常生活不会受到太大干扰。

尽管我完全不了解自己居住的这个城市的垃圾回收系统，但我知道，我所在的社区会在不同时间段收集不同类型的垃圾，比如常规垃圾和可回收物。纽约市环卫局的员工早晨上班时并不知道自己当天将被分配什么工作，因此他们完全不清楚自己将会在哪个区域工作，以及会遇到什么。

"你们认为哪种类型的工作最好？"我问维托，想知道对这位专家来说，不同类型的垃圾在他们眼中的地位如何。

"嗯，你是想问我个人的看法？我会说是收集生活垃圾。"

"为什么？"

"这……"他本来想说"更容易"，但说了一半便停下来澄清道，"嗯，这取决于你在哪个地方。有些地方的生活垃圾比较干净，有些地方的人则不那么在意。所有垃圾混在一起。有些地方还会有人把垃圾袋划开在里面翻翻拣拣，所以你去收垃圾的时候，袋子一翻过来，垃圾就全部从裂口处掉了出来。"我从未想到过，原来垃圾还有"比较干净"和"比较脏"的区分。

尽管维托声称他"从未遇到过让我情不自禁地说'呃，这太糟糕了'的情况"，但他确实告诉我，废品回收日收集到的垃圾在他的"商品"（即垃圾种类）列表中排名较低。"当你收集可回收物时，"他说道，"你的工作会比较困难。生活垃圾体积较大，会占据垃圾车上更多空间，而可回收物一般更薄、体积更小，玻璃和塑料还会破裂。"由于一辆垃圾车能装更多的可回收物，所以他虽然最终能完成清运路线，但必须在外面待更长时间才能装满一车。维托并没有抱怨他需要垃圾分类回收的事实。"这就像你必须承担的陪审职责一样。"他说道，态度出人意料地积极，要让整个制度保持运转，这是我们每个人都需要承担的公民义务。

但对我们大多数人来说，废物回收利用似乎和陪审员职责一样烦人，这也许正是我们做不好这件事的原因。尽管有维托这样的人把可回收的废物运到适当的地方进行回收利用，但前提是我们要把它们放入正确的垃圾桶。[5] 现实情况是，城市中高达 56% 的可回收废物最终都会进到填埋场。[6] 按照这个速度，市长比尔·德·白思豪提出的到 2030 年将纽约运往垃圾填埋场的垃圾数量减少 90% 的目标看起来很难实现，特别是考虑到由于新冠肺炎大流行，纽约市环卫局的预算还被削减了 1.06 亿美元。[7] 在 2020 年 10 月我撰写本书期间，用于堆肥的垃圾和电子垃圾的收集工作已经被暂停。由于垃圾收集量减少，我们街角垃圾桶中的垃圾越堆越高。周日的居民自有垃圾桶清运也被暂停，[8] 而人们因为被困在（塞得满满当当的）家中而扔掉越来越多的垃圾。

新冠肺炎疫情期间垃圾清运的变化已经引发人们对公众健康的担

忧，并且这种担忧不仅限于那些疫情期间勇敢走出家门的人。环卫工人在工作中容易感染和传播病毒。社交距离对工人来说是一个挑战；垃圾清运是需要两个人合作完成的工作，而在一辆卡车上保持 6 英尺的距离非常困难。此外，在完成一趟清运工作时穿戴口罩和其他防护装备听起来就很不舒服。与此同时，环卫工人还有暴露在可能受污染的废物面前的风险。每天的垃圾清运路线已经成为抗击病毒的一个前线；环卫工人都是前线的英雄，[9] 他们为我们的社区提供了重要的公民和社会服务。

当我们丢弃的牛仔裤进入 2200 辆垃圾清运车中的某一辆，它将和邻居丢掉的外卖纸箱以及宜家旧家具一起，被运到垃圾转运站，这是一个本地垃圾的中央仓库，然后再前往其最终目的地。我在那里遇到了基思·梅利斯局长，他负责管理纽约全部 5 个行政区的垃圾清运工作。

在我开车走过戈瓦努斯高速公路下没有人行横道的街道前往位于汉密尔顿大道的海运转运站时，梅利斯局长亲自开车到路边来接我。我曾多次乘坐出租车走过这条路，但不知何故，我甚至从未看过这座建筑一眼，虽然布鲁克林南部大部分地区的垃圾都会先集中在这里，随后再运往弗吉尼亚州的垃圾填埋场。梅利斯局长向我解释说，我参观的这座布鲁克林的垃圾转运站高度现代化，并且有意设计成隐形，与社区融为一体。这座转运站建于 2017 年 9 月，每天可处理多达 1600 吨垃圾——如果希望更形象地了解，你可以试着想象 1600 只成年棕熊在城市中游荡。全纽约市每天则会产生大约 2.4 万吨生活垃圾和商业垃圾。[10]

垃圾清运卡车沿着坡道行驶，并在那里称重和检查有害废物；我们使用特别通行证坐着梅利斯局长的车驶过坡道（需要说明，那辆车不是一辆垃圾清运车）。随后，车子开进了一个拱形的混凝土空间。我们面前是一个巨大的深坑，卡车向其中倾倒它们装载的垃圾。停车处和垃圾坑之间的部分是"卸料平台"。那里的景象也许不难想象：垃圾车开过去，把装载的垃圾倾倒进垃圾坑。在局长和这座设施的负责人克里斯闲聊时，我目瞪口呆地看着垃圾清运卡车排着队鱼贯而入，黑白相间的垃圾袋、几个旧床垫和大量水状垃圾（所谓"泔水"）从卡车后部像瀑布一样倾泻而下。时钟刚刚敲过上午9点，正是汉密尔顿垃圾转运场的高峰期。

垃圾落到平台上之后，仿佛跳起一场工业工程的舞蹈。首先，就像现实生活版电子游戏一样，所有垃圾袋和废物碎片被巨大的轮式推土机不断地推送入平台后面四个更深的大坑中，整个过程看起来永无休止。一辆卡车倾倒在平台上的垃圾刚被清理干净，另一辆卡车就会上前倾倒下它装载的垃圾，发出有规律的巨大撞击声。安装在空间后壁上的数字记分牌记录了每个坑中被压入的垃圾数量。当轮式推土机将垃圾推到更深的坑中时，另一辆装有大型配重臂的车辆会上前压缩那些垃圾，使其尽可能紧凑，以便最大限度地容纳垃圾。

"里面到底能装多少垃圾？"我问克里斯。

"5万磅。"他眼都不眨一下地回答。我想象着那里的工人们正在玩某种游戏，看看哪个记分牌先达到5万磅，当一个坑被填满后，拱廊中就会响起叮叮当当的铃声。

卡车来来往往，仿佛在跳探戈舞。我着迷地观看着眼前的景象，直到几分钟后，梅利斯局长和克里斯把我领进了指挥站。我站在两个看上去酷酷的操作员旁边，透过面前的一扇窗户观察着那些被压缩的垃圾。我在平台上看到的大坑实际上正在将压缩过的垃圾不断倾倒进地下的巨大集装箱中。从控制室里，我可以看到垃圾场以及外面的戈瓦努斯运河，那里整齐地排列着一支集装箱大军。我们的牛仔裤很可能是用集装箱船运到美国的，在我们的衣柜里短暂停留之后，它们现在被装在另一个巨大的集装箱里离开美国。

一群海鸥在集装箱周围飞来飞去，寻找可吃的东西。但这些密封容器在运输过程中不会散发太大的气味或有任何泄漏。克里斯说，与过去负责将垃圾运到史坦顿岛（当时史坦顿岛仍有能力填埋纽约产生的垃圾）的露天驳船相比，这是一个很大的改进。事实上，得益于先进的集尘系统有效地阻止了散发气味的微粒产生，整个地方几乎没有令人不悦的气味，这实在是令人惊叹。

和维托一样，中转站的工作人员也非常希望来的都是"干净的垃圾"。按照规定，他们每天要花一小时彻底清洁地板，以确保卫生，这是一项健康要求。一些私人运营中心选择在晚上不太忙的时候清洁地板。不过在这里，克里斯的团队更进了一步。他解释说，他们持续不断地进行清洁，只要有机会就用水冲洗地板。在上午9点的高峰期，所有卡车都来倾倒早班收集的垃圾时，一半地板上会堆满垃圾；但是到了中午，整个地板都会变得一尘不染。

纽约市的垃圾清运工作严谨有序，虽然在参观汉密尔顿大道海运转运站之前，我对此几乎一无所知。梅利斯局长和克里斯都是垃圾收集和处理领域的专家，他们为自己的工作能够使城市干净整洁而感到自豪，这一价值观体现在他们类似军服的制服和职务头衔上。对于一个拥有800多万人的城市而言，垃圾处理绝非儿戏。他们负责确保2019年纽约市出口的300万吨垃圾[11]（居民产出的垃圾中，仅纺织品类垃圾就高达46.1磅）[12]无缝地进入这些容器。整套垃圾清运之舞编排得如此出色，以至于我时常被深深吸引，忘记向前走，使得他们不得不停下来催促我。整套舞蹈极其流畅，很少出现卡顿，即使有也很快被熟练地解决掉。例如我看到，一个集装箱盖刚刚合上，就响起了尖厉的警报声，表明有些东西不大对劲。一个穿着绿色连体衣的环卫工人大步走上狭窄的金属走道，礼貌地请我让开，然后手腕一抖，调整好一个因寒冷而没有正确拧紧的螺丝。

和维托一样，我在纽约市环卫局遇到的所有男性员工（那里当然有女性雇员，只不过我那天没有遇到），无论他们的岗位在整个处理过程的什么位置，似乎没有一个人对自己的工作表现出不满。任何一份工作都有其"垃圾"之处（不管是真正面对垃圾还是只是一种比喻），然而，这份工作确实让他们拥有了某种"特权"，使他们在工作时似乎全都满怀自豪感，即使在夏季的垃圾旺季（纽约市会在夏天组织街头集市并迎来众多游客）也不例外。每天两次，他们清空绿色的人行道垃圾箱，里面装满了夏季特有的垃圾，比如野餐纸盘、桌布和7月雷雨天时用的一次性雨披。他们的工作对于这座城市而言极其重要。正如梅利斯局长所说，"全纽约最强大的人"——这是对纽约环卫工人的称呼——"几乎没什么搞不定的"。

终点站：垃圾填埋场里的衣服

但是，所有美好的事物都有尽头，包括纽约市环卫局对垃圾的严格管理。一旦集装箱的盖子封好，纽约市环卫局的任务即告一段落。这些垃圾将交由大型上市公司美国废弃物管理公司（Waste Management）负责处理。截至2020年5月，该公司在《财富》世界500强公司名单中排在第207位。[13] 虽然纽约市没有把维托这样负责清运家庭垃圾的工人的工作外包出去，但它已经把垃圾本身外包出去了。纽约把它产生的垃圾运往世界各地的垃圾填埋场和焚化炉（我们很快将更详细地介绍这个部分）；它们中最近的一个在纽约州的费尔波特（它在纽约市以北大约250英里处，靠近罗切斯特），同时新泽西州、宾夕法尼亚州、弗吉尼亚州和南卡罗来纳州也有类似的设施。2019年，纽约市共花费了4.11亿美元，[14] 外加8700万美元的处置费用，[15] 将这些垃圾从已经被垃圾围困的街道上清理并运出，这个数字高于2014年的3亿美元。[16] 2021年，垃圾外运费用预计将增加到4.2亿美元，[17] 这意味着仅垃圾收集费用就高达每吨512美元，垃圾处理费用为每吨202美元。[18] 考虑到纽约市每年产生超过

300万吨的生活垃圾[19]（据2018年数据），这笔费用绝不是一个小数字。

美国废弃物管理公司负责将垃圾运出城市：先是通过驳船运到新泽西州伊丽莎白市，然后用轨道车沿着海岸向南384英里，运抵位于弗吉尼亚州韦弗利市一个面积1300英亩的填埋场。该填埋场属于大西洋废弃物管理公司，是美国废弃物管理公司的子公司。这个处理过程有助于减少对城市道路交通的使用，从而减少对纽约各个行政区居民的总体污染。纽约市与美国废弃物管理公司签订了一份为期20年的合同，同时该公司也获得了韦弗利市政府颁发的许可证，允许纽约的生活垃圾与他们为邻。不过请记住，任何垃圾填埋场的选址，都不只与那个地区是否有空间倾倒垃圾相关。如第六章所述，一个人与有毒废物的距离与其种族肤色密切相关；[20]你与有害垃圾的距离，取决于你的社会和经济地位。

很显然，在垃圾填埋场附近对于某处房地产而言不是什么值得大肆宣传的好消息。因为垃圾填埋场意味着糟糕的气味和景观，同时，事实上，就像威斯康星大学垃圾回收专家彼得·安德森（Peter Anderson）告诉我的那样，垃圾填埋场从本质上讲就像是一块"巨大的尿布"。彼得通过电话向我解释了垃圾填埋场到底是怎么一回事，他的语速很快，声音沙哑，时常有一点上气不接下气（我猜是因为恼火）。一旦人们为这一特殊"荣誉"选择了某个地点，填埋场的地下将会放置屏障，以使得垃圾中的液体（即我在布鲁克林看到的"泔水"）不会污染周围环境，尤其是地下水。填埋场将安装管道来清除这些被称为"渗滤液"的液态垃圾，（一个人的"泔水"变成了另一个人的"渗滤液"），然后在单独的地方进行处理。刚刚被运来的垃圾将受到反复挤压，以尽可能多地挤出空气，使得垃圾填埋场基本上处于厌氧状态。每隔一段时间，垃圾上会被添加一层压实的土壤或其他覆盖材料，以尽量减少气味、害虫和啮齿动物。垃圾填埋场里的垃圾一层一层向上摞起，就像塔玛拉衣柜里那堆从来不穿的衣服一样。当垃圾填埋场装满时（现代垃圾填埋场的使用寿命通常为 30~50 年），它会被用黏土、塑料或土壤密封起来。

就这样，我们扔掉的牛仔裤被运到布鲁克林并被压实，然后在弗吉尼亚垃圾填埋场再次被压缩。接下来会发生什么？正如我们现在已经熟知的那样，并非所有的衣服都生而平等。即使我们把它们从衣柜里扔出去，这种不平等也会继续存在。你看，有机物——此处不是指专有的有机认证产品，而是指那些从棉花等生物中提取出来的材料或是更常见的食物残渣——如果暴露在空气和水汽中，会随着时间的推移而降解。根据你的牛仔裤在垃圾填埋场中的位置，它们可能会降解，也可能不会；即使它们降解了也不是一件好事，因为那样会释放甲烷——一种会导致强烈气候变化的温室气体。

而合成材料，它们不是有机物，因此在任何填埋条件下都不会降解。想想那些含有 5% 弹性纤维的牛仔裤，或者其他天然纤维加合成纤维的混合物。当它们被扔进垃圾填埋场时，有机部分可能会降解，释放出导致气候变化的甲烷，但其余由化石燃料制成的部分则不会降解。在你有限几次穿着这条裤子时，这些纤维能让你的臀部看起来很好看，但被扔掉后，它们将永远存在于环境中，据安德森所说，"那里的东西在一千年乃至更长的时间里都是危险的"。

在美国，还有其他一些处理衣物的方法，尽管可能并不普遍。例如，曼哈顿西区的垃圾被送往新泽西州纽瓦克市的科万塔废物利用设施[21]，该设施有一个"清洁"的焚化炉，可以将垃圾转化为电能；在美国，12.7% 的垃圾，即每年大约 3400 万吨，会被焚化处理。[22]虽然这个术语听起来很漂亮，而且肯定比明火焚烧（稍后会详加描述）要好，因为它能为电网输送一些电能，并处理掉部分污染物，但它远不是一个完美的过程。这些设施除了会排放导致气候变化的二氧化碳，还被发现排放损害健康的污染物，包括颗粒物、二噁英、铅和汞。接触这些污染物的通常是以少数族裔或低收入群体为主的社区居民;[23] 在纽瓦克设施所在的社区,71% 的居民是少数族裔,其中 37% 生活在贫困线以下。这些数据对居住着大批美国顶级富豪的曼哈顿西区的形象产生了不良影响。

和其他政治议题一样,有关垃圾的政治议题也充满着紧张气氛。曾几何时,在 20 世纪 70 年代,废弃物被直接倾倒进河流、海洋和露天垃圾填埋场,风起云涌的公民运动最终推动美国出台了一系列法律,推动设立了美国环境保护署,制定了垃圾填埋场的建造和维护规范,以防止有害废弃物混入外卖箱和牛仔裤等普通生活垃圾之内,并防止有害废液进入地下水。但这些规定仍然不够,而且在填埋场被填满和密封后很少得到遵守。例如,30 年后,再没有人对垃圾填埋场发生的事情负责——尽管降解过程需要几十年、几个世纪,甚至更长时间。政府从某种意义上讲对这些废弃物不闻不问,把问题留给了当地社区。同样,我们必须再一次强调,结构性种族主义已经悄悄潜入了我们的垃圾桶,因为在决定哪些人会生活在垃圾填埋场周边的社区时,种族已经成为最重要的因素。[24]

为了实现接近零废弃物的目标,避免出现上述恶果,并做足拯救地球的表面功夫,纽约市正大力提倡服装捐赠行为,旨在减少垃圾流中的纺织品。纽约市推出多种方法来避免服装最终落到维托这些人的手中,包括每周在绿色市场上收集服装,定期举办"旧物交换"活动,[25] 帮助人们交换二手衣服和家居用品,用自己的二手物品换回"新"东西。自 2007 年以来,通过这些活动,纽约市共收集了 625 万磅的服装,但尽管如此,纽约市每年产生的垃圾中,仍有 6% 是衣物、纺织品、鞋类和配饰。[26]

全美国范围内的服装回收再利用数据也好不到哪里去:据美国环境保护署估计,只有 16.2% 的纺织品(包括服装)被"回收"。[27] 然而,正如我们将看到的,这一统计数据似乎也只是一个美好的愿望而非现实，被"回收"的纺织品实际上汇入了一个庞大的国际二手产业，其中大部分纺织品事实上并没有真正得到回收利用。

变废为宝：我们的捐赠品的真实命运

如果把牛仔裤扔进垃圾箱是摆脱这件衣服的首选，那么对大多数人来说，另一个选择就是捐赠。不管是好是坏，人们捐赠服装的数量正在不断增加。[28] 事实上，在过去的 15 年里，这个数字增加了一倍，造成这种局面的，有几个颇值得玩味的原因。首先是近藤麻理惠效应，这位备受追捧的日本收纳女王的图书和网飞节目激起了全世界人民净化自己生活的欲望。然后是再次净化、再再次净化。2019 年 1 月，她的节目开始播出后，捐赠中心变得人满为患。新冠肺炎大流行更加速了这种趋势；越来越多的人花更多时间待在家里，清理自己的衣柜成为快乐的源泉。根据在线二手服装零售商 ThredUp 的数据，其服装处理量比新冠肺炎疫情暴发前增加了 50%。该网站报告称，其接收的邮寄捐赠包的申请量是疫情前的 6 倍。[29] 与此同时，那些被留在已经关门的捐赠中心外的成包旧衣服更可能会被送往垃圾填埋场，[30] 而不是被妥善分类和出售。

虽然捐赠者愿意相信他们的衣服会给别人带来快乐，或者为无家可归的人遮体，但实际上，这些衣服中只有大约 20% 会以我们假想的方式被传给另一个人。[31] 换句话说，80% 被捐赠的衣物不会被某个人拿着离开捐赠商店（不管他们是穷人还是以"节俭"为美德的人），而是会被打成大包，运往其他地方，包括海外。

1 月，一个寒冷的早晨，我徒步前往曼哈顿中城一个救世军回收中心，拜见弗雷德·穆斯"少校",[32] 他是这家中心的主任，将向我介绍其接收的捐赠品的真实命运。弗雷德少校大力与我握手，脸上挂着灿烂的笑容。他位于二楼的办公室洋溢着浓浓的 20 世纪 70 年代气氛，当他告诉我，他已经在救世军"服役"了 34 年，这一切便说得通了。他的妻子和一双儿女也在同一组织工作，因此对他而言，救世军是一个不折不扣的家族使命。救世军使用类似于真正军队的军衔，弗雷德少校穿着制服（一件系扣白衬衫），佩戴着代表军衔的红色肩章。

救世军于 19 世纪末在英格兰成立，最初主要是回收废品，它的手推车队穿行于城市之中，收集废弃的纸张。最终，随着国家变得越来越富裕，人们开始扔掉旧衣服，不是因为这些衣服已经无法再穿，而是因为他们不想要这些衣服了，所以收废纸的救世军成员把这些衣服扔进他们的手推车里带回总部。由于不知道如何处理这些旧衣服，救世军成员撕毁了大部分早期的捐赠物并将它们卖给了铁匠和其他商人。随着时间的推移，他们收到的旧衣服越来越多，他们发现，这些衣服可以为他们的慈善活动提供资金。

我参观的那家中心用销售旧服装获得的收益资助了在其北部几个街区外一家可容纳 125 人的康复中心。救世军提供的服务不直接和它收到的旧衣服挂钩；在康复中心接受治疗的人并不接受免费衣服。取而代之的是，我们不要的衣物在捐赠后被出售，获得的钱可以帮助慈善机构为有需要的人提供温暖的床铺、食物和其他生活必需品。

弗雷德少校负责的中心每天收到的衣物数量惊人，高达 1.6 万磅，大概有 1.9 万件服装。这还不是救世军在这个城市收集到的全部衣物。布朗克斯区另一个中心每天也会收到 1 万件衣物。弗雷德的中心在一年中收到衣物最多的月份是 10 月，接下来是 3 月和 4 月。他认为这是因为人们在换季时会清理自己的衣柜，并希望换上新款服装，因此影响了捐赠和购买行为。救世军收到的捐赠在 12 月达到顶峰，特别是在 12 月最后一周，这是人们为了在申报个人所得税时最后再加入一个捐赠项目，以达到减税目的。

普通服装的平均售价为 3.99 美元，牛仔裤售价略高，为 6.99

美元。如果收到的所有二手服装都能卖出，只需简单口算就能得出每天的销售额将高达 7.6 万美元。同时，我们不需要减去捐赠衣物的成本，因为它们是免费的。2017 年，救世军的主要竞争对手之一"好意慈善组织"（Goodwill）创造了 59 亿美元的零售额；整个二手衣物销售行业共实现了 175 亿美元的收入。[33]

环顾熙熙攘攘的中心，你很难想象弗雷德口中这家"全国首个回收利用商"的卑微开端。那时，购物者进门后需要在塞满衣服的大箱子中来回翻找 ["慈善义卖"（rummage sale）的原义正是"翻找特卖"]，以找到一件他们原本没意识到自己想要的完美衣服，虽然更可能的情况是找到一件可穿的衣服。今天的情况则大不相同。

过去的堆衣箱系统已经进行了升级。你肯定还记得，弗雷德的中心不是只收到路人随手丢弃的一两件衣服。他每天会收到几万件旧衣服，只不过并非所有衣服都能够或应该被二次出售。当我问他如何决定这些捐赠物的命运时，他朝上一指，好像指向天堂，其实是指建筑物的第四层——分拣层。那里的员工被恰如其分地称为"分拣员"，他们手工拣选收进来的所有衣服，确定哪些可以被二次销售。具体要求如下（完全是主观的）：只要他们自己愿意购买的任何东西都会被选出。弗雷德告诉我："如果衣服上有洞、已经弄脏，或是拉链已坏、纽扣缺失，又或是衣领已经泛黄，人们就不会买，它也就属于不可销售的。"我含笑颔首，内心深处却极度尴尬，因为我想到了自己过去捐赠的那些根本不可销售的衣服。

平均而言，我们捐赠给救世军的旧衣物中只有大约 40% 可以被判定为可以销售并进入了销售区。在这 40% 中，只有大约 20% 被真正售出。简而言之，人们捐赠的 100 件衣服中只有 8 件会在救世军的销售大厅内被卖出去；这意味着 76000 美元的潜在销售额实际上变成了区区 6000 美元。（不必着急，我们马上就会了解其他 92 件衣服的去向。）

通过可销售性测试的服装会被挂上一个彩色标签，以帮助员工和懂行的客户了解商品的流通时间。贴上彩色标签的衣服每五周轮换一次，以确保有足够的空间容纳新来者。在周三，也就是家庭日，标签颜色代表的日期较早的服装会再打五折。到了第五周，这种颜色的衣物全周都会半价销售。从理论上讲，你可能会买到这样一条牛仔裤，它原价是 99.99 美元，被捐赠给旧货店后售价 6.99 美元，然后进一步打折到 3.49 美元，这比一杯咖啡甚至一件 H&M T 恤还便宜。

在捐赠物品市场上，标签系统可能是最接近传统时装季的东西。但是，与按季销售的服装品牌不同，救世军在 1 月份仍然会出售夏威夷花衬衫或工装短裤，从而让反季捐赠品也有可能二次销售。为什么要这样做？弗雷德少校告诉我，许多在他的商店购物的人都是移民，他们会把买到的东西寄回家。此外，由于这家店距离曼哈顿邮轮码头仅几个街区，许多邮轮员工也会来这里购物。（邮轮公司的员工通常来自工资非常低的英语国家。）

任何一个喜欢淘货的购物者都知道，你可以在救世军的货架上找到令人惊讶的宝藏。弗雷德少校告诉我，他们最近收到了一大批捐赠的衣服，全是被视为时尚贵族的香奈儿品牌。不过，香奈儿在聚酯 Zara 上衣的重击下已经奄奄一息。

救世军一直将二手服装销售价格保持在较低水平，以尽快售出产品，但这现在变得越来越困难。在美国销售旧衣服日益困难的原因有如下几个：首先是衣服本身的原因。快时尚的流行期极短，所以买一件别人穿过的廉价衣服没什么意义，即使你只需花几美元。美国最成功的救世军商店开在一家沃尔玛附近，表明二者服务的对象是同一类低收入人群。这些人中大多数可能会选择一条售价 12 美元的新牛仔裤，而不是一条 6.99 美元的二手牛仔裤。同时，快时尚的新潮玩法也让人很难与之竞争。尽管弗雷德少校对救世军进行数字化转型，变成 ThredUp 那样的网站的想法嗤之以鼻，但网络购物已经成为大势所趋。

此外，与 34 年前弗雷德少校刚刚加入救世军时相比，发生变化的不仅仅是服装的质量。当年，人们在捐赠衣物时只有两个选择：救世军或是好意慈善组织。随着时间的推移，人们越来越清楚地认识到，可以用过剩的物品赚钱，因此营利性公司也已加入这一领域的竞争，这些公司主要是充当中间商，将人们不想要的衣服卖给出口商，或是转售给消费者。同时慈善组织之间的竞争也有所加剧。医疗机构——心脏协会、眼科协会、肾脏基金会等——收集二手服装直接卖给分拣商，以便为它们的组织筹措资金。弗雷德解释说："一位前老板甚至形容它们简直成了'身体部位募捐箱'。"这个比喻让我禁不住做了个鬼脸。

纽约市救世军的打包机。不能转售的旧衣物从分拣层的斜槽上滑下来，在这里被打包并运走。

不可转售衣物的下一站是分级商。救世军接受的衣物中，无法售出的那 92% 会在现场打包并出售给分级商，然后在分级商那里被进一步检查，以确定其下一个目的地。根据二手材料和纺织品回收协会

第七章　断舍离——我们扔掉的衣服去哪儿了　　**215**

的数据，这些未售出的捐赠品中，45% 将被"作为服装重新使用"，我们将在下一章讨论为什么引用这句话。另有 30% 变成了工业和商业抹布。即使衣服达不到被再次穿着的标准，如果它们是由较高质量的材料（如吸水棉布）制成，它们仍可以作为抹布拥有第二次生命。20% 被重新加工成基本纤维成分，用作家具填料、绝缘材料和建筑材料，最后的 5% 在国内被丢弃。潮湿、发霉或沾染了脏东西的衣服将被直接丢弃。[34]

分级过去通常是在国内进行的，但跟我们服装生产过程中的几乎每个环节一样，这个环节也越来越频繁地被外包。加拿大和美国的二手衣物中，多达三分之一被送到美国以外的某个地方进行分级。安大略省米西索加的二手服装出口公司堪称分拣（如男装/女装）、分级（A/B 级或抹布）、定价和出口的圣地，每年有 6000 万~7000 万磅二手服装从这里出口。[35] 毫不奇怪，外包的目的之一是降低劳动力成本。一件衣服即使在走向生命终点时，仍然难逃逐底竞争的命运。二手服装离开救世军之后，人们不再需要为工人支付美国最低水平的工资来对其进行分类和分级，而是将未分级的服装送到世界其他地方，比如印度北部的巴尼伯德，[36] 那里是世界上服装回收商最集中的地方。[37] 另一个可选之地是巴基斯坦，那里的劳动力月成本比美国低了几百美元。[38]

现在，这条小小的牛仔裤，它曾经属于我们，但可能已经彻底被穿上新装的我们抛在脑后，现在已经（再次）走出美国，开始了另一次环球旅行。

传统上，被丢弃的衣服只有在作为抹布被重复使用的情况下才会拥有第二次生命。纽约除了拥有最早的时装生产和销售市场，也曾经是抹布经销商云集的中心；尤其是布鲁克林更到处都是这类经销商，他们主要是犹太移民，被称作"schmatta"，在意第绪语中是"破布"的意思。[39] 如今，抹布生产的供应链已经走向国际化：一件衣服在南亚制造，销往美国，在穿着后被捐赠给一家旧货店，出口到印度进行分级，然后再被送往某家工业用布制造商，例如位于俄亥俄州纽瓦克市的 Star Wipers，[40] 全球每年使用的数十亿块抹布中的一些就是在那里制造的。

如果一件衣服是羊毛制品，它对炎热的赤道附近的非洲或亚洲地区经销商没有什么吸引力，因而可能会得到一种特殊的再利用，这种再利用更接近于人们心目中的"回收利用"。羊毛短而粗的纤维不能被再制成纸张或家具填料（或房屋绝缘材料），也不能像棉布一样吸收油脂或水分；因此，羊毛会被撕开并捣碎，制成一条条"粗毛毯"（shoddy blanket）。这些粗毛毯大多用于红十字会等的紧急救援服务，所以你肯定在医疗剧集或自然灾害报道中见过它们。然而在今天，即使是粗毛制品也不再是可行的回收利用选择。因为现在有太多合成材料可以使用，羊毛不再是唯一可被用来制作粗毛毯的材料；在过去15年左右的时间里，二手羊毛价格从大约每公斤50美分暴跌到每公斤15美分左右。[41]

尽管针对捐赠服装已有严格的标准并且相关实践由来已久，但行业内其他各方，尤其是处于消费机器中销售和营销端的各方，一直竭尽全力地确保作为消费者的你对此一无所知。服装品牌及其企业社会责任"专家"隐瞒了捐赠服装的真相。Madewell 和 H&M 等商店的"回收"计划鼓励购物者将我们不想要的衣服送回，[42] 以便将它们从垃圾填埋场中拯救出来，甚至明确解释说它们可能会被再制成房屋隔热材料之类的东西——这是事实，但仅从广义上讲如此。而与此同时，正如 Madewell 告诉其购物者的那样，一旦参与"回收"计划，除了因捐赠而感受到"无限的满足感"之外，你还会收到一张购物优惠券作为回报。好意慈善组织也有类似的宣传："我们与本地机构合作，回收和再利用从电子产品到书籍，从纺织品到塑料玩具等一切物品，每年使数千万磅的二手用品远离垃圾填埋场。"[43]

然而，如果我们站得更高一些，将其放在大背景中加以审视，这些回收计划中的大多数与捐赠中心本身一样，只是旧衣服进入垃圾填埋场的另一种方式。I:Collect 是一家全球性的二手物品收集机构，是 H&M、李维斯、阿迪达斯等品牌的合作伙伴，I:Collect 在其网站上宣称:[44]其"创新、经济高效的店内收集理念吸引了消费者，提供了奖励激励措施，推动了店内流量提升和销售"[45]。Madewell 并没有竭力地将旧牛仔裤变成绝缘材料，他们只是利用这一事实来吸引你购买新的产品。而实际上，你为了购买新牛仔裤而交出的那些牛仔裤本来完全还可以穿。2018 年，H&M 收集了 22761 吨人们丢弃的衣服，[46]并表示这是他们的一项特别举措。它的网站展示了你捐赠的牛仔裤的 3 种可能的未来：它们可能会作为服装被再次穿着，可能会"作为再造产品或清洁用布"被再次使用，也可能会被回收并作为纺织品用于上述目的。同时，只需要捐出一整袋衣服，你在下次购物时便可享受八五折的优惠。[47]但它没有说出来的是，事实上，这些捐赠品中的 50%~60% 将与其他被捐赠的服装遭遇到同样的命运——被出口。[48]而且不要忘了，直到 2017 年，H&M 还在焚烧自己没能售出的库存。[49]

当然，这些都不在救世军或任何类似旧货店的管辖范围之内。并且即使是在处理自己的事情时，他们也戴着"眼不见心不烦"的有色眼镜。只要他们因为那些卖不出去的旧衣服得到了报酬，那么这些衣服的去向，无论是被送到非洲灾民的衣柜里，还是变成抹布，或是成为住房的绝缘层，又或是直接进入垃圾填埋场，都不会对那支分拣员和销售商大军产生影响。

当我询问弗雷德，他自己与衣服是什么关系时，他低头看了看自己那身由衬衫和休闲裤搭配成的制服，轻笑了一声回答道："我从来不买衣服。我不喜欢购物。"对我而言，这个回答充分说明，他的工作已经成功塑造了他的着装观。

被放大的欲望

第八章

加纳
——善意铺就的服装末路

"因为我美,所以我能得到美丽的东西。"阿贝娜(Abena)悦耳的声音和附近一个扬声器中传出的低沉敲击声交织在一起,在过去几周里,这种躁动的节拍一直回荡在我的脑海中。阿贝娜夸张地指着她摆放整齐但挤得满满当当的摊位,她是坎塔曼托(Kantamanto)市场的一位零售商,而这家市场是西非最大的二手市场之一。[1] "正装衬衫、休闲衬衫、连衣裙、长上衣、连体衣——我什么都有。"她解释说。我对此一点也不怀疑。成百上千的女士服装被挂在摊位后方的墙上,堆在地板上,绑在一个大轮子上,变成了五颜六色的纺织品花朵。她的摊位与西方百货公司标签整齐的货架大不相同。但这里是坎塔曼托,一个主要销售西方世界捐赠和丢弃的二手衣服的市场,一切皆可出售。

坎塔曼托位于加纳首都阿克拉的主要商业区,占地 6 英亩。[2] 毫不夸张地说,这个市场让人感觉无所适从。谢天谢地,我有一个可靠的向导。莉兹·里基茨(她的加纳朋友都称她为"莉齐")是非政府组织 OR 基金会的创始人。过去三年,她和她的伴侣布兰森·斯金纳穿梭往来于市场内的 5000 多个摊位,和一些在这里做生意的加纳人交上了朋友(这个市场是 3 万加纳人谋生的地方,包括小摊贩、搬运工还有其他一些人），并调查每周在市场上流通的海量服装。从我们所住的爱彼迎民宿到坎塔曼托大约需要步行半个小时，途中莉兹向我传授了一些经验：小心那些卖东西的小贩，他们可能非常难缠，好在当天恰逢周四，是零售商们交易的日子，所以市场里的人可能没那么多。星期三和星期六是顾客最多的时候，每天来逛市场的多达上万人。想到在过去的几个月里，我已经完成了孟加拉国、斯里兰卡和中国之旅，加上我曾去过纽约和中美洲那些庞大的零售中心，我感觉自己已经做好了充分准备，甚至有些迫不及待地想去一探加纳的市场到底会给购物者带来什么体验。这个市场能有多拥挤热闹？

走了大约一刻钟后，我开始清楚地意识到这里不是堪萨斯州，也不是明尼苏达州、达卡或曼哈顿。路边有街头小贩在兜售各种商品：衣服、内衣和鞋子，还有山药、鸡蛋、西红柿、洋葱和生姜。我被各种各样的颜色、气味和喊价声层层包围——"3个塞地[①]、3个塞地、3个塞地"的叫喊声与不知从什么地方（确切说是从四面八方）涌来的越来越响亮的鼓声汇聚在一起——我不得不打起全副精神看路，并随时躲避路人。我的周围全是妇女，她们有的头上顶着巨大的金属筐和包裹，里面装着要运到市场去的二手服装或是各种农产品，有的背着婴儿。多数妇女则是既头顶重物，又背负婴儿。这些妇女中有一些人是所谓的"kayayei"，即"女搬运工"。

回忆如潮水般涌来，我记起了多年前为Zady挑选商品而第一次去贾维茨会展中心的经历。在那之前，我从未在一个地方见过那么多服装，无论是在我拥挤的衣柜里，还是在我在律师事务所工作期间经常光顾的H&M旗舰店里。但与坎塔曼托相比，贾维茨简直不值一提，纽约市的任何购物中心（包括快时尚品牌的多层旗舰店或救世军商店中的拥挤货架）也同样无法与它相比。据估计，每周有2425吨（约

---

① 塞地为加纳货币。——译者注

被放大的欲望　　**220**

1500 万件) 衣服在这个市场售出。³ 市场每天都会接待上万名购物者，这些人来自加纳全国各地以及附近的西非国家，例如尼日利亚（那里二手服装进口属于非法行为）。

"嘿，奥布鲁尼！"——嘿，老外（或单指白人，取决于你说话的对象是谁）。一声尖厉的喊叫把我从遐想中拉了出来，我知道有人在叫我。市场里的购物者中很少有像我和莉兹这样的白人；在我对坎塔曼托的 5 次造访中，我总共只看到过两个白人，其中一个人正在询问哪里能够买到非洲艺术品，这简直就像是走进 Zara 然后问美食街在哪里一样。

我紧紧跟在莉兹身后，越逛越感觉到，虽然坎塔曼托最初看起来和我熟悉的购物场所完全不同，但除了规模巨大以及为了空气流通和采光需要而部分露天，它实际上与任何商场或百货公司没有什么本质上的不同。整个市场同样被细分为不同的区域：男装、女装、童装和牛仔、套装、衬衫、连衣裙等。还有一个美食广场、一个美发区，以及裁缝和改衣通道。

我发现，如果我沿着这条街一直走，经过卖非洲印花婴儿服装的女人，经过运动鞋区，然后抬头找到一座灰色的建筑后向右拐，沿着一座小山向下走，穿过街上主要卖男装的摊贩，我很快就会回到市场的主街上。"当你闻到鸡肉味时，"莉兹的指示在我耳边回响，"你可以四处看看，找到一个卖冬天外套的男人，看到他以后就右转，进入带顶棚的市场。如果你发现自己进入了男装区，并且看到专门卖白衬衫的摊位，那么你就可以放心大胆地往前走了。"

对许多加纳人来说，到坎塔曼托买衣服已经成为不二选择。二手服装市场是一个必逛之处，已经深深融入了加纳文化。二手服装售价低廉：本地 YouTube 博主炫耀着他们花 12 塞地（约 2 美元）买到的牛仔裤，⁴ 或是花 7 塞地买到的 5 件衬衫。⁵ 这些精选服装的图案、颜色、剪裁和材质千差万别，使加纳人紧紧跟上西方时尚的最新步伐，

第八章 加纳——善意铺就的服装末路 **221**

或是找到适合他们专属品位的任何风格。与西方世界不同的是，在加纳穿二手服装不会带来羞耻感。[6] 3000万加纳人（占其人口的90%）会购买二手服装，[7] 无论他们处于哪个收入阶层。我会发现，坎塔曼托已经成为一种生活方式，而且是一种非常时尚的生活方式。

尽管如此，不是每个人都喜欢在熙熙攘攘的市场上万里挑一。一些加纳上层阶级的有钱人可能会雇用个人买手从坎塔曼托代购特定款式的服装；其他人则更喜欢在规模较小的二手服装精品店购物，那里的店主会到坎塔曼托的摊位上精心挑选商品，然后在自己的店里出售。新一代卖家已经迁移到Instagram，在那里不断发布来自坎塔曼托的"精选版"和"高档款"商品。当然，他们会对这些商品加价，并通过私信和客户联系。不那么富裕的人可能会从"流动摊贩"那里购物，这些摊贩在市场上挑选衣服，然后把它们带到阿克拉的远郊或更远的地方出售。一些卖家甚至会和回头客合作，帮助后者在市场上购买合意的衣服。在加纳，只有顶级富豪才不在坎塔曼托购物，而略具讽刺意味的是，其中包括一些二手服装进口商。这些人会在欧洲购买全新的衣服。我曾见过一位加纳摄影师，他同时也是一位法律系的学生（他的母亲是一名法官），他就从未去过坎塔曼托，他买衣服只会去购物中心。

坎塔曼托市场上的卖家往往不会对买家挑三拣四，不管对方是一次购买多件商品的二手服装精品店店主、Instagram卖家、普通购物者还是街头的流动摊贩。库存从来就不是问题。每周都会有140英尺长的集装箱抵达特马港，每个集装箱内装载着大约400包二手服装，每包衣服的重量为55公斤。[①][8] 特马港距离阿克拉约一小时车程，距离克波内垃圾填埋场约20分钟车程。运抵那里的正是在加拿

---

① 考虑到通过观察和访谈收集数据的局限性，这个数据显然并不能被视作精准的数据。尽管如此，鉴于市场参与者和/或政府的记录缺乏透明度，这是我能拿到的最可靠和最新的数据。——作者注

大和印度完成分级的二手服装。每个包裹按性别和产品类别进行分类和标记：如女式上衣或是男式套装。这些衣服包裹在厚厚的塑料布里，上面贴着寄出它们的批发商的信息。来自欧洲和美国的衣服包裹更受青睐，因为它们被认为质量相对较高（一项调查发现，英国女性平均每件衣服只穿7次[9]）。不过，许多西方人并不知道他们捐赠的衣服通过分级商被批量出售给非洲进口商，然后在坎塔曼托等市场上转售；而同样地，许多加纳人也不知道他们购买的二手服装是别人免费捐赠的。

那个星期四交货日的上午，当我穿行在坎塔曼托时，那些蔚为壮观的包裹令人根本无法忽视：它们高高摞起在市场外围聚集的手推车上，每辆车上码放了两三个，甚至四个大包裹，在市场中灵活地穿行，巧妙地保持着平衡。远远望去，这些巨大的包裹像是鬼魂一样在市场各处飘荡。

三

等待运入坎塔曼托市场的二手服装包裹

第八章　加纳——善意铺就的服装末路　　**223**

但我看到的并非全貌。凌晨时分，一群年轻男性会聚集在坎塔曼托市场外，将从特马港运来的包裹从卡车上搬运到进口商的仓库中。将包裹运送到市场内卖家手中的工作则由女搬运工们完成。[10] 每位妇女每天可能会往返市场多达 10 次，每搬运一趟可赚取 1~3 塞地。由于无论在一周中的哪一天，市场都会在早上 6 点左右开始营业，而衣服包裹需要在第一批客人到来前完成送货、拆包和分拣工作，因此送货通常要在黎明时分进行。

卖家们急切地等待着每周四早上运来的货物（通常每周 5 包），[11] 并不时停下来祈祷当天能收到大量优质货物。卖家们无从得知他们预订的"女士上衣"包裹里究竟是什么，因为在不拆包的情况下完全看不到里面的货物。这些衣服层层包裹在不透明的塑料布里面，在购买之前无法拆包验货，因此卖家承担了巨大的风险。一包劣质货物会使卖家破产，而优质服装则意味着卖家可以赚到足够的钱来支付孩子或兄弟姐妹一周的学费。收到包裹后，卖家们往往一刻也不耽误，迅速将包裹外面牢牢捆成方格状的坚韧绑扎带割开。此刻，包裹里的衣服终于从厚厚的塑料布牢笼中被解放出来，在距离它们最后一次被穿着的地点数千英里远的非洲海岸上再次焕发活力。

所有包裹从外观看没什么区别，但其内部则大不相同。卖家需要再次分拣包裹里的衣服，将它们分为由高至低的三个等级，据我所知，划分等级的依据除了服装质量，还有卖家对服装时尚性的判断。戴维·亚当斯是一位专营男装的摊主，他向我传授了服装分级之道。戴维从 2013 年开始在坎塔曼托卖二手服装，当时他正在大学数学系读三年级，由于坎塔曼托市场此前刚刚遭受了一场毁灭性的火灾，他的家人恳求他离开学校帮助他们重建摊位。他暂时抛下自己的学业，埋头工作以便支付两个妹妹的学费（她们中一个在加纳大学就读，另一个就读于国际高中）。戴维开始时先是购买服装包裹中的二等货和三等货，然后在街上兜售。仅仅过了一周半的时间，他就开始以 150

塞地（约 26 美元）一件的价格成包购买西装上衣，并在市场上出售给他父亲的客户。只用了两个月的时间，他就挣到了足够的钱来支付妹妹们的学费，并得以回去完成自己的学业。

但在读大四的那一年，他不断接到老客户的电话，说他们需要他，因为"他能够明白他们的需求"，换言之，他变成了一个现实生活中的网红。那些西服套装似乎在召唤他，让他重回坎塔曼托。毕业后，戴维短暂地服了一年兵役，薪水极其微薄，并且涨薪无望，这使得坎塔曼托的吸引力不断加大。他知道，那些塞满西服的包裹意味着金钱。有时候那里面真的能找到现金。过去旧西装的口袋里经常有前任主人忘了掏出来的美元；"现在那里面什么都没有了，最多只有一包纸巾"，他笑着说道。他不需要数学学位就能算出来，如果以每包 600 塞地的价格购买一包二手西装，只要以每件 150 塞地的价格卖出其中 4 件，他就可以回本，然后用"其余挣到的钱买一部微软手机"。

戴维一天的工作从早上 6 点开始。他会花一个半小时拆开新到的包裹，将里面的衣服按照型号和等级分类。一等服装当然是众所周知的二手服装精品，即那些看起来全新的衣服，或者是带有标签的新衣服。即使好意慈善组织的标签也算数；这些标签悬挂在市场上的许多商品上。他举起一件修身西装，以它为例向我解释说，一等服装应该跟得上最新潮流或是带有一个众所周知的品牌标签。戴维还会寻找那些连口袋缝线都没拆的衣服，这表明它从来没有被穿过，或者只是穿过一两次。

如今，他买到的整包服装中约有 10% 是第一等级的服装。而回到 2008 年，这一比例曾高达 50%，而且那时衣服口袋里还经常塞着现金。现在的大部分衣服，60%~70%，都属于第二等级。这些衣服虽然已经陈旧，但仍然可能对某些顾客有吸引力。而那些褪色、磨损或设计老旧的衣服，比如一套已经起球的三粒扣西装，或者一件领口已经松松垮垮、带着污渍的 T 恤会被归为第三等级，称为 asaei（劣等品）或 bola（垃圾）。戴维有时能够设法卖掉几件此类衣服，但更多的时候它们被直接丢进垃圾堆。戴维指着一条女裙，以它为例向我解释。他看了看标签，然后看了看拉链。"看看这个，"他略带厌恶地说道，"它看起来就像是我奶奶那一代人穿的。"他说得没错：衣服的标签和拉链看起来有年头了，并且谈不上经典雅致。

"劣等品"中还包括越来越多的服装店库存，这些库存服装被故意划破以使其无法销售。[12] 第三等级的服装还包括那些不符合加纳人需要的商品。加纳的气候炎热潮湿，因此人们需要穿着透气的面料，而丝绸等面料制成的衣服既容易起皱，又不吸汗，所以根本卖不出去。此外，超大尺码的服装也卖不出去。由于肥胖问题日益困扰着西方国家，所以服装包裹中的超大码服装也越来越多。救世军的弗雷德少校曾告诉我，因为这个原因，现在日本服装在二手市场上更受欢迎。

每 6 件三等服装中，戴维有可能卖出 4 件。西服有其独特性，因为总是有人来买西服用作死者的寿衣，在这种情况下，服装风格并不重要。附加说明：加纳人将这些二手衣服称作 "obroni wawu"，意思是 "那个白人已经死了"。[13] 这是因为，人们曾经很难理解为什么有人会扔掉这么珍贵的物品，所以他们理所当然地认为衣服的主人肯定已经去世了。这从一个侧面说明，衣服在过去是贵重的物品，并且现在对于一些人来说仍然如此。

并非所有卖家都有相同的服装等级比例。就销售额和利润而言，西装是最好的类别。请记住，每个摊位经营特定类型的服装，同时会面向特定性别的客户；莉兹的非政府组织记录了一位牛仔服销售商对一包二手服装进行分拣的结果：82 件属于第三等级，13 件属于第二等级，只有 8 件属于第一等级。[14] 另一方面，牛仔服装在二手服装中也有其独特性，因为第二等级和第三等级的牛仔服装可以翻新。借助市场上裁缝和染色工的巧手，一条二手牛仔裤可以焕然一新，看起来更加时尚漂亮；加纳人更喜欢合体的深色牛仔裤，因为它们看起来更正式，这与美国人喜欢的李维斯宽松式牛仔裤风格形成鲜明对比。

加纳方面没有人能控制服装包裹里的具体内容。从分级商那里订购包裹的进口商通常资金雄厚，因为以集装箱进行大规模进口需要大额投资。许多人从20世纪60年代开始便从事这项业务。这其实不难理解：莉兹告诉我，成功的进口商每周的收入超过10万美元（没错，是美元，不是塞地）。[15] 尽管如此，他们对每周交付的货物并没有发言权，如果服装质量低下，他们也没有谈判能力。不过，他们实际上也不承担这种风险，因为风险将被转嫁给零售卖家。

对于零售卖家来说，每包二手服装的平均成本约为937塞地（合165美元），平均毛利（每包的销售额减去成本）为478塞地（合84美元），这里面还要减去商业支出，如雇用搬运工、支付摊位租金、打扫卫生和手机话费等，这些费用加起来约为每周100塞地（合18美元）。零售卖家的一半收入要靠第一等级的服装挣到。[16] 因为第一等级服装需求量大，在生意兴隆时，周三午餐前即可售罄；然后卖家可以在接下来的周四和周五集中精力卖掉剩下的衣服，赚取更多收入。他们能否达到自己的利润目标完全取决于神秘的包裹里有什么衣服，以及他们自己的销售能力。根据斯金纳为其硕士论文所做的研究，平均而言，在市场上以销售男装为主的男性卖家能够赚钱，而以销售女装为主的女性卖家平均而言是亏损的。[17] 这是由多种因素造成的，包括：女性服装区比男性服装区更老旧，因此购物体验较差（那里非常拥挤）；更多女性服装是在富裕国家之外的第三国生产的，因而可能意味着每包服装中会有更多质量较差、不适合出售的服装。我还想补充第三个原因：非洲女性的消费能力可能不如男性。

戴维卖男性西装算是选对了行当，而且他的销售做得很好。他的平均毛利率高达50%，正是因为这样，尽管二手服装销售在加纳不是一份声望很高的工作，他仍然留在了这个行业。这里不是传统的后院甩卖场，而是繁荣的经济中心。当然，在坎塔曼托，并不是所有人都能获得同样丰厚的利润，除了前面提到的运气较差的女性服装卖家，零售卖家的分包商也没有太大利润可言。戴维的商业支出包括人工费用，他以每人每天 30 塞地的价格雇用了三个工人来卸货和做其他杂活，周六则需要支付每人每天 50 塞地（周日人们不工作），同时让工人晚上工作也需要额外付费。工人们挣到的钱够他们维持生计，但基本存不下来。不过，由于坎塔曼托给人们提供了如此重要的生计来源和挣钱机会，包括进口商、零售店主和工人在内的所有相关方都明确希望政府能够加大对坎塔曼托的投资。戴维对未来的期待包括继续求学、开一家西装厂、种植蘑菇和养蜗牛（他喜欢生物学），我建议他考虑成为一位优秀的政治领袖。但他说，现在，"我更喜欢这门生意"。

制度的奴隶：作为活历史的女搬运工

在坎塔曼托，有一群工人不可或缺，她们事实上托起了整个市场的运作，她们就是被称为"kayayei"的女搬运工。在我们的服装走向其生命最终阶段时，这些妇女既是无名英雄，也是受害者。

我到坎塔曼托的第一天，这些头上顶着重达55公斤的包裹，背上背着婴儿，在坎塔曼托内穿梭往来的女搬运工就给我留下了深刻的印象。但对其他人来说，她们已经成为市场上司空见惯的一道风景。

女搬运工的主要工作是将服装包裹从进出口商那里运送到市场零售商的摊位，但她们也会运送其他货物。有钱的购物者可以雇用一位妇女把他们当天的战利品顶回家，其他女搬运工则可能头顶蔬菜，送到居住在城镇边远郊区和村庄边缘的人那里。在所有搬运工中，卖西红柿的人负重时间最长。[18] 女搬运工头顶的货物平均重达130~200磅，通常超过她们自身的体重。为数不多的男性搬运工则搬运超过200磅的货物（更重的货物将由卡车运输）。在交货日里，搬运工们需要在市场中长途跋涉。他们有时需要在坎塔曼托市场内头顶货物，穿过狭窄拥挤的过道走整整一公里，[19] 因为这些过道太窄，汽车乃至手推车都无法通行，只能依靠步行。

看她们往头上安放包裹就像看一场芭蕾舞与蹲举的混合表演：她们先是固定好头上一小圈织物作为垫子，然后蹲下来，以便另一位妇女将大包裹或是装满货物的金属筐放置在她们的头顶。然后，她们会笔直地站起身来，头顶重物向目的地进发。一位叫阿萨娜的女搬运工告诉我，她靠这份工作每周能挣10塞地。在业务繁忙时，她最多每周可以挣50塞地。① [20] 除了报酬，这些妇女还会获得颈部和背部疼痛（诙谐的说法），甚至还有一些颈部折断的案例。[21]

像阿萨娜这样的女性也是历经千辛万苦才来到了坎塔曼托。她们中大多数人来自加纳北部，选择做女搬运工是为了避免被卖给某人做新娘，要么就是丈夫或父亲已经去世，自己需要挣一点钱，以便能找到一个男人帮忙养活她们。同时，气候变化给加纳的农业造成了严重

---

① 联合国人口基金会的一份报告给出的数字较高，报告发现"大多数女搬运工日平均收入为20~50塞地，约为4~10美元。"——作者注

第八章　加纳——善意铺就的服装末路

破坏,许多女孩因家里的农场遭受水灾或旱灾而流离失所。与孟加拉国一样,那些受气候变化影响最大的人在一个导致气候变化的行业中成了最无助的工人。

这些女性搬运工逃离了饱受苦难之地,却流落到这座城市中苦难最深重的一角。距离坎塔曼托约半英里的老法达玛是加纳最古老的贫民窟,与世界上最大的电子垃圾场阿博布罗西毗邻。[22] 与美国一样,加纳处于社会边缘的人也常常被迫生活在有毒废物附近。这里的一个房间中挤着 10~12 个女孩,[23] 她们在闷热的小房间里头碰头、脚挨脚地挤在一起睡觉。每个房间只有一把钥匙,这意味着其他人都必须等到拿钥匙的女孩回来才能进门。这里没有犯错的余地,也没有被原谅的机会。如果不按时交房租,每个人都会被赶出去。由于无处可逃的严重污染和恶劣的生活条件,这个地区被称为"所多玛和蛾摩拉"①,这也正是我刚踏入此地时浮现在脑海中的词。

这些女性每天大约从凌晨 4:30 或 5:00 便开始工作:她们需要到达市场外围的进口商区域,并在早上 7 点将货物运送到市场,市场在 7 点开门并开始拆包——这与亚马逊仓库工人的时间表几乎没有什么不同。尽管这份工作十分劳累并且毫无乐趣可言,但由于女搬运工们对市场的运作如此不可或缺,所以她们知道自己每周都能找到工作机会。有些人可能会说,这总比什么都没有要好,但正如莉兹所说,"她们是这个体系的奴隶"。

新冠肺炎大流行以来,由于居住条件拥挤、缺乏卫生设施以及得不到正规的医疗救治,女搬运工成为遭受冲击最严重的群体。除了生命安全受到威胁,市场关闭还意味着她们本可赚取的微薄收入也随之消失。

---

① 所多玛和蛾摩拉是罪恶之城,源自《圣经》中两座城市的名称,上帝为惩罚市民的淫荡行为而将其毁灭。——译者注

在某次探访坎塔曼托时，我发现自己来到了一个繁忙的交叉路口，周围挤满了卡车和人。一位妇女头上顶着一个宽大的金属罐，里面放着我见过的最硕大的山药，它们被排列成整齐的一圈，以方便拿取。另一个站立的妇女头上顶着一堆叠好的 T 恤，用系在下巴上的一根细绳捆绑得结结实实，胸前挂着的衣架上挂满了红色圆点花纹和豹纹衬衫。路的远方可以看到更多巨大的包裹在移动，完全遮住了它们下面的人类搬运工。

我不禁好奇：她们现在在想什么？她们是否像达努和我遇到的其他斯里兰卡制衣工人一样，同样从北方搬到科伦坡，投身于卑贱的劳动勉力为生，因为社会没有给她们别的选择，也没有采取任何措施保护她们免受伤害？在同一时刻，全世界还有多少女性正在为我们的时装服务，无论获得报酬与否，无论是受到尊重还是被无情利用，无论是以合法还是非法的方式？在这个服装走向生命终点的地方，我们能否给这些活生生的人找到一个生存的机会？

关于"垃圾"的废话：为什么我们需要重新审视二手服装市场

坎塔曼托有一种内在的能量。阵阵鼓声敲出律动的节奏，伴着购物者从一个摊位走到另一个摊位；摊贩们大声喊价兜售商品，奇异地汇成了一曲和谐的大合唱；购物者像沙里淘金一样，精心寻觅着心仪的商品。一眼看去，人们很容易将这看作一场盛大的聚会。然而，坎塔曼托之所以存在，完全是因为我们在本书中一直探讨的服装生产过剩和价值低估问题。这正日益成为一个全球性的问题，而美国则是始作俑者。美国每年都会出口超过 10 亿磅的二手服装。[24] 当然，这个数字只是全球二手服装交易的一部分。2016 年的数据显示，在全球所有二手服装中，39% 来自三个国家：美国（15%）、英国（13%）

和德国（11%）。欧盟和美国二手服装出口额合计占全球二手服装出口总价值的65%。一个国家越富裕，其二手服装出口量也就越大。以在各个领域都正在努力追赶的中国为例，其二手服装出口量在2006—2016年的十年间翻了一番，[25]也正是在这段时间里，中国的中产阶级人数显著增长。正如我们所看到的，这些最终汇聚在加纳的二手服装来自不同的渠道，包括救世军、商店的退换货计划，以及零售商未售出的一手服装库存。

新冠肺炎疫情的暴发在许多层面上打破了这个循环，而这很难说是好事还是坏事。还记得我们曾讨论过当救世军和其他类似捐赠中心暂时关闭时捐赠物品减少的问题吗？在供应减少，边境封锁以阻止病毒传播，以及保持社交距离措施等多重因素的影响下，坎塔曼托这样的市场几乎在一夜之间被关闭。加拿大渥太华服装分级公司Bank & Vogue的总裁史蒂文·贝塞尔表示，2020年春季，运往非洲的二手服装价格下降了一半以上。这是因为出口目的地拒绝接收像以前那样多的货物。肯尼亚暂时性彻底禁止了二手服装进出口；墨西哥由于与美国接壤，原来至少会接收美国二手服装店淘汰货物的30%，但在疫情后墨西哥发布旅行禁令并关闭了边境。[26]

在新冠肺炎疫情的冲击下，整个二手服装销售体系土崩瓦解。这种情况要求我们必须反思，这个体系为什么从本质上如此不堪一击。这部分与我们的消费习惯有关，而我们之所以会养成这些习惯，在某种程度上又要感谢市场营销和企业社会责任团队以及捐赠中心的朋友们，正如我们在上一章看到的那样，他们围绕着所谓"回收"计划精心设计了动听的话术。还有一些人认为，捐赠的二手服装为发展中国家创造了就业机会。像戴维和阿贝娜以及他们3万名零售摊贩伙伴这样的人，正是因为有了坎塔曼托的工作才能够过上好日子，所以我们有什么理由剥夺他们工作的机会呢？

毋庸讳言，二手服装销售确实创造了工作机会。但是，没有几个人能像戴维那样获得可观的利润。别忘了，许多女性卖家实际上是赔钱的，并往往不得不求助于当地进口商提供的贷款。现在，它看起来不再像是一份工作，而更像是一种债务束缚。同时，二手服装市场也阻碍了其他对当地经济而言更稳定和更抗风险的机会。二手服装市场使当地经济受到发达国家的摆布。当卢旺达决定禁止进口二手服装，以便发展国内的纺织业时，特朗普政府甚至暂停了卢旺达根据《非洲增长和机遇法案》（AGOA）获得贸易利益的资格，其结果是卢旺达出口到美国的服装不再享受免税优惠，[27]这是对不愿意接受我们垃圾者的惩罚。

加纳著名传统蜡印棉布制造商阿克松博纺织有限公司的萨米·阿夸赫解释说，由于坎塔曼托提供了众多选择，如今的客户对风格的偏好更加多变，这导致传统蜡印布的销售下降。

综合考虑这些因素就能清楚地看出，纺织业在过去几年中如何及为何逐渐被廉价的进口二手服装所取代，尽管这个产业一度在非洲国内市场和出口贸易中均充满了活力。与太阳王时代的法国、工业化时期的美国和英国，以及改革开放政策下的中国形成鲜明对比的是，今天的发展中国家无法利用保护主义的工具来发展自己的民族产业。为什么？因为新自由主义。从1989年开始，"华盛顿共识"成为美国、世界银行和国际货币基金组织推行的一项新自由主义政策，该政策通过强迫发展中国家取消进口贸易壁垒在表面上向发展中国家开放贸易，但这些政策的本质是要求发展中国家成为我们产品的进口国——事实证明，也包括成为我们垃圾的进口国——而不是允许它们孕育强大的国内产业并生产出口商品。结果，这些经济体与世界超级大国联系在一起，特别容易受到美元汇率变化或国际边界关闭的影响。

目前，对坎塔曼托的零售商来说，前景并不乐观。平均而言，现有的二手服装包裹中只有约18%的第一等级服装，零售商需要依靠销售它们回收投入资金中的 50%~90%。我们捐出的廉价时装越多，零售商能拿到的第一等级服装就越少，相应地，他们的销售压力就越大。这是因为，廉价的快时尚服装不仅质量低劣，不足以作为二手或三手服装被穿着，而且也不是加纳人喜欢的款式或面料，加纳人更喜欢剪裁合体、精心缝制，看起来更正式的服装，而不是弹力针织服装。

变废为废：不为人所知的垃圾填埋场

随着优质二手服装越来越少，一次性廉价服装越来越多，加纳人被迫做出的举动恰恰是我们在捐赠或回收不想要的商品时认为不会发生的事情：这些衣服在旅行了数千英里之后，甚至没能等到承诺给它们的第二次生命便直接被扔进了垃圾桶。更糟糕的是，加纳和许多发展中国家的垃圾处理系统并不像我们在纽约和整个美国看到的那么先进，因此与在发达国家直接将其扔掉相比，现在的做法导致了更严重的污染和气候影响，更不用说还有长途运输这些垃圾的环境成本了。

千真万确，垃圾和时装一样是坎塔曼托喧嚣生活的组成部分。拆包过程需要一个小时的时间，在这个过程中，那些没人要的第三等级劣等品会被作为垃圾清理掉。此外，零售商还必须处理那些卖不出去的衣服。根据斯金纳的观察，大阿克拉都会区（AMA）每周 6 天从坎塔曼托收集 77 吨纺织品垃圾[28]（即每周 280 万件二手服装），这些垃圾主要被送到克波内垃圾填埋场进行处理。在坎塔曼托，每售出 3 件衣服，就有另外两件衣服被扔掉。我想要在此强调，这意味着我们运往阿克拉的衣服中，有一半以上最终落到了垃圾填埋场。我们显然不能完全依靠一名研究生的论文研究，而是需要更翔实的数据，但这一惊人的数字无疑颠覆了整个二手服装销售和捐赠系统存在的全部意义。

我站在克波内垃圾填埋场。每周有 77 吨来自坎塔曼托的纺织品垃圾被倾倒在这里。

坎塔曼托市场中一堆待处理的"劣等品"。市场的每个路口都堆积着附近摊位产生的垃圾。

从市场运回特马港的满满一卡车"劣等品",只不过这次是为了填埋。

这一巨大的垃圾产出量使得坎塔曼托成为阿克拉乃至整个加纳最大的垃圾收集点。[29] 美国的垃圾填埋场中平均有大约 5% 的衣物和鞋子,而克波内垃圾填埋场的这一比例是这个数字的 4 倍,换言之,整个垃圾填埋场计划容量的整整 20% 被来自坎塔曼托的垃圾占据。尽管如此,坎塔曼托产生的全部垃圾中,只有约 25% 被送往垃圾填埋场。另有 15% 由非官方私人收集商收集,他们可能非法将其倾倒在水道中,埋在海滩上,在空地上焚烧,或者干脆将其留在路边。这种不受监管的倾倒行为是 2014 年霍乱暴发[30] 的幕后推手,那场传染病流行导致了 243 人死亡。克波内垃圾填埋场于 2013 年启用,[31] 只花了不到预计寿命一半的时间就超过了其最大容量,也就是说,它的使用寿命只有短短 6 年,而不是预计的 25 年。

坎塔曼托周边的道路两旁堆满垃圾。

可悲的是，我们的服装旅程的最后一站在某种程度上又是完全合理的。首先，服装产业的劳动和生产被转移到外国，在这些国家，由于缺乏监管，所有东西都更便宜，从而使服装的制造过程更不透明，也更肮脏。现在，我们的垃圾处理也正在发生同样的事情，并导致那些不存在可靠基础设施的国家被我们生产的垃圾所淹没。

来自地球另一边的超量纺织品垃圾正在成为一个已经陷入困境的城市越来越沉重的负担。人们在后院焚烧衣服。纺织品垃圾堵塞了城市的下水道系统，并以一种真正不可持续的速度填满了城市的垃圾场。正如我在访问克波内时将要看到的那样，对生活在那里的人们乃至整个地球而言，这都是十分可怕的景象。

我们在一个雾气蒙蒙的周五早晨来到了垃圾填埋场。虽然为本书进行的所有探访都不需要我打扮得光鲜亮丽，但只有来克波内垃圾填埋场的这一次，我被明确告知不要化眼妆，因为垃圾填埋场里的化学物质会使睫毛膏凝结在我的睫毛上。在靠近填埋场入口处的一个棚户区边上（这再次证明了最贫困的人群最容易遭受垃圾的毒害），几个男人正全神贯注地进行着一场西洋棋比赛。我发现，四周的雾气不仅仅是因为天气，还有阴燃带来的烟雾。

事实上，我在很远的地方就看到了烟雾，但我当时以为那是别的东西。但我们越靠近，烟雾的来源就越清楚。大约四分之一的垃圾填埋场正在阴燃，目之所及被产生的滚滚黑烟笼罩。填埋场其余部分上方的天空则依然异常清澈湛蓝。

我们抵达克波内垃圾填埋场时看到的场景。

在着火的一侧走出我们的车就像进入了《饥饿游戏》（The Hunger Games）的现场。我环顾四周，想起了我为本书进行调研时去过的那些地方：得克萨斯州的田野，那里的农药伴着棉花的绒毛随风飘散；中国的河流，里面充满化学废水，我差点掉进去，还有牛仔裤工厂的车间，我曾站在那里的一滩废水中间；达卡的小街巷，那里的路两旁散落着织物碎片、被砍倒的树木、废旧轮胎和人们丢弃的鞋子；斯里兰卡的贫民窟，那里十几个年轻女孩挤在一间屋内，她们的青春年华耗费在流水线上，每日辛勤工作缝制内衣。在每个地方我都曾经感叹过：天哪，这是我到过的最脏的地方。到了阿克拉后，我大部分时间都待在房间里，只是为了让自己保持干净：即使刚刚扫完地和洗过脚，只要再走上几步，我就会发现自己的鞋底又粘上了一层褐色的脏东西。莉兹解释说，这可能是因为我们居住的民宿就在阿格博格布洛谢附近，阿格博格布洛谢是一个大型的电子垃圾场，许多女搬运工就居住在附近。而现在，面对滚滚的浓烟、呼啸的大风和扑面而来的热浪，我才见识到什么是真正的肮脏。

我低头审视着脚下的土地，努力平复心情。但我的目光恰好落到了半掩在泥土中的一条牛仔裤和一件儿童刺绣连衣裙，这让我的思绪再度飘到了那两件衣服可能去过的所有地方：它们使用的是得克萨斯州的棉花还是印度的棉花？是在达卡还是在绍兴生产的？是在纽约、明尼苏达还是在伦敦出售的？它们是否到过坎塔曼托？而在经历了这一切后，它们流落在此处，接受这种可耻的死亡，被那些亲手生产和出售它们的人彻底遗忘。

我们已经事先联系好与垃圾填埋场的经理珀西会面，尽管他现在很自然正忙于处理我们眼前冒烟的火。我们问他是否仍然可以四处转转，他回答道："这对我来说很尴尬，但这就是现实。"他最终还是决定允许我们进入垃圾填埋场，以便将真实的情况展现给世人。但显然，不是所有人都认为让一群外来者在无人监督的情况下在燃烧的垃圾中漫步是个好主意。就在我们登上垃圾山时，垃圾填埋场的一个工人在后面追着我们大喊："你们不能在这里！"不过，当他和珀西确认过我们的探访已经获得了批准，他的态度变得非常好。他礼貌但担忧地告诉我们，这是他们有史以来最严重的火灾——这里以前显然发生过火灾，但似乎并不是特别频繁。他们认为火花可能来自隔壁的公司。第二天的媒体报道则表示，引发大火的实际上可能是运入的其他垃圾中无意夹带的余烬。

伴随着不断袭来的滚滚浓烟在垃圾填埋场爬上爬下是一段混合了寻宝、恐怖表演和《谁敢来挑战》（*Fear Factor*）节目的难忘经历。尽管我戴着口罩，并特意穿着长袖长裤，但食物残渣、塑料袋，当然还有旧衣服组成的阴暗泥沼仍然让人惊慌。我通过玩"I Spy"游戏来保持注意力集中。塑料袋是最容易辨认的，它们鲜艳的明蓝色和绿色像彩色纸屑一样点缀着灰秃秃的地面。我穿的黑色针织耐克鞋找到了各种各样的伴侣——带着耐克小钩钩标志的运动鞋和凉拖，还有亚瑟士（Asics）和一双红色彪马魔术贴高帮运动鞋。其他的衣物比较难以辨认，因为它们大多像那些暗淡的牛仔裤一样被碾碎在泥土里，或者装在垃圾袋里，所以只有最显眼的亮红色衣服才能被一眼看到。

每辨认出一样东西，我就停下来。一件清新冰激凌色系格子衬衫带有 H&M L.O.G.G.（分级商品等级，男士休闲海滩/户外系列）标签。另一堆垃圾上露出一个标签，上面标着"加拿大制造"。一个看上去很新的白色仿范思哲防尘袋与周围铁锈色的泥土地形成了鲜明的对比。一只帆布网球鞋已经破得几乎认不出来了。

我本来已经充分准备好被垃圾的臭味窒息，但令人惊讶的是，克波内的气味尚可以忍受。别误会我的意思，它仍然是一个大垃圾堆，但这场大火莫名其妙地使它散发出一种完全不同于一般垃圾堆的篝火味道，可以称之为燃烧的味道，只是其中带有一丝腐烂的气息。在人字拖或塑料袋旁边偶尔可见椰子、香蕉皮或聚苯乙烯泡沫塑料食品盒，但暴露在外的食物垃圾和蛆虫比我预想的要少，因为大部分垃圾都装在袋子里。

每隔一段时间，我们就会遇到其他攀爬垃圾山的人，他们不是正式工人，但每天都在垃圾填埋场上下忙碌着。他们的目标更加专注。每当运送垃圾的卡车倾倒出里面的东西，他们会仔细筛选，拣出塑料瓶，装在巨大的袋子里，然后把它们滚下山。通过这项工作他们每天最多可以挣到 20 美元，虽然我并不清楚谁会付给他们钱以及是为了什么（我没有看到任何可能会收购这些瓶子的回收设施）。

爬上山顶后，我停下来察看周围的环境。黑灰色的烟雾一直延伸到地平线之上，呈现出一种丑陋之美（我觉得德语里一定有一个专门的词来形容这种现象）。由于火焰不断逼近，我们不能在垃圾山顶停留太久。我在前面提到过，这个垃圾填埋场在不到设计寿命一半的时间内的容纳量已经超出了设计容量，因而某些关键的安全措施已经被舍弃。例如，填埋场曾被划分为四个区域。但现在分区已经没有了。这就是为什么一个区域内的火灾现在开始烧毁整个垃圾填埋场。在山顶上待了几分钟，透过不断涌来的烟云审视过我脚下那片服装的墓地之后，我决定赶紧下山。我的后背越来越感到炙热，想起家中还有年幼的孩子正在等着我，我不禁告诉自己，要是就这么死了可就太愚蠢了。

莉兹曾向我指出，所谓非洲二手服装"笃行善事"的故事忽略了一个关键事实，这个事实现在就鲜活地展现在我眼前。我们每做一场关于捐赠或回收再利用衣服的宣传，就应该至少再做五场宣传，告诉人们为了赋予旧衣服新生真正付出了多少努力，以及有多少回收的衣服最终被丢弃。如果二手服装中一等品与三等品之比继续下降，坎塔曼托将丧失活力和社会经济价值。然而，如果加纳和其他发展中国家仍然继续开展二手服装贸易，那么也有一个简单的方法来改善这一体系，那就是出口质量更高、更耐穿的衣服。如果进入加纳的二手服装是真正高质量的服装，加纳人将得到可以重复穿着的衣服，垃圾堆中的衣服数量将会减少（无论是被我们抛弃还是被西非人扔掉），从而

减少服装对环境的总体影响。当垃圾在开放的环境中燃烧，比如那天发生在克波内的情况，或是每天都会在非官方垃圾堆放场所上演的火灾场景，固体的垃圾将被转化为气体和颗粒物污染。你知道洛杉矶特有的雾霾吗？那就是颗粒物污染。

这些气体中包括导致气候变化的二氧化碳和甲烷等温室气体，还有甲醛和乙醛等有毒气体以及丁二烯和苯等致癌物。由于合成服装本身含有更多的碳，它们在燃烧时将释放更多的二氧化碳。正如在洗涤过程中会释放塑料微纤维一样，合成服装燃烧时，塑料微纤维也会释放到大气中并随风四处飘散。

综上所述，投入如此多的资源来生产一件衣服，然后把它运输到地球的另一端出售，在只穿几次后再次将它运输到地球的另一端，让它最终把这些资源散发到大气中，污染人们的肺部和地球上的土壤及水道，这没有任何意义。

同时，无论是否燃烧，填埋的纺织品都是温室气体排放的来源。因此，重复穿着衣服远比回收和处理它们更好：如果每一件衣服被人们所穿的时间都增加一倍，那么服装导致的温室气体排放量将可以减少44%。[32]

那天晚上回到房间时，我身心俱疲，有点渴望逃离这一切，于是我拿出手机开始浏览新闻。（虽然我从未期待过新闻能带来让我松口气的消息。）然后我看到，克波内并不是那天唯一起火的地方。孟加拉国的一个贫民窟也发生了火灾，那里的居民大部分是制衣工人。

丽玛蜗居的科瑞尔铁皮屋在发生火灾的查兰提卡（Chalantika）以东6.5公里处，还有一段距离，但在看新闻时我真切地感到，那就是她和同为制衣工人的邻居的故事。超过10 000人因这场火灾无家可归，[33]无情的大火吞噬了他们仅有的可称为个人财产的东西。就在我抵达加纳的几周前，西伯利亚的大火成为新闻焦点。在我离开加纳回家后不久，全世界再次震惊地见证了 200 多万英亩亚马孙雨林毁于大火。[34] 2020 年 1 月我开始撰写本章时，一场空前的森林大火烧毁了澳大利亚 4600 万英亩土地并夺走了超过 10 亿动物的生命，[35] 使一些珍稀物种濒临灭绝。[36] 我们的世界已经被大火包围。

不同的结局

在结束加纳之旅的前一天，我报名参加了一个骑自行车游览阿克拉的活动。那天恰逢星期天，是唯一有骑行活动的日子。因为在星期天几乎每个人都会去教堂，通常充满音乐、人声和汽车喇叭声的道路会变得较为安静，使得骑自行车相对安全。骑行了大约 30 分钟后，我们抵达了这次旅行的主要景点之一：著名的奥苏城堡（Osu Castle）。这座城堡建于 17 世纪中期，由当时的丹麦－挪威王国建造，在加纳与西方世界以服装为纽带的关系中发挥了关键作用。在西方列强大肆掠夺土地和开展贸易的全盛时期，这座城堡相继被多个欧洲列强占据，逐渐成为一个堡垒和易货交易场所。由于得到了充当中间商的当地酋长的帮助，丹麦人最终得以在整个非洲西海岸实现了贸易垄断。他们从欧洲运来枪支、弹药、酒精、布匹、铁制工具、黄铜制品和玻璃珠，然后从非洲运走黄金、象牙和奴隶。1697 年后，人口贩卖成为整个贸易体系的核心，奴隶主要被贩运到丹麦统治的西印度群岛或是其他欧洲国家。1660—1806 年，有 10 万~11.5 万名奴隶从这座城堡中被贩运走。[37]

随着跨大西洋贩卖奴隶的行为在 1808 年被废止，加之后来这里被英国人控制，这座堡垒年久失修不再使用。它曾经是加纳的白宫，但现在，它的主要设施包括一家诊所、几家商店、一个咖啡馆、一个邮局和几个面向公众开放的花园。

我们的导游塞缪尔带我们参观了几处地方，就是从这些地方，众多非洲人开始了被迫为奴的苦难历程。而在离这里 20 英里远的港口，那些奴隶首次被套上枷锁、背井离乡，以其在棉田的辛苦劳作推动了工业革命和我们的现代经济，而同样也是在那里，那些"死去白人的衣服"正在被源源不断地运入。在美国历史上最黑暗的一个时期，服装将美国和加纳紧密相连。今天，服装再次把我们连在了一起。它在未来将如何连接我们，会带来什么样的结局，这一切都取决于我们。

斯蒂凡尼亚·曼弗雷达的快闪概念店（pop-up concept shop）位于阿克拉市中心的时尚街区奥苏，靠着小店内墙整齐地摆放着一列服装，看上去赏心悦目。衣服的布料清爽怡人，在侧墙空调吹出的阵阵凉风下微微抖动，空调下方摆放着香薰蜡烛，氤氲的芬芳在店内萦绕。我很清楚自己是在阿克拉，但这家小店不输于纽约的精品店，或者，鉴于它的主人是一位意大利和加纳混血儿，也可以说它完全能媲美任何一家意大利精品店。

这家店名叫 Lokko House，是一家时装仓库店，设计师和艺术家们聚集在此，在坎塔曼托为他们提供的各类时尚元素之上进行再创作。今天的活动是定制外套，可以用补丁装饰，也可以根据个人喜好进行无限自由组合。我观察其他购物者仔细挑选外套产品，这些产品中不乏时尚潮牌 Supreme 和古驰这样的大牌，但它们并没有像我预料的那样被迅速抢购一空。品牌对购物者来说并不重要，更重要的是款式、合身程度和面料，这些才是好衣服的真正标志，尤其是当他们更关心个性化的改造而不是原版衣服时更是如此。这些年轻人面带微笑，跟随 DJ 的音乐舞动着，显然正在真心地享受时装带来的快乐。我没什么设计天分，所以略带羞涩地向我见过的穿搭最好的一位男士求教，询问他是否能给我一些建议。这位男士叫阿玛·阿伊维，是一位造型师；他慷慨地帮我挑选并设计了一件定制牛仔夹克。如果这就是我们所说的循环时尚（circular fashion）——一种能无限穿着一件牛仔服装的方式，那么我是它百分之百的拥趸。

阿玛·阿伊维和一位裁缝在 Lokko House 快闪店共同制作我的定制牛仔夹克。

加纳可能是二手服装以原始状态被穿着的最后一站，但坎塔曼托的 Instagram 网红们正在让这些服装焕发新生，并且让我说的话，它们明显地变得更好。这里与美国的情况极为不同：在美国，二手服装仍然散发着陈旧和不幸的气息 [尽管像 RealReal（二手奢侈品电商平台）、ThredUp 等企业正在迅速改变这一点，[38] 同时还有一些新设计师不断推出"升级版"设计]，而在加纳，设计师正在令二手服装比新衣服还要酷。

除了发展本国纺织和服装业，二手服装也可以成为一种原材料，支持蓬勃发展的创意产业。加纳可能已经做好准备，开始一场将二手衣服变成财富的革命。我在店里遇到的一位德国、加纳混血女性阿妮卡表示："我们生活在一个商业世界，但这并不意味着商业必须通过销售商品来实现——它也可以通过销售像服装改制和服装改造等服务来实现。"

新冠肺炎疫情为这些令人惊叹不已的非洲设计师带来了一线希望。随着二手服装原材料进口量的减少和工作场所的关闭，肯尼亚的设计师们（那里的进口被暂时禁止）开始转向新的服装设计和生产项目，以使时装业更加贴近本土——这在本质上与华盛顿共识的目标背道而驰。[39] 虽然国内产业的成熟需要时间，但对于恢复萨米讲的本土自主性来说，这是宝贵的第一步。

除了有关二手服装销售市场和二手 / 升级服装的媒体正面报道，世界各地的 Instagram 网红对于不断增长的二手服装购买者和设计师群体来说甚至更为重要。明星们所表现出的态度，无论是支持重复穿着衣服还是相反，都将被传递给全世界，包括千千万万在各个层面需要依赖重复穿着我们的服装才能生存下去的人。我虽然不是什么红毯明星，但当我穿着在 Lokko House 重新设计的牛仔夹克行走在威廉斯堡的人行道上时，我感到了前所未有的自豪和幸福。我清楚地知道，如此酷的一件衣服是用旧衣服改制而成的，而那件衣服本来可能被丢弃在克波内垃圾填埋场并毁于大火，这给我带来了久久不能褪去的满足感。精心挑选、购买和穿着我们的衣服，这是对卡尔和丽玛、塞萨尔和达努、大石和劳拉、贝基和萨米等这些人辛勤工作的尊重。如果我们购买的衣服中更多的是我们真心喜爱之物，那么即使我们最终把它们送人，也意味着它们不太可能变成其他人的垃圾，并需要像维托、弗雷德少校、戴维或阿贝娜这样的人来帮助我们处理。

第九章

立即行动，重整衣柜
——开启服装新"新政"

仅仅知道还不够，必须学会运用。

仅有决心还不行，必须付诸行动。

——歌德

哈！我们现在已经走遍世界各地许多地区，一次又一次地揭开服装行业的内幕，展示它如何摧毁了我们的地球、我们的同胞以及我们的幸福。在这次旅程中，我们也看到了我们自己、我们的国家以及整个世界被紧密地缝合在一起，而这些针脚下的张力正在撕裂我们的自然、政治和经济体系。

这简直太有意思了，不是吗？那么，我们继续快乐地往前走吧。

我们的工作当然还没有完结。鉴于我们已经彻底了解了这个体系的运转方式，现在到了要努力解决问题的时候了。要实现这个目标，关键是要消除伯内斯及其门徒的余毒。现在就来做这件事。本书最后一章提出了一些具体方法，让我们可以通过转换我们的社会角色来解决这一体系存在的问题，不是像伯内斯希望的那样将自己视作一个消费者，而是选择作为一位公民，我认为这才是我们应该扮演的更有力量，也更幸福的角色。

作为消费者

作为消费者，我们有两种方式在这个体系中发挥影响力：其一是通过我们的实际购买决定，即"钱包的力量"；其二是呼吁我们支持的品牌做到更好，即"声音的力量"。首先来谈谈个人购买行为。虽然个人的购买行为在统计学上意义不大，但我们购买的方式和内容可以为他人做出表率，而这种涟漪效应是有意义的。如果有网红或是明星读到了本书，那么你的模范行为（其中也包括作为模特穿着打扮的示范效应）将对其他人产生巨大的影响（但这种影响更多是暂时性的）。

清理我们的衣柜

现在有大量非常好的资源，可以帮助人们思考如何有意识地以可持续的方式来充实自己的衣柜。我特别推荐伊丽莎白·克莱恩（Elizabeth Cline）所著的《衣柜前请三思》(The Conscious Closet) 一书和 Frontlash 网站。这些资源可为人们提供详细的指导和信息，但下面我想给出一些简单的建议。

要整理衣柜，当然必须先要看看里面都有什么。近藤麻理惠已经多次告诫我们，整理意味着扔东西。但在这么做之前，我们不应忘记第七章和第八章中提到的教训，在那两章中，我们看到了被我们丢弃的物品的真实命运。但这是不是意味着我们再也不能清理衣柜并获得快乐了？是，但又不是。为了与我们的服装建立积极的关系，我们需要看到我们实际上拥有什么，对我们中的许多人来说，这意味着要扔掉那些我们实际上从未穿过而且可能永远也不会穿的衣服。但在清理你的衣柜时，可以考虑在近藤麻理惠的六步法之上增加第七步，借用另一个日本概念"mottainai"（勿体无）①，对浪费资源表示遗憾。这一步可以鼓励我们对浪费行为加以反思，并将帮助我们减少衣服的数量，重复穿着它们，并最终享受它们给我们带来的幸福。

现在，我们的衣柜不再给我们带来压力。为了确保它能够保持这种状态，下次我们出门购物前，可以先问问自己下面的问题。这些问题可以当作"购物者反思清单"。

1. 它能激发快乐吗？

在动手买衣服之前，而不是5年之后，先问自己这个问题，这样你就不会成为统计数据中那些只会经常穿着衣柜内20%衣服的女性中的一员。[1]

2. 它是否合体？

要激发快乐，一件衣服显然要合体，所以如果你在货架上找不到现成的合体服装，就去找一位裁缝，像坎塔曼托的裁缝那样，他们可以帮助你把成衣改成合体的服装。

3. 它触感好吗？

请对触感不好的衣服直接说不。这有什么额外的好处吗？高品质的天然纤维会给人更好的触感，因此，穿着天然纤维制成的衣物，你既可以让自己更舒服，也不会造成更多微塑料污染。

4. 它的做工如何？

瞪大眼睛检查衣服：它们的面料是一拨工人纺的，缝制是另一拨工人完成的，装饰又换了一拨工人。把衣服翻过来仔细查看。是否有线头露出？针脚是否均匀？拉伸时是否会变形？如果

---

① 是一个日本用语，从佛教用语"物体"的否定词而来，意思是"当一件事物失去了它该有的样子，对此感到惋惜的心情"，近来已成为解决全球资源环境问题过程中常被提到的一个词。——译者注

存在这样的问题，不管它的售价多低，那件衣服都不值得购买。

5. 它能在什么场合穿着？

正如我刚刚所说，大多数女性只会从自己衣柜内 20% 的衣服中加以选择，这意味着 80% 的服装在生活中没有特定存在意义。无论是正装还是日常休闲服装，你应该选择适合自己生活方式的衣服。

6. 它的价格如何？要考虑单次穿着的平均成本。

我认为在买衣服时应该考虑的是单次穿着的平均价格，而不是衣服的售价。我和许多像塔玛拉这样的妇女交谈过，她们喜欢大减价带来的刺激，但她们在激动之余购买的衣服会一直挂在衣柜里，标签都没有摘。如果你一开始就不打算穿这件衣服，那么与其说是你得了便宜，还不如说是商店得了便宜。现在，我把我的衣服看作一种投资。我在每件衣服上花的钱可能比以前要多，但我穿着它们的次数更多，穿上它们后的感觉更好，而且还不必面对杂乱的衣柜带给我的心理压力。

7. 我想要支持的是谁？

当你决定购买某件衣服时，请考虑你希望支持什么样的公司。想一想是谁拥有和管理这家公司，以及他们如何营销他们的产品。如果你希望自己所处的社会不会使结构性的种族主义永久存在，那么请认真思考这一点，并承诺支持多元化的公司，特别是黑人或原住民拥有的公司。

好吧，现在我们已经整理好了自己的衣柜，但作为消费者，我们还能在更多方面有所作为。

可持续或慢时尚是否可取？

你可能已经注意到，我在本章开头并没有大声呼吁购买"可持续时尚"服装。我当然非常赞赏品牌为减少环境影响所做的真诚努力；我们需要做出更多这样的努力，并且从我运营 Zady 的经验可知，这绝非易事。但购买"可持续时尚"产品并不是包治百病的灵丹妙药。

首先，我希望读者通过阅读本书已经发现，事实上并不存在所谓的"可持续时尚"。也许某一类时装的环境影响相对较低，但这也只是程度问题，而且时装行业的数据收集极度欠缺，因而往往很难确定某种标榜为"可持续时尚"的产品是否真的具有较小的环境影响。

事实上，"可持续时尚"或"慢时尚"[①]等标签已经如此滥用，以至变得几乎毫无意义。这对于那些积极尝试在这一领域做出真正努力的公司，以及寻求清醒消费的人来说绝非一件好事。正如你从第六章中所看到的，品牌围绕可持续所做的更多的是营销宣传而不是扎实实践，同时也没有取得多少有据可查的实际影响。无论是对那些自我标榜为"彻底透明"的公司，还是对那些推出所谓特定"可持续"产品的快时尚公司来说都是如此。目前已经有人试图在这方面创建消费者指南，但他们只能依赖于公开披露的信息，而截至目前，公开信息尚不足以为我们提供足够的数据来进行有意义的比较。

还有一个问题：所谓的"可持续时尚"强化了一种观念，即我们可以通过购买来实现可持续发展，问题的核心只是购买这种商品或购买那种商品。事实并非如此。最可持续的做法是根本不买东西。这并不意味着你不应该购买任何东西；这意味着你从一开始就拒绝购买那些不能激发快乐的商品，并且重新掌控我们的衣柜和我们的生活。

最后，对于许多人来说，标榜"可持续时尚"概念进行营销的产品在价格上并不亲民。虽然现在极其便宜的低端服装肯定大有问题（考虑到服装生产需要的所有步骤，一件 T 恤如果仅售 2 美元，则意

[①] "慢时尚"（slow fashion）又译作"慢时装"，指强调持久、慢出独特并且难以复制的服装风格。——译者注

味着除了破坏地球环境，一定还损害了某些人的福祉），但我们能做的是把自己的衣服多穿几次，并且追求更高的品质，而很多价位的服装都应该能够实现这个目标，特别是按照单次穿着成本来考虑的话更应如此。

我希望澄清，这并不是要贬低许多品牌正在做出的重大努力。我想强调的是，在现阶段，尚没有数据驱动的系统性方法来对那些以可持续概念进行营销的品牌做出判断。

探索二手服装销售

学习加纳时尚达人的经验，大胆选择二手服装。二手服装不仅已迅速被接受，而且成为一种值得夸耀的资本。你可以访问美国的 ThredUp 或 RealReal 网站、英国的 Depop 网站、法国的 Vestaire Collective 网站或印度的 Kiabza 网站，它们是快速增长的数字化二手服装市场的一部分，而据一份研究报告所述（这份报告是由 ThredUp 赞助做出的，因此请保持足够的谨慎态度），数字化二手服装市场预计将超越快时尚，到 2029 年其规模将比后者大 50%。[2]

我在 RealReal 上卖过几件衣服，并在那里买过多件我原本买不起的好东西。但二手服装销售同样不是解决全部问题的办法。正如我在下文中将要阐述的，有证据表明，围绕循环消费的营销可能会创造更多的消费：人们会购买新衣服并认为，"我正在做一件好事，因为我穿过后会把它卖到二手市场"；而从二手市场购买的人则认为，"嗯，我并没有买任何新的东西"。这些心态会相互作用，共同推动消费机器的转动。所以，尽管买旧比买新好，但不买才是最好的。

与社交媒体建立健康的关系

为了让自己少买东西,我们必须首先远离下面这些信息,例如:"买我,买我""你知道你需要我""看到这个东西了吗?如果你买了它,你的烦恼将会消失,你会永远幸福,过上梦想中的生活,并且看上去棒极了"。对我们中的许多人来说,社交媒体,特别是 Instagram,是这些信息的发源地。Instagram 是一个基于广告的平台。我的 Instagram 每推送三条我关注的消息就会加推一条广告,更不用说还有那么多发产品软文的网红和明星了。不幸的是,平台不允许我们在设置中关闭广告。

有可供技术小白参照使用的解决方案吗?首先,你可以删减你关注的网红,这样至少不会除了 Instagram 推送的广告外全是网红的广告。我会删掉那些引发我错失恐惧症或者让我感觉不舒服的账户。如果我打算花钱,我希望这是一次积极的经历,而不是因为我觉得自己不够好。当然,我也会定期完全删除这类应用程序,享受和家人在一起的时光,做运动、读书、会见朋友或是看一部好电影。你可以对自己的电子邮件账户执行相同的操作,只需要单击"取消订阅"。

还记得香烟广告被禁后发生了什么吗?吸烟的人越来越少。我们对购物瘾也可以采用同样的原则,少接触广告和其他消费信息,从而减少盲目购物。

循环消费神话

关注可持续发展的读者可能已经听到过很多关于循环消费的讨论。H&M 致力于实现 100% 的循环消费,并有一个专门的网页介绍这个概念;Gap 也发布了自己的 2020 年循环时尚承诺。

我知道,这听上去很美,但我对这个所谓的解决方案心存质疑。

它让我想起了我在法学院学到的所谓"道德风险"（moral hazard）概念。例如，由于有保险，所以开车时会更加鲁莽。这个理念也适用于循环消费。如果我们相信只要我们把旧衣服交回 H&M，它们就会神奇地变成新衣服，那么我们在购买新衣服时就不会有那么多困扰。事实上，现在已经有证据表明了这种心态的存在：研究人员发现，在洗手间中放置废纸回收箱实际上与使用更多纸张存在正相关的关系。[3] 许多零售商不仅把它们的旧衣回收箱放在商店里，鼓励人们把旧衣服交回来，而且还在经济上鼓励人们这样做。就好像你往洗手间的回收箱内放入废纸会得到金钱奖励，然后你可以在恰好位于洗手间旁边的便利店买一卷新的卫生纸带回家。事实上，被放入 H&M 等公司旧衣回收箱内的衣服的命运基本上与捐给救世军的旧衣服没什么不同。因此，长话短说，尽管公司在材料回收方面的投资非常重要，但作为营销工具的循环消费无疑是时装业的道德风险。别上当。

给网红 / 明星的特别留言

各位网红 / 明星，你们好！下面这段话是专门写给你们的。我知道并完全理解你们现有的商业模式是为了卖出更多商品。但是鉴于世界已经变得越来越扁平，你们越是倡导不停购买新品或是每次拍照时都要换一身新衣服，整个世界就越认同我们需要更多新衣服，而且每件衣服只能穿一次。这些信息通过推特等社交媒体平台在网络上转发和传递的次数越多，地球被摧毁的速度就越快，也就有越多的人身陷险境。

你们拥有强大的力量。你们的行为会对全世界产生巨大的影响。你们控制着消费主义的源头。所以，请善用这种力量。请审慎地培育个人品牌，尽量不使其助纣为虐，鼓励其他人购

被放大的欲望

买最终毁灭世界的商品。如果你们能够大方地多次穿同一件衣服示人，我们也会乐意效仿。如果你们不肯这样做，那么我们同样也会效仿。请考虑推广服务而非实物商品，例如：瑜伽课（而不是瑜伽裤）、冥想（而不是漂亮的彩珠），或是烹饪课（而不是流行的炊具），你们知道，那些体验将带给其他人渴望获得的幸福。

我们的衣服应该是我们真心所爱并让我们感觉良好之物。我们的衣柜不应该给我们带来压力，而是能让我们每天欣赏和享受穿衣乐趣的地方。在下一节中，我将与大家分享一些建议，让我们购买服装的行为不只成为很棒的体验，还能帮助减缓整个体系的运转，并通过发出自己的声音来监管服装产业，促使整个行业脱胎换骨，只排放清洁的废水和废气，并能够让工人凭借自己的劳动过上幸福生活。

你的声音拥有力量

相信你已经拥抱了这种美好、有意识而健康的购买关系，那真是太棒了！做得好。我们每个人的选择将会开始减缓这个行业继续偏离正轨的速度，帮助它不再将一年四季变成永不停歇的新品季。然而，我们只有通过不断发声才能让公司改变他们的行事方式，减少碳使用，管理化学品使用，给工人一份体面的工资，让公司不会使结构性种族主义永久化——实现我们在本书前面章节谈论到的所有愿景。

服装产业有一个颇为有趣的地方，那就是它的利润高度集中。最大的 20 家时装公司获得了整个产业 97% 的利润。[4] 只要这些公司发生转变，我们就能在全球范围内取得重大成果。信不信由你，公司的高管们确实会阅读他们收到的电子邮件，并会浏览社交媒体上的聊天内容。消费大众创造的需求，公司一定会乐于满足。如果我们要求公司减少碳排放，管理化学品，给工人一份体面的工资，并具有代表性和包容性，它们就会这样做。而如果我们不提出这样的要求，变革也就不会发生。

新标准研究所的核心工作就是通过使行业担责来支持其健康发展。我们要求大型时装公司（以及其他行业）测量其环境和社会足迹，披露测量结果，公开设定目标并及时披露这些目标的达成情况。要取得进展，并不需要高精尖的科技，只是看公司是否有意愿这样做。发出你的声音来请求（或要求）公司承担这种责任，你便可以在催生这种意愿方面发挥关键作用。通过社交媒体或 www.newstandardinstitute.org 上的 @NSIFashion2030 加入新标准研究所的 NSI 社区；在那里，你可以签署我们的请愿书，要求公司担起自己的责任。我们还提供最新的行业信息和确保你的声音能够被听到的渠道。正如我所说的，只有当公司听到你的声音——这是它们知道你有意见的唯一方式——它们才会朝这个方向前进。如果我们什么都不说，那么请相信一切都会照旧：语焉不详的营销口号将继续鼓励我们购买更多的东西（只不过这次被贴上了"可持续时尚"的标签），但不会发生任何真正的改变来帮助解决服装行业以及地球面临的巨大和急迫的现实问题。

而且，正如我们在整个服装之旅中所看到的，有关服装行业环境和社会影响的数据往往很难获得，这使得我们几乎不可能对进展做出判断。我们只能管理已经有相关数据的方面。因此，服装行业的主要参与者必须加快步伐，为填补这些数据缺口提供资金。同时这些资金必须与待进行研究涉及的各方完全分离，研究必须由相关领域真正的专家进行，而不是委托给已经被公司雇用的同一家咨询公司，任其在提供发展咨询的同时顺带进行相关的研究。NSI 是查询已有信息的独立途径；我们汇集了来自世界各地的顶尖研究人员，他们将带领我们填补空白,确保公司承担应尽的责任。

给资金方(和所有拥有银行账户的人)的特别留言

资金方在应对本书涵盖的全球挑战方面发挥着潜在的巨大作用。资金方(即实际拥有公司的股东)可以通过坚持在公司内部设定并落实环境和社会目标而发挥巨大的积极影响。

好消息是,人们越来越有意将资金用于善途。为了推进这些目标的实现,金融领域已经出现了一个正在蓬勃发展的全新分支,即ESG(环境、社会和公司治理)。从黑石基金到富国银行,再到瑞银集团,都在积极参与其中。近年来,ESG的投资总额已经高达30万亿美元[5](没错,是"万亿");全球超过1/4的上市公司现在都在进行ESG评估和评级。

然而,如果ESG的指标不能真正反映某家特定公司的社会和环境影响,这个指标就可能毫无意义,遭到"漂绿"[①]。正如瑞士嘉盛银行有限公司可持续金融发展负责人萨莎·贝斯利克[6]所说,问题在于"当前的ESG数据重点集中于可获得的数据,而不是聚焦最重要的数据"。例如,公司经常将其自身运营导致的温室气体排放量作为指标,衡量其为减缓气候变化所做的努力,但正如我们在第一章和第二章中所看到的,时装业影响气候变化的主要因素不是Zara总部灯泡的能效,而是巨大且高油耗的供应链。金融机构也应该像消费者一样,向公司提出本书前面曾建议过的要求;金融机构必须要求公司测算其环境

[①] 漂绿(greenwash)是由"绿色"(green)和"漂白"(whitewash)合成的一个新词。用来说明一家公司、政府或组织以某些行为或行动宣示自身对环境保护的付出,但实际上却反其道而行。这实质上是一种虚假的环保宣传。——译者注

和社会足迹，披露测算结果，公开设定目标并及时披露这些目标的达成情况。除此之外的任何信息都无法反映一家公司对环境和社会的实际影响，因而毫无意义。向客户出售的任何"可持续"投资产品如果指标本身含糊不清，则这些产品必定存在问题，和快时尚公司出售措辞模棱两可的"绿色"T恤没什么两样。

作为金融产品的消费者，你同样可以对银行发声，询问他们是否要求公司提供了有意义的数据披露，并努力达成实质性的减排目标。你可能会认为你个人的声音微不足道，但这种微小的声音将在金融和商业界引发更广泛的对话，并最终带来有意义的进步。

作为公民

在讨论应如何应对服装行业的挑战时，我们难以避免地会触及我们这个时代的许多核心问题。通过实地考察纤维的生产地，我们发现，有机标准实际上并不像我一度认为的那样是"可持续发展"的同义词。我们看到，要解决气候变化问题，我们必须首先解决收入不平等问题，因为很难要求那些面临巨大经济压力的人牺牲自身的基本需求，优先考虑气候变化问题。透过审视棉花的起源和当代分销体系中工会的缺失，我们看到服装业本身推动了对原住民的奴役和对他们拥有的土地的侵占，并使结构性种族主义的痼疾延续。通过探索我们的服装在被丢掉后的最终去处，我们发现，发展中国家由于不公平的贸易协定而被置于不利地位。通过了解我们的服装是在哪里生产的，我们得以揭示国际贸易政策以及超全球化如何让全球工人相互竞争。我们看到企业高管如何削弱工人的声音，以及这一做法如何导致了美国的收入不平等现象。我们了解到，相关部门投入巨额资金以便让我们这些公民将自己视为顺从的购买机器，同时社交媒体则对此推波助澜，而不是成为民主体制力量强大的利益相关者。综上所述，我们已经看到，极端新自由主义如何辜负了我们以及我们的地球。这一切已经彻底地改变了我的公民意识。我将不仅仅满足于成为一个消费者，面对世界分崩离析的现状仍然被动地消费。我将成为一个积极的公民，参与社区事务，与政府携起手来，共同建设公正和繁荣的社会。

以下是我们的牛仔裤之旅激发出的一些政策建议。这份清单远非详尽无遗，但我希望它能抛砖引玉，引发更多的反思和行动。

农业政策

我们可以通过下面两方面的行动应对气候变化：(1) 限制碳排放，即停止燃烧化石燃料；(2) 从大气中吸收更多的碳。土壤可以在碳固存中发挥重要作用。在撰写本书之前，我曾经以为"有机"和"可持续"在农业中是可以互换的术语，我相信大多数人现在仍然这么认为，但事实并非如此。有机标准是一项重大发展，但未来农业政策制定的基础应该是最大限度地实现长期产出和土壤健康，因而需要进行更多研究，以更好地了解如何实现这一目标及其与碳固存和缓解气候变化的关系。

气候政策

尽管这是一件不言而喻的事，但我仍然想说：我们需要非常积极的气候政策。此外，正如我们在第二章中探讨的那样，我们的气候足迹远远超出了美国的边界，但在审查气候政策时，我们并未完全考虑到这一事实。我们的气候政策当然应该建立在减少国内碳排放的基础之上，但我们还必须考虑如何构建贸易政策，以确保我们不是只通过在其他国家生产我们的商品并造成排放，以此来取代国内的碳排放。如果我们减少国内碳排放量的做法只是增加了海外的排放量，那么我们实际上并没有做任何事情。这无异于在泰坦尼克号行将沉没之际还在忙于挪动躺椅。

贸易政策

美国是全球最大的市场，正因为如此，我们拥有强大的影响力。我们可以利用这一点为我们自己和地球谋取福利。我们可以将承认和执行关键的劳工权利作为贸易的先决条件，这将有助于确保我们的服装不会在那些劳动法最松懈的地方生产。[7] 我们还可以实施边境碳调节机制，[8] 如果某个品牌进口使用碳密集工艺生产的服装，它将被收取费用，这样可以阻止我们在第二章中看到的竞相使用廉价和肮脏能源的逐底竞争。我们可以不再成为发展中国家谋求进步的障碍，第一步就是不再要求其他国家取消对我们二手产品的进口关税，以此作为贸易优惠的先决条件，卢旺达就是一个极好的例子，[9] 该国只不过是像美国、欧洲和中国曾经做过的那样，试图通过某些保护主义措施来发展自己的服装产业，结果却丧失了贸易优惠地位。

解决美国过去和现在的结构性不平等问题

通过我们的牛仔裤之旅，我们看到了美洲大陆的原住民如何从他们的土地上被驱赶，棉花种植业又如何催生了奴隶制。在第五章中，我们看到了种族主义法律和种族主义观点如何导致了今天的结构性种族主义。提高联邦最低工资和确保工会代表制是缩小不同种族工人工资差距的重要一步。在这方面还有很多很多工作要做，但时装业应该认识到我们的服装在导致今天的状况中所起到的核心作用，因此，它也应该在解决这些问题方面发挥领导作用。时装业可以首先确保自己公司的领导层具有代表性和包容性。

从赢家通吃到繁荣社会

我们的牛仔裤在其生命历程中见证了许多收入不平等现象。它见证了农民苦苦挣扎，海外制衣工人苦苦挣扎，失去工作的前美国服装工人苦苦挣扎，仓储配送工人苦苦挣扎，还有那些不得不依靠出售劣质二手服装谋生的人也在苦苦挣扎，而极少数人则从中获得了巨额利润。难道我们不希望建立一个体系，让那些为谋生而苦苦挣扎的人也能过上繁荣幸福的生活？

我支持可以为工人提供保护的政策。我想生活在一个有基本社会保障的社会，在这样的社会中，人的命运不是完全由其出身决定。我希望我所穿着并喜欢的牛仔裤、衬衫或连衣裙不会成为导致气候变化的重要因素，生产和销售它们的人也不会生活在巨大的困苦之中。我不会忘记我在写这本书时遇到的那些人的面孔，还有他们的故事。

新自由主义与绝望地死亡

我有幸探究了服装行业的历史，了解到它是如何对待工人，并让服装生产和分销工人沦为僵尸般的机器的，而与此同时，公司的创始人则在《福布斯》富豪排行榜上不断攀升，这让我发自内心地质疑新自由主义。在 GDP 迅速增长的同时，底层工人的生活却依然极其艰难。正如我们在第五章中所述，自 2005 年以来，美国"绝望地死亡"

发生率正在逐年攀升，并使得美国成为唯一预期寿命逆向而行的高收入国家。尽管造成这种局面的因素很多，包括缺乏医疗保障制度和阿片类药物泛滥，但通过与工人交谈，我们看到他们不得不像机器一样麻木地工作，并只能挣到勉强维生的工资，我相信这已经充分证明，让市场完全自由运转绝不是什么完美的解决方案。

同样，这回归到一个根本性问题，即我们衡量和重视的指标到底应该是什么。到目前为止，多数经济学家和媒体人士都把 GDP 作为衡量社会健康的指标，但这已经被证明是错误的。GDP 衡量的是一个国家的经济规模，也就是其市场规模，它并不能衡量一个国家的福利水平。正如阿米特·卡普尔（Amit Kapoor）和比贝克·德布罗伊（Bibek Debroy）在《哈佛商业评论》文章中所指出的那样，"如果我们不再错误地把衡量发展的指标固化于更高的生产力（GDP），我们的政策干预将更符合公民真正重视的生活方面，并能够更好地服务于社会。"[10] 医疗保健、儿童保育、工资性别差异、工资种族差异以及公司高管与普通员工之间的工资差异都可以作为衡量标准，以帮助我们更真实地了解全社会的福利水平。

未来的工作和产业政策

我们已经看到，全球化已经导致美国服装产业工人大规模失业。我们也已经看到，机器变得越来越智能和灵活，取代了裁剪厂和配送中心的工人。我们还知道，如果我们成功地减缓时装消费，理论上讲，我们可能会看到整个行业萎缩，尽管这显然只是一个理论推测，因为：(1) 我们无论如何仍然需要穿衣服；(2) 全球人口将继续增长；(3) 尽管出现新冠肺炎疫情，世界仍然正在变得越来越富裕，消费也正在不断增长。综上所述，即使新冠肺炎大流行已导致服装销售急剧萎缩，我仍然不会夜不能寐，为时装业的崩溃而忧心忡忡。不过，我们确实需要更多地思考这个行业未来应如何发展。

市场无法为我们解决这一问题。相反，政府官员有责任为我们生活的世界制定产业政策，并通过政策激励特定领域的增长。例如，对可再生能源的投资将有助于创造就业机会，并使这些就业机会为一个可持续发展的世界助力。我们看到，政府支持与市场力量相结合，使过去的法国和今天的中国成功地主导了服装生产，如今，中国政府正在通过其"中国制造2025"战略继续支持产业发展，美国和其他西方国家必须明智地加以效仿，否则将面临被甩在后面的风险。那么，我们希望哪些行业能够提供高薪工作，以便塑造国家层面的领先优势呢？答案很简单：绿色能源、环保材料、绿色基础设施。

与此同时，我们应该如何处理那些让人身心疲惫的工作岗位呢？好吧，我认为我们需要在全社会，而非仅仅在时装业，就此展开讨论。作家约翰·哈里（Johann Hari）在其著作《失去的联系》（Lost Connections）中探讨了抑郁症形成的主要原因，他列出的第一个原因是"失去了与工作意义的联系"。[11] 在我们的牛仔裤之旅中，我们看到了很多这样没有意义的工作。哈里引用研究人员迈克尔·马尔莫特（Michael Marmot）的理论指出："丧失掌控权是导致健康问题的核心因素。"[12]

我们不能依靠公司自行解决这些问题，因为我们已经看到这根本不可能大规模地实现，相反，我们必须选举出负责任的政治家，制定更有力的政策，改善工作场所条件，让工人更好地发声，并解决让贝基、劳拉、山姆和其他数百万美国人陷入困境的儿童保育和医疗保健问题，以此来增强工人对其工作的掌控力。我们需要的产业政策不仅要创造更多的就业机会，还必须创造更多的"好工作"（在此借用丹尼·罗德里克创造的术语），从而使我们牛仔裤供应链中的所有工人都能享有高品质的生活。下面是我的一些具体建议。

改善工作场所条件，让工人发出更大声音

- 支持相关立法，实行更公平的轮班制度。
- 在公司董事会中纳入员工代表。[13] 这是我们在第三章中介绍的一个模式，这种模式在德国得到了有效实施，以确保工人在公司发展方向上拥有发言权。
- 确定合理的高管激励政策。正如我们已经谈到的，目前高管薪酬的大部分以股票形式支付，这促使亚马逊等公司的高管只关注短期股东价值。如果我们在一段时间内限制出售股票，就可以确保高管们着眼于更长期的投资，从而可以创造更多就业机会，惠及工人等其他利益相关者。
- 终止被错误命名为"工作权利法"（right to work laws）的反工人立法，该立法禁止工会与雇主达成协议，强制向从工会合同中受益的员工收取会费以支持工会。这些州法律使工会财务部门无权获得资金以有效地代表工人。
- 废除《塔夫特－哈特利法案》（Taft–Hartley Act）[14] 第8（c）条款，该条款允许雇主干预工会活动，如鼓励工人参加反工会的会议和限制工会合理进入工作场所。劳拉在第五章中分享了相关经历，她在那一章中解释了亚马逊如何扼杀了有关工会的讨论。

制定产业政策

正如我们在本书中所看到的，从法国的太阳王、中国的"六优先"政策、美国的新政，到中国、德国和日本的现代经济体发展，政府的支持均为经济增长提供了动力。然而今天，美国在联邦研究与发展上的投入仅有20世纪80年代的一半。[15] 我们应该增加对研究的投资，确保研究成果在国内施行，将其与教育投资（包括学徒计划）

结合起来，并利用这一点推动罗德里克的"好工作"经济。

应对失控的生活成本，以便薪酬能够支持工薪阶层过上中产阶级生活，享有应有福利。

- 可负担的儿童保育
- 全民医疗保障
- 充足的负担得起的住房供应
- 学生贷款减免

没有人会为我们做这件事，这是我们每个人的责任

我们的服装之旅引发的许多话题最终似乎都超越了日常生活的范畴，并涉及经济、环境、化学品标准、基于种族的差距和全球贸易等宏大的问题。最初投身于这一研究和报告时（我希望强调，这花了我几年的时间），我有一个模糊的概念，认为政府正在管理这些领域，或者至少有环保组织和其他非营利机构正在操心这些事情。毕竟我不是经济学家，也不是心理学家或化学家，除了努力解决自己社区内的问题，我又能做什么呢？

但越是揭开时装行业的层层面纱，我就越意识到，仅仅深挖幕后故事并不足以解决问题。在很多时候，情况恰恰相反。公司发布企业社会责任报告往往是为了表明它们正在做一些事情，而不是切实应对关键的挑战。与此同时，它们派出游说人员推动制定有利于自己的法律，而我们则为此付出了巨大的代价。环保组织可能并不了解其所在国之外的环境影响问题（至少在时装行业确实如此），因而它们亟须我们这些拥有投票权的公众的参与。此外，一些组织因为收到公司的赞助而不得不有所妥协，这使得一些更复杂的话题，如猖獗的消费主

义,根本无法触及。与此同时,我们不断被灌输新的时装资讯,以此分散我们的注意力,使我们无暇顾及没有我们参与的公司治理。

我们必须打破伯内斯及其追随者强加在我们身上的桎梏,摆脱作为消费者的角色,重新承担起公民的责任。作为积极参与社会事务的公民,我们将发挥至关重要的作用。我们可以采取多种形式的行动,包括游行、打电话、发电子邮件、发推特等等,当然也包括投票。这意味着我们要在商店提出问题,向公司发送质询邮件,并积极发出呼吁。在我撰写本书的过程中,我们的社会结构已经初现瓦解迹象,但它同时也呈现出进步之势和蓬勃之美,人们纷纷走上街头表达诉求,真正多元化的公民运动方兴未艾,准备好解决我们社会存在的根本问题。

坦率地说,我不是天生就支持公民运动。我并不喜欢打破现状。但现在我知道,如果我不能更加积极主动——如果我们不能成为更加积极主动的公民——变革就不会到来。这是我通过写作本书学到的东西,在本书出版的过程中,倡导团体(advocacy community)[①]的热情让我的精力更加充沛。

公民参与到底有什么好处?我的服装之旅让我找到了生活的另一重意义。通过它,我找到了终生的朋友和一种社区的归属感。许多专家指出,这正是真正幸福感的重要组成部分。通过与他人合作,成为应对我们时代巨大挑战的一部分,我感到更加幸福。我不再需要借助"买买买疗法",饮鸩止渴地寻求幸福。

我们能创造什么:一个愿景

如果我们把太多注意力放在问题上,那么我们将难以看清前进的

---

① 倡导团体也称压力团体或利益团体,是指具有相同利益并向社会或政府提出诉求,以争取团体及其成员利益、影响公共政策的社会团体。——译者注

道路。本着这种精神，我想以一个愿景结束本书，畅想如果我们能正视问题，投资于自身、我们的社区和我们的社会，那么我们将创造出一个怎样的未来。

到 2030 年，我们的衣柜将整洁有序，而不是塞得过满。我们喜欢衣柜中的每一件衣服，并且每件衣服都会被经常穿着。这些衣服本身是由再生材料制成的，最初也是在农场中以可再生的方法种植的。生长这些作物的土壤富含矿物质、有机物和微生物等有助于从大气中吸收碳的物质。无论是农场主还是雇工，都能够靠种植这些最终被制成我们牛仔裤的农作物获得足够的酬劳。

棉花将在一家以太阳能为能源运转的工厂里纺织，化学物质使用将由一个毒理学专家领导的独立机构加以监督。与纺织厂合作的时装品牌制定了严格的行为准则，并监督工厂落实相关流程，品牌将与纺织厂密切合作，确保支付给工厂的费用足够其确保安全管理。污水得到良好的处理，因而孩子们可以在工厂附近的小河里嬉戏玩耍，快乐地戏水和游泳。时装品牌公开披露它们的环境足迹，并落实了它们为自己设定的公共目标。

我们的牛仔裤由工人专业缝制而成，这些工人从他们富有挑战性的工作中获得满足感，通过自己的工作创造出美好的产品，并将给其他人带来长久的快乐感受。生产我们的牛仔裤的那些工人得到了合理的工资，确保他们能够像我们一样过上充实富足的生活。这意味着我们的牛仔裤会稍贵一点，但这完全可以接受，因为我们喜欢这条牛仔裤，并知道我们会愿意穿它很长时间。

美国政府制定了有效的产业政策，创造出有意义且收入丰厚的工作岗位，并让我们可以乘坐酷炫的高铁探亲访友和探索这个国家。

我们知道，我们是真心喜欢自己的牛仔裤，因为我们已经夺回了对注意力的掌控权，不再受到来自邮件收件箱和社交媒体平台杂音的干扰，正是这些杂音分散了我们对真实欲求的关注度。我们购买衣服不再是为了填补生活其他方面的空虚，而是拥有充分的意识，完全知道自己在做什么。

包装并交付我们服装的工人都加入了工会，并且与管理层建立起密切联系，从而确保他们的声音能够被听到，并且他们了解自己所在行业的运营环境。他们的工资能够为他们的孩子提供像其他人一样的成功机会。

我们购买品牌的管理层和董事会具备代表性和包容性，因而奠定了坚实的基础，有望成为一个更具包容性的公司，并成为破除种族主义制度的重要力量。

在生活的大多数时间里，我们不是在逛街和购买新衣服，而是穿着我们心爱的衣服，享受与朋友家人的欢聚时光或是参加本地的政治活动。我们不再那么焦虑，晚上能够安睡。我们所阅读的媒体报道都已经过核实，确保其符合事实，并且我们拥有健全的系统来确保我们阅读的信息是准确的，其中当然也包括关于时装行业的报道。

如果我们购买的牛仔裤不再合身，除非它们已经无法再穿，否则我们不会把它们扔掉。我们还知道，即使牛仔裤最终被扔掉，它们也会在管理良好的垃圾处理设施中降解并堆肥。我们已经就种族问题进行了全民公决，并从结构上解决了种族主义问题，因此种族不再是决定谁会生活在有毒垃圾场旁边的最重要因素。此外，这些垃圾场将得到良好管理，并要长期遵守规章制度。如果我们决定把衣服转送他人，我们会把它们捐赠给一家机构，然后它们将被作为优质服装转售。同时，在纽约、阿克拉和伦敦，设计师团队都在利用现成的衣物开发精彩的新设计。

海洋中游满了鱼类，而不是飘满塑料；森林里长满了树木，动物在其中徜徉。时装业不再被贬损为充满娘娘腔的行业，而是因为带来了实质和显著的积极影响而被人们所推崇。

全球时装产业和全球经济不再是无法驯服的自然力量，而是可以像我们的牛仔裤那样被设计和重新设计。而选择权，在我们手中。

致谢

本书的出版历经数年，我需要感谢很多人在此过程中给予的无私帮助。早在 Zady 时期，我就曾设想找个时间四处走走，考察大时装产业的供应链，并进行深入的研究，将我看到的点点滴滴串联起来。这个想法一直隐约萦绕在我的脑海中，直到我遇到了我的朋友格雷格·贝尔曼，他重新激起了我对这个想法的热情，鼓励我将其付诸实践，并慷慨地帮助我与切尼经纪公司建立起联系。在那里，我又有幸遇到了我的经纪人爱丽丝·惠特姆。早在"时装产业可持续发展"成为一种时尚之前，爱丽丝就是这一理念的忠实拥趸，并对其紧迫性笃信不移。没有她作为良师益友的鼎力支持和悉心指导，本书将无缘面世。同样衷心感谢才华横溢的伊芙·麦克斯维尼，她协助我们完成了本书的策划，使我得以发出自己的声音。

还有许多人的故事和专业知识也让我受益良多。他们身处不同领域，涉及我们所讲述的牛仔裤故事的不同方面，而他们不吝时间与我分享了他们所知的一切。在得克萨斯州，塞萨尔·维拉蒙特斯为我打开了美国牛仔布的世界；肯特·考尔和卡尔·佩珀向我详细介绍了棉花种植的方方面面，并让我这个城市女性感到宾至如归。在中国，查尔斯·王向我开放了他的工厂，并慷慨地成为我在广东的导游。我永远不会忘记我们一起饮茶的经历，那是这次旅程中真正的高光时刻。查尔斯帮助我们和大石建立联系，而后者带给我们极大的鼓舞。在斯里兰卡，阿希拉和达努向我讲述了她们的故事，并为我们介绍了科伦坡的其他制衣工人。梅勒妮·古纳提拉卡不仅是一名古道热肠的志愿者翻译，还分享了她的重要观点。在孟加拉国，沙希德·拉赫曼教授、罗伯·韦斯、国际劳工组织的团队，当然还有丽玛，他们的帮助让我感激不尽。在加纳，我要衷心感谢莉兹·里基茨的无私帮助，她慷慨地带我进入了她在阿克拉建立的大家庭。这个大家庭的成员包括阿贝娜、斯蒂凡尼亚·曼弗雷达和戴维·亚当斯。戴维如此才华横溢，我期待看到他的才华引领他获得成功。正如斯蒂凡尼亚所说，阿克拉充满了瓦坎达[①]能量；我非常感谢每一位与我分享这种能量的人。回到纽约，纽约市环卫局的团队让我对市政府再次充满信心。非常感谢维托和基思·梅利斯局长，他们让我得以窥视我丢弃的垃圾的最终去向。非常感谢救世军的弗雷德·穆斯"上校"，他向我展示了我们捐赠衣服所处的令人着迷的世界。还有那些接受我的采访但是不能透露姓名的人，我想告诉他们，非常感谢他们与我分享他们的故事，我衷心希望没有辜负他们的信任。

我还联系了各领域的顶尖专家，在此感谢他们抽出宝贵时间与我分享他们的真知灼见。克里斯托夫·迈因伦肯博士是我在所有关于气候变化问题方面的导师。他所研究的课题如此沉重，但他仍设法保持着一份幽默感，这确实给人留下了难忘的印象。琳达·格瑞尔博士帮助我理解了我在中国看到的一切。格瑞尔博士也对时装界做出了不可忽视的巨大贡献；作为非正式的首席科学家，她言语犀利、直言不讳，但拥有难以抵御的个人魅力，深深地吸引着每一个人。如果这个行业

[①] 瓦坎达（Wakanda）是美国漫威漫画中虚构的非洲国家，拥有内在的神秘力量。——译者注

确实发生了显著的改善，那么我们都应该感谢琳达。我还希望感谢斯文·贝克特、丹尼·罗德里克、达尔比·萨克斯比、温迪·伍德、蒂姆·卡瑟、鲍勃·约克尔森和凯沙夫·克兰提等诸位博士的贡献，当然也不能忘记彼得·安德森博士的贡献。

如果本书有哪个地方打动了你，那么这要归功于詹妮弗·库尔德拉，她精心雕琢，协助我将枯燥的研究成果转化为这份我们寄望于能够打动人心的叙事。詹妮弗不仅构建了整个故事，还在我们共同搜集整理故事和开展行业研究的过程中贡献了诸多深刻洞见。她可以说是本书幕后的一位无名英雄，与她一起工作堪称我职业生涯的亮点。

感谢我在 Portfolio 出版社的编辑梅里·孙，她坚信本书的主题值得出版，并对文字进行了出神入化的增删修改，在数据和叙述之间找到了恰到好处的平衡，让整本书鲜活生动。她自始至终坚信，时装业绝非一个愚蠢的行业，并且帮助我找到恰当的语言，尽可能地强调这个观点。谢谢你，谢谢你，谢谢你。此外还要感谢 Portfolio 团队，他们使本书得以成形并使它具有了深邃的思想。

艾莉森·德格是一位非凡的事实核查人员。事实核查在社会中扮演着无形但至关重要的角色；我很幸运能和她一起工作。还有简·卡沃利娜，她把我杂乱无章的引用变成了秩序井然的资源，我希望它们对其他人能有所帮助。

感谢我在新标准研究所的同事：乔治·麦克弗森，感谢他每次在我因忙于写作而消失不见时保持耐心；感谢马修·斯文森，他大力倡导无论个人还是整个行业，都要时时自省。还要向亚历杭德拉·波拉克致以我最深切的感谢，她兼具卓越的研究技能和怡人的魅力，她不仅为本书做了大量初步研究，还是一位最有趣的旅行伙伴。他们的慷慨精神让我深深钦佩，我将永远感激不尽。他们让我重新对人性充满信心，非常荣幸能和他们一起工作。

曾经，我并未意识到做研究和写一本书是如此孤独的一段旅程，所幸我的朋友们从未远离，只需一条短信，就能收到他们的支持，让我能够坚持走下去。研究表明，人与人的联结会驱动意义感和幸福感，而这些正是朋友们给予我的礼物。

感谢吉赛尔·亚米戈帮助我照顾女儿，以便我可以安心写作。她烹饪的美味佳肴让我精力充沛，也让我和丈夫总是很放心，因为我们确信我们的孩子得到了最好的照顾。她的贡献怎么强调也不为过；没有她，这本书就不会写成。

感谢我的父母基思和瓦尔达，他们一直鼓励我去做那些我觉得最有意义的工作。这真是天赐厚礼。我的父亲在我自己都不相信自己之前就对我充满信心。我真心希望在本书中能够呈现出他所拥有的职业道德、好奇心和冒险精神。他非常高兴我能够写作，我在每一天都非常想念他。妈妈的魅力以及对家庭和社区的奉献精神，我永远无法企及。杰西、黛布和我是世界上最幸运的女儿，因为我们有她做我们的母亲。她是最棒的。我还非常非常幸运有两位姐姐教导我，让我学会关心周围的世界和我们在其中扮演的角色。我无比自豪，我是凯耶三姐妹的一员。

最后要感谢我的丈夫史蒂芬，他在我们的莱昂汀还是小婴儿时悉心照顾她，让我可以穿梭于世界各地开展研究。他还一直对我的工作给予鼓励。我非常感激在生活的旅程中有这样一位副驾驶。我爱你。

注释

引言

1 Nathalie Remy, Eveline Speelman, and Steven Swartz, "Style That's Sustainable: A New Fast-Fashion Formula," McKinsey & Company, October 20, 2016, https://www.mckinsey.com/business-functions/sustainabilityour-insights/style-thats-sustainable-a-new-fast-fashion-formula.
2 Randolph Kirchain, Elsa Olivetti, T. Reed Miller, and Suzanne Greene, "Sustainable Apparel Materials," Materials Systems Laboratory, Massachusetts Institute of Technology, September 22, 2015, https://matteroftrust.org/wp-content/uploads/2015/10/SustainableApparelMaterials.pdf.
3 "Infographic: Data from the Denim Industry," Fashion-United.uk, September 26, 2016, https://fashionunited.uk/news/business/infographic-data-from-the-denim-industry/2016092621896.
4 *ShopSmart*, "Jeaneology: ShopSmart Poll Finds Women Own 7 Pairs of Jeans, Only Wear 4," September 2010, available at https://www.prnewswire.com/news-releases/jeaneology-shopsmart-poll-finds-women-own-7-pairs-of-jeans-only-wear-4-98274009.html.
5 Imran Ahed et al., "The State of Fashion 2019," McKinsey & Company, https://www.mckinsey.com/~/media/McKinsey/Industries/Retail/Our%20Insights/The%20influence%20of%20woke%20consumers%20on%20fashion/The-State-of-Fashion-2019.ashx.
6 Achim Berg and Karl-Hendrik Magnu, "Fashion on Climate," McKinsey & Company, 2020, https://www.mckinsey.com/~/media/McKinsey/Industries/Retail/Our%20Insights/Fashion%20on%20climate/Fashion-on-climate-Full-report.pdf.

7　Sven Beckert, *Empire of Cotton: A Global History* (New York: Knopf, 2014), xviii.
8　Organic Cotton, "The History of Cotton Production," organiccotton.org, https://www.organiccotton.org/oc/Cotton-general/World-market/History-of-cotton.php.
9　"History of Dungaree Fabric," HistoryofJeans.com, http://www.historyofjeans.com/jeans-history/history-of-dungaree-fabric/.
10　Beckert, *Empire of Cotton*, 33.
11　"King Cotton," Utah Social Studies, Agriculture in the Classroom, Utah State University Cooperative Extension, https://cals.arizona.edu/fps/sites/cals.arizona.edu.fps/files/education/king_cotton.pdf.
12　Ronald Bailey, "The Other Side of Slavery: Black Labor, Cotton, and Textile Industrialization in Great Britain and the United States," *Agricultural History* 68, no. 2 (Spring 1994): 35–50, https://www.jstor.org/stable/3744401?seq=1
13　Henry Louis Gates, Jr., "What Was the Second Middle Passage," *The African Americans: Many Rivers to Cross*, PBS, https://www.pbs.org/wnet/african-americans-many-rivers-to-cross/history/what-was-the-2nd-middle-passage.
14　Caitlin Rosenthal, "Plantations Practiced Modern Management," *Harvard Business Review*, September 2013, https://hbr.org/2013/09/plantations-practiced-modern-management.
15　"2020 Edelman Trust Barometer Reveals Growing Sense of Inequality Is Undermining Trust in Institutions," Edelman.com, January 19, 2020, https://www.edelman.com/news-awards/2020-edelman-trust-barometer.

第一章

1　"Cotton: World Markets and Trade," World Production, Markets, and Trade Report, October 9, 2020, United States Department of Agriculture, Foreign Agriculture Service, https://www.fas.usda.gov/data/cotton-world-markets-and-trade.
2　"Texas Cotton: 'The New King,' " Lubbock Cotton Exchange, https://www.lubbockcottonexchange.com.
3　"Cotton: World Markets and Trade," World Production, Markets, and Trade Report, October 9, 2020, United States Department of Agriculture, Foreign Agriculture Service, https://www.fas.usda.gov/data/cotton-world-markets-and-trade.
4　Terry Townsend, "Cotton in the World Economy," Cotton Analytics, July 19, 2018, http://cottonanalytics.com/cotton-in-the-world-economy/.
5　"Cotton and Wool Yearbook," United States Department of Agriculture, Economic Research Service, November 21, 2019, https://www.ers.

usda. gov/data-products/cotton-wool-and-textile-data/cotton-and-wool-yearbook/#World%20Cotton%20Supply%20and%20Demand.
6 Interview with Kelly Pepper of Texas Organic Cotton Marketing Cooperative, October 1, 2020.
7 United States Department of Agriculture, Agricultural Marketing Service, Grades and Standards: Organic, https://www.ams.usda.gov/grades-standards/organic-standards.
8 "Cotton Prices—45-Year Historical Chart," Macrotrends.net, https://www.macrotrends.net/2533/cotton-prices-historical-chart-data.
9 "Get the Facts About Organic Cotton," Organic Trade Association, November 18, 2019, https://ota.com/advocacy/fiber-and-textiles/get-facts-about-organic-cotton.
10 *Morbidity and Mortality Weekly Report* 67, no. 45 (February 22, 2019): 186, https://www.cdc.gov/mmwr/volumes/68/wr/mm6807a7.htm; Matt Perdue, "A Deeper Look at the CDC Findings on Farm Suicides," National Farmers Union, November 27, 2018, https://nfu.org/2018/11/27/cdc-study-clarifies-data-on-farm-stress/.
11 "US Cotton Subsidies Insulate Producers from Economic Loss," Gro Intelligence, June 6, 2018, https://gro-intelligence.com/insights/articles/us-cotton-subsidies.
12 See Missy Ryan, "U.S. Cotton Could Suffer If It Loses Subsidy Support," Reuters, December 20, 2007, https://www.reuters.com/article/us-usa-cotton-wto/u-s-cotton-could-suffer-if-it-loses-subsidy-support-idUSN2060217920071220.
13 Educational Resources, Harvesting, Cotton.org, https://www.cotton.org/pubs/cottoncounts/fieldtofabric/harvest.cfm.
14 *Cottonseed Intelligence Monthly* 24, issue 3 (March 4, 2020), HIS Markit, https://www.cottoninc.com/wp-content/uploads/2020/03/CIM-03-2020.pdf.Jody Gatewood, "Vegetable Oils–Comparison, Cost, and Nutrition," Iowa State University Extension and Outreach, August 19, 2013, https://blogs.extension.iastate.edu/spendsmart/2013/08/19/vegetable-oils-comparison-cost-and-nutrition/.
15 KCDB Digital, "Select Milk Producers to Convert Littlefield Denim Mill into Milk Processing Plant," October 28, 2015, https://www.kcbd.com/story/30366617/select-milk-producers-to-convert-littlefield-denim-mill-into-milk-processing-plant/.
16 "Get the Facts About Organic Cotton," https://ota.com/advocacy/fiber-and-textiles/get-facts-about-organic-cotton; Sustainability Learning Center, "Organic Cotton 101," Organic Cotton Plus, https://organiccottonplus.com/pages/learning-center#questions-and-answers.

17 "U.S. Organic Sales Break Through $50 Billion Mark in 2018," Organic Trade Association press release, May 17, 2019, https://ota.com/news/press-releases/20699.
18 "The Silent Spring," The Life and Legacy of Rachel Carson, RachelCarson.org, http://www.rachelcarson.org/SilentSpring.aspx.
19 "Is Cotton Conquering Its Chemical Addiction," A Review of Pesticide Use in Global Cotton Production, Pesticide Action Network, October 2017, https://issuu.com/pan-uk/docs/cottons_chemical_addiction_-_final_?e=28041656/54138689.
20 "Clearing Up Your Choices About Cotton," Natural Resources Defense Council, August 2011, https://www.nrdc.org/sites/default/files/CBD_FiberFacts_Cotton.pdf.
21 R. S. Blackburn, ed., *Sustainable Textiles: Life Cycle and Environmental Impact* (Boca Raton, FL: CRC Press, 2009), 34, https://www.google.com/books/edition/Sustainable_Textiles/Ik6kAgAAQBAJ?hl=en&gbpv=1&bsq=tripled.
22 "Herbicides," CADDIS, vol. 2, United States Environmental Protection Agency, https://www.epa.gov/caddis-vol2/caddis-volume-2-sources-stressors-responses-herbicides.
23 "National Soil Health Measurements to Accelerate Agricultural Transformation," Soil Health Institute, https://soilhealthinstitute.org/national-soil-health-measurements-accelerate-agricultural-transformation/.
24 Verena Seufert and Navin Ramankutty, "Many Shades of Gray: The Context-Dependent Performance of Organic Agriculture," *Science Advances* 3, no. 3 (March 10, 2017), https://advances.sciencemag.org/content/3/3/e1602638.
25 Margy Eckelkamp, "Blue River Expands See & Spray Testing Before Commercial Launch," *Farm Journal's AGPRO*, March 5, 2018, https://www.agprofessional.com/article/blue-river-expands-see-spray-testing-commercial-launch.
26 "Herbicide Tolerance," University of California, Division of Agriculture and Natural Resources, UC Davis Seed Biotechnology Center, http://sbc.ucdavis.edu/Biotech_for_Sustain_pages/Herbicide_Tolerance/.
27 Richard Schiffman, "Why It's Time to Stop Punishing Our Soils with Fertilizers," Yale Environment 360, May 3, 2017, https://e360.yale.edu/features/why-its-time-to-stop-punishing-our-soils-with-fertilizers-and-chemicals.
28 "European Clothing Chains Hit by 'Fake' Organic Label Controversy," DW.com, https://www.dw.com/en/european-clothing-chains-hit-by-fake-organic-label-controversy/a-5164495.

29 Regeneration International, "Regenerative Organic Agriculture and Climate Change: Down to Earth Solution to Global Warming," October 6, 2015, https://regenerationinternational.org/2015/10/06/regenerative-organic-agriculture-and-climate-change-a-down-to-earth-solution-to-global-warming/.
30 "Creating a Sustainable Food Future," World Resources Report, https://wrr-food.wri.org/.
31 Schiffman, "Why It's Time to Stop Punishing Our Soils with Fertilizers."
32 News Editor, "70 Percent of Farmland to Change Hands in Next 20 Years," American AG Radio Network, October 31, 2018, https://americanagnetwork.com/2018/10/70-percent-of-farmland-to-change-hands-in-next-20-years/.

第二章

1 "Textile Production in China from August 2019 to August 2020," Statista, Consumer Goods & FMCG, Clothing and Apparel, https://www.statista.com/statistics/226193/clothing-production-in-china-by-month/.
2 "Statistical Tables," 2016, World Trade Organization, https://www.wto.org/english/res_e/statis_e/wts2016_e/wts16_chap9_e.htm.
3 "Statistical Tables," 2016, Table A2, World Trade Organization, https://www.wto.org/english/res_e/statis_e/wts2019_e/wts2019chapter08_e.pdf.
4 "China Is the World's Factory, More Than Ever," *The Economist*, June 23, 2020, https://www.economist.com/finance-and-economics/2020/06/23/china-is-the-worlds-factory-more-than-ever.
5 "ApparelStats 2014 and ShoeStats 2014 Reports," We Wear New, American Apparel & Footwear Association, January 9, 2015, https://web.archive.org/web/20160322062732/https://www.wewear.org/apparel stats-2014-and-shoestats-2014-reports/.
6 "Textiles Monitoring Body (TMB) The Agreement on Textiles and Clothing," World Trade Organization, https://www.wto.org/english/tratop_e/texti_e/texintro_e.htm#MFA.
7 "Levi's Set to Close Last U.S. Factory," *Baltimore Sun*, October 19, 2003, https://www.baltimoresun.com/news/bs-xpm-2003-10-19-0310190003-story.html.
8 Meena Thiruvengadam, "Apparel Industry No Longer a Good Fit in El Paso," Institute for Agriculture & Trade Policy, October 15, 2005, https://www.iatp.org/news/apparel-industry-no-longer-a-good-fit-in-el-paso. Until late 2017, Levi's still used a single mill in North Carolina, Cone Denim, for its "Made in the USA 501" style. Jeans still sold under this label must be remainders of that inventory. See Matt Jancer, "The Death of Denim: What the Closing of Cone Mills Means for 'Made in the USA,' " *Men's Journal*,

https://www.mensjournal.com/features/what-closing-cone-mills-means-made-in-the-usa/.
9 Milton Friedman, "The Social Responsibility of Business Is to Increase Its Profits," *New York Times*, September 13, 1970, https://www.nytimes.com/1970/09/13/archives/article-15-no-title.html.
10 Thiruvengadam, "Apparel Industry No Longer a Good Fit in El Paso."
11 Chip Bergh, "The CEO of Levi Strauss on Leading an Iconic Brand Back to Growth," *Harvard Business Review*, July–August 2018, https://hbr.org/2018/07/the-ceo-of-levi-strauss-on-leading-an-iconic-brand-back-to-growth.
12 WWD Staff, "Marineau's Millions: Levi's Chief Exec Sees Pay Jump to $25.1M," WWD, February 27, 2003, https://wwd.com/fashion-news/fashion-features/marineau-8217-s-millions-levi-8217-s-chief-exec-sees-pay-jump-to-25-1m-738461/.
13 Larry D. Qiu, "China's Textile and Clothing Industry" (2007).
14 M. R. Subramani, "How China Built $150 Billion Lead over India in Textile Exports," CPG-RMG Study 2016, March 2, 2018, http://rmg-study.cpd.org.bd/how-china-built-150-billion-lead-over-india-in-textile-exports/.
15 "The Dirty Secret Behind Jeans and Bras," Greenpeace, December 2010, https://web.archive.org/web/20110312074819/http://www.green peace.org/eastasia/news/textile-pollution-xintang-gurao/.
16 "The Price of Success: China Blighted by Industrial Pollution—in Pictures," February 9, 2011.
17 https://www.levistrauss.com/wp-content/uploads/2019/03/Levi-Strauss-Co-Factory-Mill-List-March-2019.pdf.
18 https://corporate.abercrombie.com/af-cares/sustainability/social/audit-lifecycle/active-factory-list.
19 *China Statistical Yearbook*, 2018 data, Energy, Table 9-2: Total Consumption of Energy and Its Composition, http://www.stats.gov.cn/tjsj/ndsj/2019/indexeh.htm.
20 "What Is U.S. Electricity Generation by Energy Source," U.S. Energy Information Administration, last updated February 27, 2020, https://www.eia.gov/tools/faqs/faq.php?id=427&t=3.
21 "Brown to Green: The G20 Transition Towards a Net-Zero Emissions Economy, 2019: China," https://www.climate-transparency.org/wp-content/uploads/2019/11/B2G_2019_China.pdf.
22 "Brown to Green: The G20 Transition Towards a Net-Zero Emissions Economy, 2019: Mitigation Energy: United States," https://www.climate-transparency.org/wp-content/uploads/2019/11/B2G_2019_USA.pdf#page=4.
23 "Brown to Green: The G20 Transition Towards a Net-Zero Emissions

Economy, 2019: Mitigation Energy: European Union," https://www.climate-transparency.org/wp-content/uploads/2019/11/B2G_2019_EU.pdf#page=4.
24 "Measuring Fashion: Environmental Impact of the Global Apparel and Footwear Industries Study," Quantis, 2018, https://quantis-intl.com/wp-content/uploads/2018/03/measuringfashion_globalimpact study_full-report_quantis_cwf_2018a, for the over 75 percent figure and for the 8.1 figure, and Achim Berg and Karl-Hendrik Magnu, "Fashion on Climate," McKinsey & Company, 2020, https://www.mckinsey.com/~/media/McKinsey/Industries/Retail/Our%20Insights/Fashion%20on%20climate/Fashion-on-climate-Full-report, for the 4 percent figure.
25 Berg and Magnu, "Fashion on Climate."
26 "A New Textiles Economy: Redesigning Fashion's Future," Ellen MacArthur Foundation, https://www.ellenmacarthurfoundation.org/assets/downloads/publications/A-New-Textiles-Economy_Summary-of-Findings_Updated_1-12-17.pdf.
27 Dr. Sheng Lu, "COVID-19 and U.S. Apparel Imports," FASH455 Global Apparel & Textile Trade and Sourcing, updated September 2020, https://shenglufashion.com/2020/09/04/covid-19-and-u-s-apparel-imports-updated-september-2020/.
28 IBP, Inc., *China: Clothing and Textile Industry Handbook: Strategic Information and Contacts*, 2016 edition, https://books.google.com/books? id=CgWtDwAAQBAJ&pg=PA127&lpg=PA127&dq=Guang dong+textile+volume&source=bl&ots=7tdVmWwNpz&sig=ACfU3U2b_Nf8Q SoIxlT8Wa-TyzCvr_ZVbw&hl=en&sa=X&ved=2ahUKEwjdqKrIv8nkAhUUtXEKHUG3BjgQ6AEwA3oECAgAQ#v=onepage&q=volume&f=false.
29 Hsiao-Hung Pai, "Factory of the World: Scenes from Guangdong," *Places Journal*, October 2012, https://placesjournal.org/article/factory-of-the-world-scenes-from-guangdong/? cn-reloaded=1. An unknown number of factories have closed, and reopened following a crackdown on CO_2 emissions.
30 "Potassium Permanganate," IPCS Inchem, http://www.inchem.org/documents/icsc/icsc/eics0672.htm.
31 Debra Tan, "Dirty Thirsty Wars—Fashion Blindsided," CWR, September 17, 2014, https://www.chinawaterrisk.org/resources/analysis-reviews/dirty-thirsty-wars-fashion-blindsided/.
32 "How Is China Managing Its Greenhouse Gas Emissions?," ChinaPower, https://chinapower.csis.org/china-greenhouse-gas-emissions/.
33 "State of Global Air/2019," 6.
34 Jason Hickel, "The Myth of America's Green Growth," *Foreign Policy*, June

18, 2020, https://foreignpolicy.com/2020/06/18/more-from-less-green-growth-environment-gdp/.
35 Tom Phillips, "A 'Black and Smelly' Job: The Search for China's Most Polluted Rivers," *Guardian*, June 21, 2016, https://www.theguardian.com/world/2016/jun/22/black-smelly-citizens-clean-chinas-polluted-rivers.
36 "A Monstrous Mess: Toxic Water Pollution in China," Greenpeace, January 23, 2014, https://www.greenpeace.org/international/story/6846/a-monstrous-mess-toxic-water-pollution-in-china/.
37 Ayşe Merve Kocabaş, "Improvements in Energy and Water Consumption Performances of a Textile Mill After Bat Applications," https://etd.lib.metu.edu.tr/upload/12609296/index.pdf.; Maria Laura Parisi et al., "Environmental Impact Assessment of an Eco-Efficient Production for Coloured Textiles," *Journal of Cleaner Production* 108, part A, 514–24, https://www.sciencedirect.com/science/article/abs/pii/S095965261500757X?via%3Dihub.
38 "Introduction to the Problems Surrounding Garment Textiles," updated BfR Opinion No. 041/2012, *Bundesinstitut für Risikobewertung*, July 6, 2012, https://www.bfr.bund.de/cm/349/introduction-to-the-problems-surrounding-garment-textiles.pdf.
39 Giovanna Luongo, "Chemicals in Textiles: A Potential Source for Human Exposure and Environmental Pollution," PhD diss., Stockholm University, 2015.
40 "Water Scarcity," International Decade for Action "Water for Life" 2005–2015, United Nations Department of Economic and Social Affairs, last updated November 24, 2014, https://www.un.org/waterforlifede cade/scarcity.shtml.
41 Yi Li et al., "Water Environmental Stress, Rebound Effect, and Economic Growth of China's Textile Industry," *PeerJ* (June 29, 2018), https://www.ncbi.nlm.nih.gov/pmc/articles/PMC6056267/.
42 Adam Matthews, "The Environmental Crisis in Your Closet," *Newsweek*, August 13, 2015, https://www.newsweek.com/2015/08/21/environmental-crisis-your-closet-362409.html.
43 Rita Kant, "Textile Dyeing Industry an Environmental Hazard," *Natural Science* 4, no. 1 (2012), https://file.scirp.org/Html/4-8301582_17027.htm.
44 Go4more.global, Dr. Reiner Hengstmann, and Charmaine Nuguid, "Input Paper on Private Standards, Labels and Certification Mechanisms in the Post-2020 Chemicals and Waste Framework," Third Meeting of the SAICM Intersessional, Bangkok, Thailand, September 30 to October 4, 2019, http://saicm.org/Portals/12/documents/meetings/IP3/INF/SAICM_IP3_INF_11_Role_private_standards_GOV_Switzerland.pdf.

45 Joaquim Rovira and José L. Domingo, "Human Health Risk Due to Exposure to Inorganic and Organic Chemicals from Textiles: A Review," *Environmental Research* 168 (2019): 62–69.

46 Bruno Lellis et al., "Effects of Textile Dyes on Health and the Environment and Bioremediation Potential of Living Organisms," *Biotechnology Research and Innovation* 3, no. 2 (July–December 2019): 275–90, https://www.sciencedirect.com/science/article/pii/S2452072119300413.

47 "Starch Wastewater Treatment Solution," NGO International, http://ngoenvironment.com/en/Types-of-wastewater-tec34-STARCH-WASTEWATER-TREATMENT-SOLUTION-d133.html/.

48 Mahmmoud Nasr, "Biological Hydrogen Production from Starch Wastewater Using a Novel Up-flow Anaerobic Staged Reactor," Table 1: Characteristics of the Starch Processing Wastewater Used in the Experiments, *BioResources* 8, no. 4, https://www.researchgate.net/figure/Characteristics-of-the-Starch-Processing-Wastewater-Used-in-the-Experiments_tbl1_259810426.

49 J. Xue, W. Liu, and K. Kannan, "Bisphenols, Benzophenones, and Bisphenol A Diglycidyl Ethers in Textiles and Infant Clothing," *Environmental Science & Technology* 51, no. 9 (May 2, 2017): 5279–86.

50 Zorawar Singh and Pooja Chadha, "Textile Industry and Occupational Cancer," *Journal of Occupational Medicine and Toxicology* 11, no. 39 (August 15, 2016), https://www.ncbi.nlm.nih.gov/pmc/articles/PMC 4986180/.

51 David Ewing Duncan, "Chemicals Within Us," *National Geographic*, n.d., https://www.nationalgeographic.com/science/health-and-human-body/human-body/chemicals-within-us/.

52 Marc Bain, "If Your Clothes Aren't Already Made Out of Plastic, They Will Be," Quartz.com, June 5, 2015, https://qz.com/414223/if-your-clothes-arent-already-made-out-of-plastic-they-will-be/.

53 "Nylon Is Invented, 1935," PBS, A Science Odyssey: People and Discoveries, http://www.pbs.org/wgbh/aso/databank/entries/dt35ny.html.

54 "What Is Polyester: History of Polyester," WhatIsPolyester.com, http://www.whatispolyester.com/history.html.

55 News Desk, "Global Polyester Yarn Exports Rising Since 2017," Fibre2Fashion.com, October 5, 2019, https://www.fibre2fashion.com/news/textile-news/global-polyester-yarn-exports-rising-since-2017-252377-newsdetails.htm.

56 Yan Qin, "Global Fibres Overview," Synthetic Fibres Raw Materials Committee Meeting at APIC 2014, May 16, 2014, Tecnon Orbichem, https://www.orbichem.com/userfiles/APIC%202014/APIC2014_Yang_Qin.pdf.

57 Quantis, "Measuring Fashion: Environmental Impact of the Global Apparel and Footwear Industries Study," 2018, https://https://quantis-intl.

com/report/measuring-fashion-report/.
58 Business for Social Responsibility, "Apparel Industry Life Cycle Carbon Mapping," June 2009, BSR.org, https://www.slideshare.net/AbhishekBhagat1/bsr-apparel-supplychaincarbonreport.
59 Sarah Kaplan, "By 2050, There Will Be More Plastic Than Fish in the World's Oceans, Study Says," *Washington Post*, January 20, 2016, https://www.washingtonpost.com/news/morning-mix/wp/2016/01/20/by-2050-there-will-be-more-plastic-than-fish-in-the-worlds-oceans-study-says/.
60 Beverley Henry et al., "Microfibres from Apparel and Home Textiles: Prospects for Including Microplastics in Environmental Sustainability Assessment," *Science of the Total Environment* 652 (February 20, 2019): 484–94, https://www.sciencedirect.com/science/article/pii/S004896971834049X CQ.
61 Julien Boucher and Damien Friot, "Primary Microplastics in the Oceans: a Global Evaluation of Sources," Gland, Switzerland: International Union for Conservation of Nature, 2017, 43.
62 Mark Anthony Browne et al., "Accumulations of Microplastic on Shorelines Worldwide: Sources and Sinks," *Environmental Science & Technology* (September 6, 2011), DOI: 10.1021/es201811s, https://www.plasticsoupfoundation.org/wp-content/uploads/2015/03/Browne_2011-EST-Accumulation_of_microplastics-worldwide-sources-sinks.pdf.
63 Imogene E. Napper and Richard C. Thompson, "Release of Synthetic Microplastic Plastic Fibres from Domestic Washing Machines: Effects of Fabric Type and Washing Conditions," *Marine Pollution Bulletin* 112, no. 1–2 (November 15, 2016): 39–45, http://www.inquirylearningcenter.org/wp-content/uploads/2015/08/Napper2016.pdf.
64 Beverley Henry, Kirsi Laitala, and Ingun Grimstad Klepp, "Microfibres from Apparel and Home Textiles: Prospects for Including Microplastics in Environmental Sustainability Assessment," *Science of the Total Environment* 652 (2019): 483–94, https://www.sciencedirect.com/science/article/pii/S004896971834049X.
65 Andrea Thompson, "From Fish to Humans, a Microplastic Invasion May Be Taking a Toll," *Scientific American*, September 4, 2018, scientificamerican.com/article/from-fish-to-humans-a-microplastic-invasion-may-be-taking-a-toll/.

第三章

1 "The Apparel Sourcing Caravan's Next Stop: Digitization," McKinsey Apparel CPO Survey 2017, Apparel, Fashion & Luxury Group, McKinsey & Company, https://www.mckinsey.com/~/media/mckinsey/industries/retail/our%20insights/digitization%20the%20next%20stop%20for%20the%20apparel%20sourcing%20caravan/the-next-stop-for-the-apparel-sourcing-

caravan-digitization.pdf.
2 "World Trade Statistical Review 2020," World Trade Organization 2020, https://www.wto.org/english/res_e/statis_e/wts2020_e/wts2020_e.pdf.
3 Jasim Uddin, "Bangladesh's Denim Overtakes Mexico, China, in US," *Business Standard*, August 11, 2020, https://tbsnews.net/economy/rmg/bangladeshs-denim-overtakes-mexico-china-us-118252.
4 H. Brammer, "Floods in Bangladesh: Geographical Background to the 1987 and 1988 Floods," *Geographical Journal* 156, no. 1 (March 1990): 12–22, https://www.jstor.org/stable/635431.
5 "Bangladesh," Aquastat, FAO.org, http://www.fao.org/nr/water/aquastat/countries_regions/bgd/BGD-CP_eng.pdf.
6 Sheikh Hasina, "Bangladesh Is Booming—and Here's Why, Says the Prime Minister," World Economic Forum, October 4, 2019, https://www.weforum.org/agenda/2019/10/bangladesh-is-booming/.
7 "The World Bank in Bangladesh," World Bank, last updated October 14, 2020, https://www.worldbank.org/en/country/bangladesh/overview.
8 Fiona Weber-Steinhaus, "The Rise and Rise of Bangladesh," *The Guardian*, October 9, 2019, https://www.theguardian.com/global-development/2019/oct/09/bangladesh-women-clothes-garment-workers-rana-plaza.
9 "Wages and Productivity in Garment Sector in Asia and the Pacific and the Arab States," International Labour Organization, n.d., https://www.ilo.org/wcmsp5/groups/public/—asia/—ro-bangkok/documents/publication/wcms_534289.pdf.
10 Abdi Latif Dahir, "Ethiopia's Garment Workers Make Clothes for Guess, H&M, and Levi's—but Are the World's Lowest Paid," Quartz.com, May 8, 2019, https://qz.com/africa/1614752/ethiopia-garment-workers-for-gap-hm-lowest-paid-in-world/.
11 Shahajida Mia and Masrufa Akter, "Ready-Made Garments Sector of Bangladesh: Its Growth, Contribution and Challenges," *Economics World* 7, no. 1 (January–February 2019): 17–26, http://www.davidpublisher.org/Public/uploads/Contribute/5dd507c82e7dd.pdf.
12 Tanvir Chowdhury, "Bangladesh's Garment Factories Pollute Rivers," Aljazeera, July 1, 2019, https://www.aljazeera.com/news/2019/07/bangladeshs-garment-factories-pollute-rivers-affecting-residents-health-190701090533205.html.
13 Sophie Hardach, "How the River Thames Was Brought Back from the Dead," BBC, November 12, 2015, http://www.bbc.com/earth/story/20151111-how-the-river-thames-was-brought-back-from-the-dead.
14 See for example, "The Women Who Make Our Clothes," FashionRevolution.org, n.d., https://www.fashionrevolution.org/asia-vietnam-80-percent-exhibition/; and "Gender: Women Workers Mistreated," Clean Clothes

Campaign, n.d., https://cleanclothes.org/issues/gender.
15 Salman Saeed, Sugam Pokharel, and Matthew Robinson, "Bangladesh Slum Fire Leaves 10,000 People Homeless," CNN, August 19, 2019, https://edition.cnn.com/2019/08/18/asia/dhaka-bangladesh-slum-fire-10000-homeless-intl/index.html.
16 "UNICEF in Bangladesh: Our Timeline," UNICEF.org, https://www.unicef.org/bangladesh/en/unicef-bangladesh.
17 "The Bangladeshi Garment Worker Diaries," Worker Diaries.org, February 13, 2018, https://workerdiaries.org/wp-content/uploads/2018/04/Bangladesh_Data_Portal_English.pdf.
18 "The Bangladeshi Garment Worker Diaries," 21.
19 "Living Wage in Asia," Clean Clothes Campaign, 2014, https://archive.cleanclothes.org/resources/publications/asia-wage-report/view.
20 Taslima Khatun et al., "Anemia Among Garment Factory Workers in Bangladesh," *Middle East Journal of Scientific Research* 16, no. 4 (January 2013): 502–7, https://www.researchgate.net/publication/263027531_Anemia_among_Garment_Factory_Workers_in_Bangladesh. Clean Clothes Campaign, "Living Wage in Asia" (2014), 39.
21 Nusrat Zaman Sohani et al., "Pattern of Workplace Violence Against Female Garment Workers in Selected Areas of Dhaka City," *Sub Journal of Public Health* 3–4, 3–8 (July–December 2010/January–June 2011), https://www.researchgate.net/publication/233883183_PATTERN_OF_WORKPLACE_VIOLENCE_AGAINST_FEMALE_GAR MENT_WORKERS_IN_SELECTED_AREAS_OF_DHAKA_CITY.
22 "Bangladesh: Investigate Dismissals of Protesting Workers," Human Rights Watch, March 5, 2019, https://www.hrw.org/news/2019/03/05/bangladesh-investigate-dismissals-protesting-workers.
23 Barbara Ehrenreich, *Nickel and Dimed: On (Not) Getting By in America* (New York: Henry Holt and Co., 2001) is an excellent examination of life for laborers.
24 Sven Beckert, *Empire of Cotton: A Global History* (New York: Knopf, 2014), 16.
25 K. Amirthalingam et al., "Victims of Human Trafficking in Sri Lanka: Narratives of Women, Children and Youth," EditorialExpress.com, https://editorialexpress.com/cgi-bin/conference/download.cgi?db_name=IAFFE2011&paper_id=75.
26 US Mission Cambodia, "2020 Trafficking in Persons Report: Cambodia," US Embassy in Cambodia, News and Events, July 16, 2020, https://kh.usembassy.gov/2020-trafficking-in-persons-report-cambodia/https://www.voacambodia.com/a/author-looks-at-forced-labor-in-cambodias-sex-and-garment-industries/2726966.html.

27 Patrick Winn, "Why Cambodia's Sex Workers Don't Need to Be Saved," *GlobalPost*, March 29, 2016, PRI.org, https://www.pri.org/stories/2016-03-29/why-cambodias-sex-workers-dont-need-be-saved.
28 "There Is a Vast Mismatch," Behind the Seams, http://behind-the-seams.org/living-wages/.
29 "What She Makes: Power and Poverty in the Fashion Industry," OXFAM Australia, October 2017, https://whatshemakes.oxfam.org.au/wp-content/uploads/2017/10/Living-Wage-Media-Report_WEB.pdf.
30 #81 Stefan Persson, Billionaires 2020, *Forbes*, November 14, 2020, https://www.forbes.com/profile/stefan-persson/#27fae5315dbe.
31 #6 Amancio Ortega, https://www.forbes.com/profile/amancio-ortega/#46c51314116c.
32 Kate Vinton, "Briefly No. 1: Spain's Amancio Ortega Ends Day Back at World's No. 2 Richest," *Forbes*, August 29, 2017, https://www.forbes.com/sites/katevinton/2017/08/29/spains-amancio-ortega-briefly-overtakes-gates-as-no-1-richest-falls-back-to-no-2/#54f80cd667be.
33 Jason Fields, "US Ban on Slave-Made Goods Nets Tiny Fraction of $400 Billion Threat," Thomson Reuters Foundation, April 8, 2019, https://news.trust.org/item/20190408044809-3ud9e/.
34 "Modern Slavery: A Hidden, Everyday Problem," Global Slavery Index, 2018, https://www.globalslaveryindex.org/.
35 Kieran Gilbert, "U.S. Blocks Import of Goods from Five Nations in Rare Anti-Slavery Crackdown," Reuters, October 1, 2019, https://news.yahoo.com/1-u-blocks-import-goods-122024862.html.
36 Fields, "US Ban on Slave-Made Goods."
37 Fields, "US Ban on Slave-Made Goods."
38 "French Corporate Duty of Vigilance Law," European Coalition of Corporate Justice, 2016, Respect International, http://www.respect.international/french-corporate-duty-of-vigilance-law-english-translation/.
39 Jane Moyo, "France Adopts New Corporate 'Duty of Care' Law, Ethical Trading Initiative," EthicalTrade.org, March 1, 2017, https://www.ethicaltrade.org/blog/france-adopts-new-corporate-duty-care-law.
40 "France Duty of Vigilance Law," WorkerEn gagement.com, https://www.worker-engagement.com/laws-regulations-and-guidelines/french-duty-of-vigilance-duty-of-care-law/.
41 Ben Passikoff, *The Writing on the Wall: Rediscovering New York City's "Ghost Signs"* (New York: Simon & Schuster, 2017).
42 Jacob Riis, *How the Other Half Lives*, "Knee-Pants at Forty-Five Cents a Dozen—A Ludlow Street Sweater's Shop," https://www.khanacademy.org/humanities/art-americas/us-art-19c/us-19c-arch-sculp-photo/a/jacob-

riis-sweaters.
43 Yannay Spitzer, "Pogroms, Networks, and Migration: The Jewish Migration from the Russian Empire to the United States, 1881–1914," *Brown University* 29 (2015).
44 "Ten Hours Act," Oxford Reference, https://www.oxfordreference.com/view/10.1093/oi/authority.20110803103058890.
45 Tony Michels, "Uprising of 20,000 (1909)," Jewish Women's Archive, https://jwa.org/encyclopedia/article/uprising-of-20000-1909.
46 Eileen Boris and Annelise Orleck, "Feminism and the Labor Movement: A Century of Collaboration and Conflict," *New Labor Forum* 20, no. 1 (Winter 2011): 33–41, https://www.jstor.org/stable/27920539.
47 Susan Ware, "A Strong Working-Class Movement: On the Activism of Rose Schneiderman," *Lapham's Quarterly*, May 9, 2019, https://www.laphamsquarterly.org/roundtable/strong-working-class-movement.
48 Patrick J. Kiger, "How the Horrific Tragedy of the Triangle Shirtwaist Fire Led to Workplace Safety Laws," History.com, updated March 27, 2019, https://www.history.com/news/triangle-shirtwaist-factory-fire-labor-safety-laws.
49 Clair T. Berube, *The Investments: An American Conspiracy* (Charlotte, NC: Information Age Publishing, 2020), 6.
50 Ware, "A Strong Working-Class Movement."
51 "Report of the New York State Factory Investigating Commission," *Monthly Review of the U.S. Bureau of Labor Statistics* 2, no. 2 (February 1916): 81–99, https://www.jstor.org/stable/41822920?seq=1#metadata_info_tab_contents.
52 Christopher N. Breiseth, "From the Triangle Fire to the New Deal: Frances Perkins in Action," speech in commemoration of the 100th anniversary of the Triangle Fire, New York State Museum, Albany, New York, March 25, 2011, https://francesperkinscenter.org/wp-content/uploads/2014/04/from-the-triangle-fire-to-the-new-deal.pdf.
53 Myrna Zanetell, "Farah, Incorporated," Texas State Historical Association Handbook of Texas, https://www.tshaonline.org/handbook/entries/farah-incorporated.
54 Meena Thiruvengadam, "Apparel Industry No Longer a Good Fit in El Paso," Institute for Agriculture & Trade Policy, October 15, 2005, https://www.iatp.org/news/apparel-industry-no-longer-a-good-fit-in-el-paso.
55 Patricia Atkins et al., "Responding to Manufacturing Job Loss: What Can Economic Development Policy Do?," Brookings Institution, Metropolitan Policy Program, June 2011, https://www.brookings.edu/wp-content/uploads/2016/06/06_manufacturing_job_loss.pdf.

56 Andrew Stettner, "Should Workers Facing Technological Change Have a Right to Training?," The Century Foundation, September 12, 2019, https://tcf.org/content/commentary/workers-facing-technological-change-right-training/.
57 Anand Giridharadas, *Winners Take All: The Elite Charade of Changing the World* (New York: Alfred A. Knopf, 2018), 238.
58 David Autor et al., "Importing Political Polarization? The Electoral Consequences of Rising Trade Exposure," Massachusetts Institute of Technology, February 2020, https://economics.mit.edu/files/11559.
59 "Minimum Wage," State of California Department of Industrial Relations, Labor Commissioner's Office, https://www.dir.ca.gov/dlse/faq_minimumwage.htm.
60 "Los Angeles Minimum Wage," Office of Wage Standards, https://wagesla.lacity.org/sites/g/files/wph471/f/2019-MWO-Poster-EN-14.pdf https://wagesla.lacity.org.
61 "Union Members Summary," Economic News Release, U.S. Bureau of Labor Statistics, 2019, https://www.bls.gov/news.release/union2.nr0.htm.
62 Gerald Mayer, "Union Membership Trends in the United States, Washington, D.C.: Congressional Research Service, August 21, 2004, https://digitalcommons.ilr.cornell.edu/cgi/viewcontent.cgi?article=1176&context=key_workplace.
63 Matthew Desmond, "In Order to Understand the Brutality of American Capitalism, You Have to Start on the Plantation," *New York Times*, August 14, 2019, https://www.nytimes.com/interactive/2019/08/14/magazine/slavery-capitalism.html.
64 Justin Fox, "Why German Corporate Boards Include Workers," *Bloomberg*, August 24, 2018, https://www.bloomberg.com/opinion/articles/2018-08-24/why-german- corporate-boards-include-workers-for-co-determination.
65 Andrew Brooks, *Clothing Poverty: The Hidden World of Poverty and Second-hand Clothes* (London: Zed Books, 2015), 246.
66 "Strictness of Employment Protection—Individual and Collective Dismissals (Regular Contracts)," OECD Stats, https://stats.oecd.org/Index.aspx?DataSetCode=EPL_OV.
67 Marina N. Bolotnikova, "The Trilemma," *Harvard Magazine*, July–August 2019, https://www.harvardmagazine.com/2019/07/rodrik-trilemma-trade-globalization.

第四章

1 "Says 'Made in China,' U.S. Rules of Origin," U.S. Customs and Border Protection, May 2004, https://www.cbp.gov/sites/default/files/assets/documents/ 2016-

Apr/icp026_3.pdf.
2. Nikki Sun, "Hong Kong's Li & Fung Taps JD.com for Digital Supply Chain," Nikkei Asia, July 31, 2020, https://asia.nikkei.com/Business/Business-deals/Hong-Kong-s-Li-Fung-taps-JD.com-for-digital-supply-chain-revamp.
3. "Our History," Li & Fung, lifung.com, https://www.lifung.com/about-lf/our-purpose/our-history/.
4. Robert J. S. Ross et al., "A Critical Corporate Profile of Li & Fung," Mosakowski Institute for Public Enterprise, 31, https://commons.clarku.edu/cgi/viewcontent.cgi?article=1030&context=mosakowskiinstitute.
5. Joan Magretta, "Fast, Global, and Entrepreneurial: Supply Chain Management, Hong Kong Style," *Harvard Business Review*, September–October 1998, https://hbr.org/1998/09/fast-global-and-entrepreneurial-supply-chain-management-hong-kong-style.
6. Ross et al., "A Critical Corporate Profile of Li & Fung."
7. Magretta, "Fast, Global, and Entrepreneurial."
8. Stephanie Strom, "A Sweetheart Becomes Suspect: Looking Behind Those Kathie Lee Labels," *New York Times*, June 27, 1996, https://www.nytimes.com/1996/06/27/business/a-sweetheart-becomes-suspect-looking-behind-those-kathie-lee-labels.html.
9. Jennifer Burns, "Hitting the Wall: Nike and International Labor Practices," *Harvard Business Review*, January 19, 2000, https://store.hbr.org/product/hitting-the-wall-nike-and-international-labor-practices/700047?sku=700047-PDF-ENG.
10. "We Go as Far as Brands Want Us to Go," Clean Clothes Campaign, n.d., https://cleanclothes.org/news/2019/we-go-as-far-as-brands-want-us-to-go.
11. "We Believe We Can All Make a Difference," Everlane.com, https://www.everlane.com/about.
12. "Good Business Can Change the World," Gap Inc. Global Sustainability, https://www.gapincsustainability.com/.
13. "Social Responsibility," Madewell.com, https://www.madewell.com/social-responsibility.html.
14. "Our Social Responsibility," J.Crew.com, https://www.jcrew.com/flatpages/social_responsibility2019.jsp.
15. Vanessa Friedman, Sapna Maheshwar, and Michael J. de la Merced, "J. Crew Files for Bankruptcy in Virus's First Big Retail Casualty," *New York Times*, May 3, 2020, https://www.nytimes.com/2020/05/03/business/j-crew-bankruptcy-coronavirus.html/.
16. "How We Do Business," Inditex.com, https://www.in ditex.com/en/our-commitment-to-people.
17. "Vendor Code of Conduct," Everlane.com, https://www.everlane.com/

vendor-code.
18 https://views-voices.oxfam.org.uk/2011/08/buyers-beware-audit-idiocy.
19 Juliane Reineck et al., "Business Models and Labour Standards: Making the Connection," Ethical Trade Initiative, 14, https://www.ethicaltrade.org/sites/default/files/shared_resources/Business models%26 labour standards.pdf.
20 "Fig Leaf for Fashion: How Social Auditing Protects Brands and Fails Workers," 2019 Report, Clean Clothes Campaign, 52.
21 Siobhan Heanue, "Lululemon Factory Workers Allegedly Subjected to Physical and Verbal Abuse in Bangladesh," ABC.net.au, October 15, 2019, https://www.abc.net.au/news/2019-10-15/lululemon-abuse-allegations-women-bangladesh-factories/11605468.
22 Sarah Marsh and Redwan Ahmed, "Workers Making £88 Lululemon Leggings Claim They Are Beaten," *Guardian*, October 14, 2019, https://www.theguardian.com/global-development/2019/oct/14/workers-making-lululemon-leggings-claim-they-are-beaten.
23 Stephen Burgen and Tom Phillips, "Zara Accused in Brazil Sweatshop Inquiry," *Guardian*, August 18, 2011, https://www.the guardian.com/world/2011/aug/18/zara-brazil-sweatshop-accusation.
24 Jonathan Webb, "Child Workers Found in Clothing Supply Chain: ASOS, Marks & Spencer Implicated," *Forbes*, October 25, 2016, https://www.forbes.com/sites/jwebb/2016/10/25/child-workers-found-in-clothing-supply-chain-asos-marks-spencer-implicated/#614e19424b12.
25 Jasmin Malik Chua, "Why Tackling 'Audit Fatigue' Can Lead to More Sustainable Factories," *Sourcing Journal*, September 9, 2019, https://sourcing journal.com/topics/sustainability/audit-fatigue-factories-sustainability-166443/.
26 "Converged Assessment. Collaborative Action. Improved Working Conditions," Social & Labor Convergence, https://slconvergence.org/.
27 "Fig Leaf for Fashion."
28 *Better Buying Index Report* Spring 2018, betterbuy ing.org, https://betterbuying.org/wp-content/uploads/2018/05/4159_better_buying_report_final.pdf, 18.
29 Julia Bonner and Adam Friedman, "Corporate Social Responsibility: Who's Responsible?," Public Relations Society of America, n.d., https://apps.prsa.org/intelligence/partnerresearch/partners/nyu_scps/corporatesocialrespon sibility.pdf.
30 "Cheryl Heinonen Named Macy's, Inc. Executive Vice President, Corporate Communications," businesswire.com, December 19, 2016, https://www.businesswire.com/news/home/20161219006227/en/Cheryl-Heinonen-Named-Macys-Executive-Vice-President.
31 "Dan Bartlett, Executive Vice President, Corporate Affairs," Walmart.

com, https://corporate.walmart.com/our-story/leadership/executive-management/dan-bartlett/.
32 *Better Buying Index Report* Spring 2018, 24.
33 Mohammad Nurul Alam, "Bangladesh-Made Garment Price Drops 1.61%in Last 4 Years," *TextileToday*, July 18, 2019, https://www.textiletoday.com.bd/bangladesh-made-garment-price-drops-1-61-last-4-years/.
34 "From Obligation to Opportunity: A Market Systems Analysis of Working Conditions in Asia's Garment Export Industry," September 2017, ILO.org, https://www.ilo.org/wcmsp5/groups/public/—ed_emp/—emp_ent/—ifp_seed/documents/publication/wcms_628430.pdf, 47.
35 *Better Buying Index Report Spring* 2018, 24.
36 Mengxin Li, "Paying for a Bus Ticket and Expecting to Fly: How Apparel Brand Purchasing Practices Drive Labor Abuses," Human Rights Watch, 2019, 2, https://www.hrw.org/report/2019/04/24/paying-bus-ticket-and-expecting-fly/how-apparel-brand-purchasing-practices-drive.
37 Li, "Paying for a Bus Ticket and Expecting to Fly," 50.
38 Li, "Paying for a Bus Ticket and Expecting to Fly," 32.
39 Fashion Revolution, "The Impact of COVID-19 on the People Who Make Our Clothes," https://www.fashionrevolution.org/the-impact-of-covid-19-on-the-people-who-make-our-clothes/.
40 Amy Bainbridge and Supattra Vimonsuknopparat, "Suppliers Under Pressure as Australian Retailers Ask for Discounts, Hold Orders During Coronavirus Pandemic," ABC.net.au, May 12, 2020, https://www.abc.net.au/news/2020-05-13/australian-retailers-delay-supplier-payments-amid-coronavirus/12236458.
41 "Major Apparel Brands Delay & Cancel Orders in Response to Pandemic, Risking Livelihoods of Millions of Garment Workers in Their Supply Chains," Business & Human Rights Resource Centre, March 24, 2020, https://www.business-humanrights.org/en/major-apparel-brands-delay-cancel-orders-in-response-to-pandemic-risking-livelihoods-of-millions-of-garment-workers-in-their-supply-chains.
42 "Code of Vendor Conduct," Gap Inc., revised June 2016, https://gapinc-prod.azureedge.net/gapmedia/gapcorporatesite/media/images/docs/codeofvendorconduct_final.pdf.
43 "Toward Fair Compensation in Bangladesh," Fair Labor Association, April 2018, https://www.fairlabor.org/sites/default/files/documents/reports/toward_fair_compensation_in_bangladesh_april_2018_1.pdf; and Matt Cowgill and Phu Huynh, "Weak Minimum Wage Compliance in Asia's Garment Industry," ILO.org, August 2016, https://www.ilo.org/wcmsp5/groups/public/—ed_protect/— protrav/— travail/documents/publication/

wcms_509532.pdf.
44 "Better Work: Stage II Global Compliance Synthesis Report 2009–2012," The Better Work Global Programme, 2013, https://betterwork.org/wp-content/uploads/2020/01/Global-Synthesis-Report-final.pdf.
45 Cowgill and Huynh, "Weak Minimum Wage Compliance in Asia's Garment Industry," Appendix A.
46 "Memorandum of Understanding," Action, Collaboration, Transformation, 2020, https://actonlivingwages.com/memorandum-of-understanding/.
47 Clean Clothes Campaign, "Living Wage in Asia," Clean Clothes Campaign, 2014, https://archive.cleanclothes.org/resources/publications/asia-wage-report/view.
48 Andy Kroll, "Are Walmart's Chinese Factories as Bad as Apple's?," *Mother Jones*, March/April 2012, https://www.motherjones.com/environment/2012/03/walmart-china-sustainability-shadow-factories-greenwash/.
49 Li, "Paying for a Bus Ticket and Expecting to Fly," 6.
50 Jonathan Grossman, "Fair Labor Standards Act of 1938: Maximum Struggle for a Minimum Wage," U.S. Department of Labor, https://www.dol.gov/general/aboutdol/history/flsa1938.
51 "History of Child Labor in the United States—Part 1: Little Children Working," *Monthly Labor Review*, U.S. Bureau of Labor Statistics, January 2017, https://www.bls.gov/opub/mlr/2017/article/history-of-child-labor-in-the-united-states-part-1.htm.
52 Josephine Moulds, "Child Labour in the Fashion Supply Chain," *Guardian*, https://labs.theguardian.com/unicef-child-labour/.
53 Brian Ross, Matthew Mosk, and Cindy Galli, "Workers Die at Factories Used by Tommy Hilfiger," ABC News, March 21, 2012, https://abcnews.go.com/Blotter/workers-die-factories-tommy-hilfiger/story? id=15966305.
54 Kevin Douglas Grant, "Tommy Hilfiger Caves on Factory Labor Conditions Ahead of ABC Report," *GlobalPost*, March 21, 2012, https://www.pri.org/stories/2012-03-21/tommy-hilfiger-caves-factory-labor-conditions-ahead-abc-report.
55 "The History Behind the Bangladesh Fire and Safety Accord," July 8, 2013, Clean Clothes Campaign, Maquila Solidarity Network, https://digitalcommons.ilr.cornell.edu/cgi/viewcontent.cgi? article=2844& con text=globaldocs.
56 "Accord on Fire and Building Safety in Bangladesh," May 13, 2013, bangladesh.wpengine.com, https://bangladesh.wpengine.com/wp-content/uploads/2018/08/2013-Accord.pdf.
57 Ritika Iyer, "Protecting the Safety of Bangladeshi Garment Workers," April 4, 2019, http://gppreview.com/2019/04/04/protecting-safety-bangladeshi-garment-workers/.

58 "Frequently Asked Questions (FAQ) About the Bangladesh Safety Accord," Clean Clothes Campaign, https://cleanclothes.org/issues/faq-safety-accord#2—who-signed-the-accord-on-fire-and-building-safety-in-bangladesh-.
59 "About," Accord on Fire and Building Safety in Bangladesh, https://bangladeshaccord.org/about/.
60 "Factories," Accord on Fire and Building Safety in Bangladesh, https://bangladeshaccord.org/factories.
61 Monira Munni, "Let Accord Work Independently During Its Transition Period," *Financial Express*, June 3, 2019, https://thefinancialex press.com.bd/trade/let-accord-work-independently-during-its-transition-period-1559579014.
62 Jasmin Malik Chua, "Readymade Sustainability Council to Take Over from Bangladesh Accord," *Sourcing Journal*, September 2019, https://sourcingjournal.com/topics/labor/readymade-sustainability-council-bangladesh-167523.
63 "Covington Helps Secure Historic Settlement in Arbitration Under the Accord on Fire & Building Safety in Bangladesh," January 22, 2018, https://www.cov.com/en/news-and-insights/news/2018/01/covington-helps-secure-historic-settlement-in-arbitration-under-the-accord-on-fire-and-building-safety-in-bangladesh.
64 Benjamin A. Evans, "Accord on Fire and Building Safety in Bangladesh: An International Response to Bangladesh Labor Conditions," *North Carolina Journal of International Law* 45, no. 4 (2020): 598, https://core.ac.uk/down load/pdf/151516597.pdf.
65 Dani Rodrik, *The Globalization Paradox* (New York: W. W. Norton, 2011), 211.
66 Christopher Blattman and Stefan Dercon, "Everything We Knew About Sweatshops Was Wrong," *New York Times*, April 27, 2017, https://www.nytimes.com/2017/04/27/opinion/do-sweatshops-lift-workers-out-of-poverty.html.

第五章

1 Federal Register, Department of Health and Human Services, Administration for Children and Families, 67440, https://www.govinfo.gov/content/pkg/FR-2016-09-30/pdf/2016-22986.pdf.
2 Mark Lino et al., "Expenditures on Children by Families, 2015," U.S. Department of Agriculture, 21, https://fns-prod.azureedge.net/sites/default/files/crc2015_March2017.pdf.
3 Charles Duhigg, "Is Amazon Unstoppable?," *The New Yorker*, October 10, 2019, https://www.newyorker.com/magazine/2019/10/21/is-amazon-unstoppable.

4 "Amazon Apparel: Annual US Survey Reveals Amazon Has Overtaken Walmart as America's Most-Shopped Retailer for Apparel," Coresight Research, March 4, 2019, https://coresight.com/research/amazon-apparel-annual-us-survey-reveals-amazon-has-overtaken-walmart-as-americas-most-shopped-retailer-for-apparel/. Amazon does not report separate fashion sales.

5 Kate Rooney, "Online Shopping Overtakes a Major Part of Retail for the First Time Ever," CNBC, April 2, 2019, https://www.cnbc.com/2019/04/02/online-shopping-officially-overtakes-brick-and-mortar-retail-for-the-first-time-ever.html.

6 Chavie Lieber, "Will Fashion Ever Really Embrace Amazon?," Business of Fashion, February 28, 2020, https://www.businessoffashion.com/articles/professional/fashion-brands-how-to-sell-on-amazon.

7 Katie Evans, "More Than One-Third of Consumers Shop Online Weekly Since Coronavirus Hit," Digital Commerce 360, October 21, 2020, https://www.Digitalcommerce360.Com/Article/Coronavirus-Impact-Online-Retail/.

8 Marc Bain, "How Covid-19 Could Change Fashion and Retail, According to Experts," Quartz.com, https://qz.com/1831203/how-covid-19-could-change-fashion-and-retail/.

9 Don Davis, "Amazon Triples Its Private-Label Product Offerings in 2 Years," Digital Commerce 360, May 20, 2020, https://www.digitalcommerce360.com/2020/05/20/amazon-triples-its-private%E2%80%91label-product-offerings-in-2-years/.

10 Vanessa Friedman, "Amazon to the Rescue of the Fashion World!," *New York Times*, May 14, 2020, https://www.nytimes.com/2020/05/14/fashion/amazon-vogue-CFDA.html.

11 Shirin Ghaffary and Jason Del Rey, "The Real Cost of Amazon," *Vox*, June 29, 2020, https://www.vox.com/recode/2020/6/29/21303643/amazon-coronavirus-warehouse-workers-protest-jeff-bezos-chris-smalls-boycott-pandemic.

12 About Amazon Staff, "Fulfillment in Our Buildings," About Amazon.com, https://www.aboutamazon.com/amazon-fulfillment/our-fulfillment-centers/fulfillment-in-our-buildings.

13 Shira Ovide, "Amazon Is Defined by Billions and Millions; Median Salary Is $28,446," *Bloomberg*, April 19, 2018, https://www.bloomberg.com/opinion/articles/2018-04-19/amazon-is-defined-by-billions-median-salary-is-28-446.

14 H. Claire Brown, "Amazon Gets Huge Subsidies to Provide Good Jobs—but It's a Top Employer of SNAP Recipients in at Least Five States," The

Counter, April 18, 2018, https://thecounter.org/Amazon-Snap-Employees-Five-States/.

15 Tom Huddleston Jr., "Amazon Had to Pay Federal Income Taxes for the First Time Since 2016—Here's How Much," CNBC, February 4, 2020, https://www.cnbc.com/2020/02/04/amazon-had-to-pay-federal-income-taxes-for-the-first-time-since-2016.htm.

16 Jonathan Ponciano, "Jeff Bezos Becomes the First Person Ever Worth $200 Billion," *Forbes*, August 26, 2020, https://www.forbes.com/sites/jonathanponciano/2020/08/26/worlds-richest-billionaire-jeff-bezos-first-200-billion/#5357fdbc4db7.

17 Jonathan Ponciano, "The World's 10 Richest Billionaires Lose $38 Billion on Coronavirus-Spurred 'Black Monday,'" *Forbes*, March 9, 2020, https://www.forbes.com/sites/jonathanponciano/2020/03/09/the-worlds-10-richest-people-lose-38-billion-on-coronavirus-spurred-black-monday/#3063d91846ed.

18 Amit Chowdry, "Net Worth Update: Jeff Bezos Now over $200 Billion and Elon Musk over $100 Billion," Pulse 2.0, August 31, 2020, https://pulse2.com/jeff-bezos-elon-musk-net-worth/.

19 "Thank You Amazon Heroes," iSpot.tv, 2020, https://www.ispot.tv/ad/nkaN/amazon-covid-19-thank-you-amazon-heroes#.

20 "Meet Janelle," iSpot.tv, 2020, https://www.ispot.tv/ad/nBRx/amazon-meet-janelle.

21 Ghaffary and Del Rey, "The Real Cost of Amazon."

22 "US Manufacturing Decline and the Rise of New Production Innovation Paradigms," OECD, 2017, https://www.oecd.org/united states/us-manufacturing-decline-and-the-rise-of-new-production-innovation-paradigms.htm.

23 Janelle Jones and Ben Zipperer, "Unfulfilled Promises," Economic Policy Institute, February 1, 2018, https://www.epi.org/publication/unfulfilled-promises-amazon-warehouses-do-not-generate-broad-based-employment-growth/.

24 Ghaffary and Del Rey, "The Real Cost of Amazon."

25 Brent Johnson, "A Peek Inside Amazon's Robot-Filled Edison Facility (and Murphy's Update on HQ2 Bid)," NJ.com, May 14, 2019, https://www.nj.com/politics/2018/09/a_peek_inside_amazons_robot-filled_facility_in_edison_and_murphys_update_on_hq2.html.

26 Isobel Asher Hamilton, " 'It's a Slap in the Face': Amazon Is Handing Out 'Thank You' T-Shirts to Warehouse Workers as It Cuts Their Hazard Pay," *Business Insider*, May 16, 2020, https://www.businessinsider.com/amazon-warehouse-workers-thank-you-t-shirts-as-it-cuts-their-hazard-pay-2020-5.

27　About Amazon Staff, "What Robots Do (and Don't Do) at Amazon Fulfillment Centers," AboutAmazon, https://www.aboutamazon.com/amazon-fulfillment/our-innovation/what-robots-do-and-dont-do-at-amazon-fulfillment-centers/.
28　Jack Pitcher, "Jeff Bezos Adds Record $13 Billion in Single Day to Fortune," *Bloomberg*, July 20, 2020, https://www.bloomberg.com/news/articles/2020-07-20/jeff-bezos-adds-record-13-billion-in-single-day-to-his-fortune? sref=1gzfmHYv.
29　PYMNTS, "Amazon Has Used Over 200,000 Robotic Drives Around the World," PYMNTS.com, June 5, 2019, https://www.pymnts.com/amazon/2019/robotic-warehouse-automation/; and "Amazon Empire": Jeff Wilke interview, *Frontline*, PBS, February 18, 2020, https://www.youtube.com/watch? v=hziCY1ohf64.
30　"Amazon Empire": Jeff Wilke interview.
31　Adam Satariano and Cade Metz, "A Warehouse Robot Learns to Sort Out the Tricky Stuff," *New York Times*, January 29, 2020, https://www.nytimes.com/2020/01/29/technology/warehouse-robot.html.
32　Michael Marmot, *Status Syndrome: How Your Place on the Social Gradient Affects Your Health* (London: Bloomsbury, 2004), 130.
33　Johann Hari, *Lost Connections: Uncovering the Real Causes of Depression* (New York: Bloomsbury, 2018), 308.
34　Irene Tung and Deborah Berkowitz, "Amazon's Disposable Workers: High Injury and Turnover Rates at Fulfillment Centers in California," National Employment Law Project, March 6, 2020, https://www.nelp.org/publication/amazons-disposable-workers-high-injury-turnover-rates-fulfillment-centers-california.
35　Annie Lowrey, "The Great Affordability Crisis Breaking America," *Atlantic*, February 7, 2020, https://www.theatlantic.com/ideas/archive/2020/02/great-affordability-crisis-breaking-america/606046.
36　"The Productivity-Pay Gap," Economic Policy Institute, updated July 2019, https://www.epi.org/productivity-pay-gap/.
37　"Report on the Economic Well-Being of U.S. Households in 2018," Federal Reserve, May 2019, https://www.federalreserve.gov/publications/files/2018-report-economic-well-being-us-households-201905.pdf.
38　Kirsty Bowen, "Employers Pay When Workers Face Financial Precarity," Futurity, December 2, 2019, https://www.futurity.org/financial-precarity-money-worries-middle-class-employees-2222922-2/.
39　Raj Chetty et al., "The Association Between Income and Life Expectancy in the United States, 2001–2014," National Institutes of Health, 2016, https://www.ncbi.nlm.nih.gov/pmc/articles/PMC4866586/https://

healthinequality.org. See also *Journal of the American Medical Association* 317, no. 1 (January 3, 2017): 90.
40 "How the Share of Americans Receiving Food Stamps Has Changed," USA Facts, https://usafacts.org/articles/snap-benefits-how-share-americans-receiving-food-stamps-has-changed/.
41 Reuters, "We're in the Longest Economic Expansion Ever—but It's the Rich Who Are Getting Richer," NBC News, July 2, 2019, https://www.nbcnews.com/business/economy/we-re-longest-economic-expansion-ever-it-s-rich-who-n1025611.
42 Lawrence Mishel and Julia Wolfe, "CEO Compensation Has Grown 940%Since 1978," Economic Policy Institute, August 14, 2019, https://www.epi.org/publication/ceo-compensation-2018/.
43 Eric Levitz, "The One Percent Have Gotten $21 Trillion Richer Since 1989. The Bottom 50%Have Gotten Poorer," *New York* magazine, June 16, 2019, http://nymag.com/intelligencer/amp/2019/06/the-fed-just-released-a-damning-indictment-of-capitalism.html.
44 Cydney Posner, "So Long to Shareholder Primacy," Harvard Law School Forum on Corporate Governance, August 22, 2019, https://corpgov.law.harvard.edu/2019/08/22/so-long-to-shareholder-primacy/.
45 Michael C. Jensen and Kevin J. Murphy, "CEO Incentives—It's Not How Much You Pay, But How," *Harvard Business Review*, May–June 1990, https://hbr.org/1990/05/ceo-incentives-its-not-how-much-you-pay-but-how.
46 Robin Ferracone, "Dare to Be Different—The Case of Amazon.com," *Forbes*, April 23, 2019, https://www.forbes.com/sites/robinferracone/2019/04/23/dare-to-be-different-the- case-of-amazon-com/#139712 f6cb99.
47 Isobel Asher Hamilton, "Jeff Bezos Took Another Veiled Shot at Elon Musk, Arguing That Reaching Mars Is an 'Illusion' Without Going Via the Moon," *Business Insider*, June 20, 2019, https://www.businessinsider.com/jeff-bezos-elon-musk-must-go-to-moon-before-mars-2019-6.
48 Kaitlin Sullivan, "U.S. Life Expectancy Goes Up for the First Time Since 2014," NBC News, January 30, 2020, https://www.nbcnews.com/health/health-news/u-s-life-expectancy-goes-first-time-2014-n1125776.
49 U.S. Burden of Disease Collaborators, "The State of US Health, 1990–2016, Burden of Disease, Injuries, and Risk Factors Among US States," JAMA Network, April 10, 2018, https://jamanetwork.com/journals/jama/fullarticle/2678018; compared to Bangladesh, from WHO data, "Life Expectancy and Healthy Life Expectancy, Data by Country," available at https://apps .who.int/gho/data/node.main.688? lang=en.
50 Zachary Siegel, "Capitalism Is Killing Us," *The Nation*, April 23, 2020, https://www.thenation.com/article/culture/case-deaton-deaths-of-

despair-book-review/.
51 Tamar Lapin, "Amazon Fires Organizer of Strike at Staten Island Warehouse," *New York Post*, March 30, 2020, available at https://www.mar ketwatch.com/story/amazon-fires-organizer-of-strike-at-staten-island-warehouse-2020-03-30.
52 Lauren Kaori Gurley, "Secret Amazon Reports Expose the Company's Surveillance of Labor and Environmental Groups," *Vice*, November 23, 2020, available at https://www.vice.com/en/article/5dp3yn/amazon-leaked-reports-expose-spying-warehouse-workers-labor-union-environmental-groups-social-movements.
53 Ghaffary and Del Rey, "The Real Cost of Amazon."
54 Lawrence Mishel, "Unions, Inequality, and Faltering Middle-Class Wages," Economic Policy Institute, August 29, 2012, https://www.epi.org/pub lication/ib342-unions-inequality-faltering-middle-class/.
55 Jason Del Rey and Shirin Ghaffary, "Amazon White-Collar Employees Are Fuming over Management Targeting a Fired Warehouse Worker," *Vox*, April 5, 2020, https://www.vox.com/recode/2020/4/5/21206385/amazon-fired-warehouse-worker-christian-smalls-employee-backlash-david-zapolsky-coronavirus.
56 Cherrie Bucknor, "Black Workers, Unions, and Inequality," Center for Economic and Policy Research, August 2016, https://cepr.net/images/stories/reports/black-workers-unions-2016-08.pdf? v=2.
57 Karen Weise, "Amazon Workers Urge Bezos to Match His Words on Race with Actions," *New York Times*, June 24, 2020, https://www.nytimes.com/2020/06/24/technology/amazon-racial-inequality .html.
58 US Census Bureau, Quick Facts, https://www.census.gov/quickfacts/fact/table/US/PST045219.
59 Danyelle Solomon, Connor Maxwell, and Abril Castro, "Systematic Inequality and Economic Opportunity," Center for American Progress, August 7, 2019, https://www.americanprogress.org/issues/race/reports/2019/08/07/472910/systematic-inequality-economic-opportunity/; and "Southern Black Codes," Constitutional Rights Foundation, https://www.crf-usa.org/brown-v-board-50th-anniversary/southern-black-codes.html.
60 Juan F. Perea, "The Echoes of Slavery: Recognizing the Racist Origins of the Agricultural and Domestic Worker Exclusion from the National Labor Relations Act," Loyola University Chicago, School of Law, 2011, https://lawecommons.luc.edu/cgi/viewcontent.cgi? article=1150& context=facpubs.
61 Andre M. Perry and David Harshbarger, "America's Formerly Redlined Neighborhoods Have Changed, and So Must Solutions to Rectify Them," October 14, 2019, https://www.brookings.edu/research/americas-formerly-redlines-areas-changed-so-must-solutions/.

62 Cory Turner et al., "Why America's Schools Have a Money Problem," NPR, April 18, 2016, https://www.npr.org/2016/04/18/474256366/why-americas-schools-have-a-money-problem.
63 Mark Muro, Robert Maxim, and Jacob Whiton, "Automation and Artificial Intelligence," Brookings Institution, January 2019, 45–46, https://www.brookings.edu/wp-content/uploads/2019/01/2019.01_BrookingsMetro_Automation-AI_Report_Muro-Maxim-Whiton-FINAL-version.pdf.
64 Drew Desilver, "Black Unemployment Rate Is Consistently Twice That of Whites," Pew Research Center Fact Tank, August 21, 2013, https://www.pewresearch.org/fact-tank/2013/08/21/through-good-times-and-bad-black-unemployment-is-consistently-double-that-of-whites/.
65 Edward Rodrigue and Richard V. Reeves, "Five Bleak Facts on Black Opportunity," Brookings Institution, January 15, 2015, https://www.brookings.edu/blog/social-mobility-memos/2015/01/15/five-bleak-facts-on-black-opportunity/.
66 Jeanna Smialek and Jim Tankersley, "Black Workers, Already Lagging, Face Big Economic Risks," *New York Times*, April 2020, https://www.nytimes.com/2020/06/01/business/economy/black-workers-inequality-economic-risks.html,=.
67 Staff Writer, "Letter: It's Really This Simple," *Panama City News Herald*, June 24, 2020, https://www.newsherald.com/story/opinion/letters/2020/06/24/letter-itrsquos-really-this-simple/41957943/.
68 Terry Gross, "It's More Than Racism: Isabel Wilkerson Explains America's 'Caste' System," *Fresh Air*, NPR, August 4, 2020, https://www.npr.org/2020/08/04/898574852/its-more-than-racism-isabel-wilkerson-explains-america-s-caste-system.
69 "Client Profile: Amazon.com," OpenSecrets.org, https://www.opensecrets.org/federal-lobbying/clients/summary?cycle=2019& id =D000023883.
70 Franklin Foer, "Jeff Bezos's Master Plan," Atlantic, November 2019, https://www.theatlantic.com/magazine/archive/2019/11/what-jeff-bezos-wants/598363/.
71 Lee Drutman, "How Corporate Lobbyists Conquered American Democracy," *Atlantic*, April 20, 2015, https://www.theatlantic.com/business/archive/2015/04/how-corporate-lobbyists-conquered-american-democracy/390822/.
72 Foer, "Jeff Bezos's Master Plan."
73 OECD Employment Outlook 2018, chapter 3, https://www.oecd-ilibrary.org/sites/empl_outlook-2018-7-en/index.html?itemId=/content/component/empl_outlook-2018-7-en.
74 World Investment Report, 2018, chapter 4, https://unctad.org/en/PublicationChapters/wir2018ch4_en.pdf.

75 Michael Tomasky, "Unemployment in the 30s: The Real Story," *Guardian*, February 9, 2009, https://www.theguardian.com/commentisfree/michaeltomasky/2009/feb/09/obama-administration-usemployment-new-deal-worked.
76 Dani Rodrik and Charles Sabel, "Building a Good Jobs Economy," November 2019, HKS Working Paper No. RWP20-001, available at SSRN: https://ssrn.com/abstract=3533430 or http://dx.doi.org/10.2139/ssrn.3533430.
77 Rodrik and Sabel, "Building a Good Jobs Economy."
78 Rodrik and Sabel, "Building a Good Jobs Economy."
79 Susan Glasser and Glenn Thrush, "What's Going On with America's White People?," *Politico*, September/October 2016, https://www.politico.com/magazine/story/2016/09/problems-white-people-america-society-class-race-214227.
80 Rodrik and Sabel, "Building a Good Jobs Economy."
81 "Sven Beckert on Inequality, Jobs, and Capitalism," Harvard Kennedy School Mossavar-Rahmani Center for Business and Government, August 2020, https://www.hks.harvard.edu/centers/mrcbg/programs/growthpolicy/sven-beckert-inequality-jobs-and-capitalism.

第六章

1 "2017 Characteristics of New Housing," U.S. Department of Commerce, https://www.census.gov/construction/chars/pdf/c25ann2017.pdf.
2 "Databases, Tables & Calculators by Subject: Labor Force Statistics from the Current Population Survey," U.S. Bureau of Labor Statistics, October 15, 2020, https://data.bls.gov/timeseries/LNS14000000.
3 "State Unemployment by Race and Ethnicity," Economic Policy Institute, updated August 2020, https://www.epi.org/indicators/state-unemployment-race-ethnicity/.
4 "The Employment Situation—September 2020," Bureau of Labor Statistics News Release, https://www.bls.gov/news.release/pdf/empsit.pdf; and "Labor Force Statistics from the Current Population Survey: Household Data," U.S. Bureau of Labor Statistics, https://www.bls.gov/web/empsit/cpsee_e16.htm.
5 Anna Granskog et al., "Survey: Consumer Sentiment on Sustainability in Fashion," McKinsey, https://www.mckinsey.com/industries/retail/our-insights/survey-consumer-sentiment-on-sustainability-in-fashion.
6 Kimberly Chrisman-Campbell, "The King of Couture," *Atlantic*, September 1, 2015, https://www.theatlantic.com/entertainment/archive/2015/09/the-king-of-couture/402952//. https://www.mckinsey.com/industries/retail/our-

insights/survey-consumer-sentiment-on-sustainability-in-fashion.
7 Josef Seethaler, ed., *Selling War: The Role of the Mass Media in Hostile Conflicts from World War I to the "War on Terror"* (Chicago: University of Chicago Press/ Intellect Books, 2013), 111.
8 *The Century of Self*, directed by Adam Curtis (London: BBC, 2002).
9 Simone Stolzoff, "Jeff Bezos Will Still Make the Annual Salary of His Lowest-Paid Employees Every 11.5 Seconds," Quartz.com, October 2, 2018, https://qz.com/work/1410621/jeff-bezos-makes-more-than-his-least-amazon-paid-worker-in-11-5-seconds/.
10 Samuel Strauss, "Things Are in the Saddle," *Atlantic*, November 1924, https://memory.loc.gov/cgi-bin/ampage?collID=cool&item Link=r?ammem/coolbib:@field(NUMBER+@band(amrlgs+at1))& hdl=amrlgs:at1:002/.
11 See *The Century of the Self—Part 1*: "Happiness Machines," and Pema Levy, "The Secret to Beating Trump Lies with You and Your Friends," *Mother Jones*, November–December 2020, https://www.motherjones.com/politics/2020/10/relational-organizing.
12 *The War*, "War Production," PBS, https://www.pbs.org/thewar/at_home_war_production.htm.
13 Jim Hightower, "The Rise and Fall of America's Middle Class," OtherWords.org, https://otherwords.org/rise-fall-americas-middle-class/.
14 *The Century of Self*.
15 Rex Briggs, "The Secret to Reaching Your Audience? Re-Evaluate What You're Paying For," *Adweek*, June 29, 2018, https://www.adweek.com/brand-marketing/the-secret-to-reaching-your-audience-re-evaluate-what-youre-paying-for/.
16 Caitlin Johnson, "Cutting Through Advertising Clutter," CBS *Sunday Morning*, September 1, 2006, https://www.cbsnews.com/news/cutting-through-advertising-clutter/.
17 Sophie Benson, "One & Done: Why Do People Ditch Their Clothes After Just One Wear?," Refinery29, October 3, 2019, https://www.refinery29.com/en-gb/instagram-outfits-wear-once.
18 Tim Kasser, *The High Price of Materialism* (Cambridge, MA: MIT Press, 2003), 489.
19 Larry Tye, *The Father of Spin* (London: Picador, 2002), 59, https://www.google.com/books/edition/The_Father_of_Spin/GarJLYMm 3A0C? hl=en&gbpv=0.
20 Foer, "Jeff Bezos's Master Plan."
21 Brittany Irvine, "10 of the Highest Paid Celebrity Beauty Campaigns," Stylecaster, June 17, 2013, https://stylecaster.com/beauty/highest-paid-

celebrity-beauty-campaigns/slide10#autoplay.
22 Aly Weisman, "Here's How Much Celebrities Are Paid to Wear Designer Dresses on the Red Carpet," *Business Insider*, June 15, 2015, https://www.businessinsider.com/how-much-celebrities-paid-to-wear-dresses-on-red-carpet-2015-6.
23 Alex Williams, "Why Don't Rich People Just Stop Working?," *New York Times*, October 17, 2019, https://www.nytimes.com/2019/10/17/style/rich-people-things.html.
24 Simon Kemp, "Digital 2020: July Global Statshot," Datareportal, July 21, 2020, https://datareportal.com/reports/digital-2020-july-global-statshot.
25 Rimma Kats, "Time Spent on Social Media Is Anticipated to Increase 8.8%, Despite Expected Plateau," Emarketer.com, April 29, 2020, https://www.emarketer.com/content/us-adults-are-spending-more-time-on-social-media-during-the-pandemic.
26 Amanda Perelli, "The Top 15 Makeup and Beauty YouTubers in the World, Some of Whom Are Making Millions of Dollars," *Business Insider*, August 6, 2019, https://www.businessinsider.com/beauty-and-makeup-youtube-channels-with-most-subscribers-2019-7/.
27 Abram Brown, "TikTok's 7 Highest-Earning Stars: New Forbes List Led by Teen Queens Addison Rae and Charli D'Amelio," *Forbes*, August 6, 2020, https://www.forbes.com/sites/abrambrown/2020/08/06/TikToks-highest-earning-stars-teen-queens-addison-rae-and-charli-damelio-rule/#373c4b075087.
28 "The Real Story of Paris Hilton: This Is Paris Official Documentary," September 13, 2020, https://www.youtube.com/watch?v=wOg0TY1jG3w.
29 "The State of Fashion 2020," McKinsey & Company, https://www.mckinsey.com/~/media/McKinsey/Industries/Retail/Our%20Insights/The%20state%20of%20fashion%202020%20Navigating%20uncertainty/The-State-of-Fashion-2020-final.ashx, 34.
30 Chavie Lieber, "How and Why Do Influencers Make So Much Money? The Head of an Influencer Agency Explains," *Vox*, November 28, 2018, https://www.vox.com/the-goods/2018/11/28/18116875/influencer-marketing-social-media-engagement-instagram-youtube.
31 Jacques Bughin, "Getting a Sharper Picture of Social Media's Influence," McKinsey & Company, July 1, 2015, https://www.mckinsey.com/business-functions/marketing-and-sales/our-insights/getting-a-sharper-picture-of-social-medias-influence.
32 Elizabeth Cline, "How Sustainable Is Renting Your Clothes, Really?," *Elle*, October 22, 2019, https://www.elle.com/fashion/a29536207/rental-fashion-sustainability/.

33 Elizabeth Paton, "Why You Should Care That Boohoo Is Making Headlines This Week," *New York Times*, July 8, 2020, https://www.nytimes. com/2020/07/08/fashion/boohoo-labor-influencer-crisis.html.
34 Sarah Butler, "Boohoo Reports Sales Surge Despite Leicester Supplier Scandal," *Guardian*, September 30, 2020, https://www.theguardian.com/business/2020/sep/30/boohoo-reports-sales-surge-despite-leicester-supplier-scandal-covid.
35 "Barley and Barnardo's—The Fast Fashion Crisis," Census-wide, https://censuswide.com/censuswide-projects/barley-and-barnardos-the-fast-fashion-crisis-research/.
36 "Snap and Send Back," Barclaycard, October 15, 2020, https://webcache.googleusercontent.com/search?q=cache:67aGeMNPgpoJ: https://www.home.barclaycard/media-centre/press-releases/snap-and-send-back .html+& cd=1& hl=en& ct=clnk& gl=us.
37 "Mobile Fact Sheet," Pew Research Center, June 12, 2019, https://www.pewresearch.org/internet/fact-sheet/mobile/.
38 "How Many Smartphones Are in the World," bankmycell.com, https://www.bankmycell.com/blog/how-many-phones-are-in-the-world.
39 "Americans Check Their Phones 96 Times a Day," Asurion, https://www.asurion.com/about/press-releases/americans-check-their-phones-96-times-a-day/.
40 "After the Binge the Hangover," Greenpeace, May 8, 2017, https://www.greenpeace.org/international/publication/6884/after-the-binge-the-hangover/.
41 Granskog et al., "Survey: Consumer Sentiment on Sustainability in Fashion."
42 Kasser, *The High Price of Materialism*, 499.
43 Kasser, *The High Price of Materialism*, 495–96.
44 Henry H. Wilmer, Lauren E. Sherman, and Jason M. Chein, "Smartphones and Cognition: A Review of Research Exploring the Links Between Mobile Technology Habits and Cognitive Functioning," *Frontiers in Psychology* 8, no. 605 (2017): 4, https://www.frontiersin.org/articles/10.3389/fpsyg.2017.00605/full.
45 Wilmer, Sherman, and Chein, "Smartphones and Cognition," 6.
46 Monica Anderson and Jingjing Jiang, "Teens, Social Media & Technology 2018," Pew Research Center, May 31, 2018, https://www.pewresearch.org/internet/2018/05/31/teens- social-media-technology-2018/.
47 "Landmark Report: U.S. Teens Use an Average of Nine Hours of Media per Day, Tweens Use Six Hours," Common Sense Media, November 3, 2015, https://www.commonsensemedia.org/about-us/news/press-releases/

landmark-report-us-teens-use-an-average-of-nine-hours-of-media-per-day.
48 Sally C. Curtin and Melonie Heron, "Death Rates Due to Suicide and Homicide Among Persons Aged 10–24: United States, 2000–2017," Centers for Disease Control, NCHS Data Brief No. 352, October 2019, https://www.cdc.gov/nchs/data/databriefs/db352-h.pdf.
49 Darby E. Saxbe and Rena Repetti, "For Better or Worse? Coregulation of Couples' Cortisol Levels and Mood States," *Journal of Personality and Social Psychology*, 98(1), 92-103 (2010), https://psycnet.apa.org/record/2009-24670-014.
50 Jack Feuer, "The Clutter Culture," *UCLA Magazine*, July 1, 2012, http://magazine.ucla.edu/features/the-clutter-culture/index1.html.
51 Darby E. Saxbe and Rena Repetti, "No Place Like Home: Home Tours Correlate with Daily Patterns of Mood and Cortisol," *Personality and Social Psychology Bulletin* 36, no. 71 (November 23, 2009), https://dornsife.usc.edu/assets/sites/496/docs/pubs/2009noplace.pdf.
52 M. Lenoir et al., "Intense Sweetness Surpasses Cocaine Reward," *PLoS One* (August 1, 2007): 2:e698, https://journals.plos.org/plosone/article?id=10.1371/journal.pone.0000698.
53 "Depression: A Global Crisis," World Federation for Mental Health, World Mental Health Day, October 10, 2020, https://www.who.int/mental_health/management/depression/wfmh_paper_depression_wmhd_2012.pdf.
54 "Online Retailers Are Destroying Goods but Won't Say How Much Ends Up as Trash," DW.com, n.d., https://www.dw.com/en/destroy-packages-online-shopping/a-52281567.
55 "US Retail: Many Unhappy Returns," *Financial Times*, January 5, 2020, https://www.ft.com/content/f92d875b-c2ea-4580-9c70-5e375f76dc6b?accessToken=zwAAAW98oXJokdP5LYdbwupFgNOccF43X3bcaw.MEUCIQCodw25YOSv86v7fzE3P7SzNRRWHEwpXZzpvawm64IC_gIgc5QxjzCc3B-d1xmuvD4wMlBq3PTnXDIj8DAM8jesGrho& sharetype=gift? token=ce8b22c4-f4db-4899-8968-27068eb618e6.
56 "'It's Pretty Staggering,' Returned Online Purchases Often Sent to Landfill Journalist's Research Reveals," CBC Radio, December 12, 2019, https://www.cbc.ca/radio/thecurrent/the-current-for-dec-12-2019-1.5393783/it-s-pretty-staggering-returned-online-purchases- often-sent-to-landfill-journalist-s-research-reveals-1.5393806.
57 Martha N. Gardner and Allan M. Brandt, " 'The Doctors' Choice Is America's Choice': The Physician in US Cigarette Advertisements, 1930–1953," National Institutes of Health, https://www.ncbi.nlm.nih.gov/pmc/

articles/PMC1470496/; see also *American Journal of Public Health* 96, no. 2 (February 2006): 222–32.
58 Jeffrey K. Stine, "Smoke Gets in Your Eyes: 20th Century Tobacco Advertisements," National Museum of American History, March 17, 2014, https://americanhistory.si.edu/blog/2014/03/smoke-gets-in-your-eyes-20th-century-tobacco-advertisements.html.
59 "The 1964 Report on Smoking and Health," https://profiles.nlm.nih.gov/spotlight/nn/feature/smoking.
60 "50 Years of Progress Halves Smoking Rate, but Can We Reach Zero?," NBC News, January 11, 2014, https://www.nbcnews.com/health/cancer/50-years-progress-halves-smoking-rate-can-we-reach-zero-n7621.
61 Rachel Tashjian, "The Most Sustainable Idea in Fashion Is Personal Style," GQ.com, February 17, 2020, https://www.gq.com/story/sustainable-fashion-personal-style.
62 Amanda Hess, "The New Spiritual Consumerism," *New York Times*, August 19, 2019, https://www.nytimes.com/2019/08/19/arts/queer-eye-kondo-makeover.html?login=smartlock& auth=login-smartlock.
63 Marcie Bianco, "We Sold Feminism to the Masses, and Now It Means Nothing," Quartz.com, https://qz.com/692535/we-sold-feminism-to-the-masses-and-now-it-means-nothing/.

第七章

1 "Advancing Sustainable Materials Management: 2014 Fact Sheet," U.S. Environmental Protection Agency, November 2016, https://www .epa.gov/sites/production/files/2016-11/documents/2014_smmfactsheet_508.pdf.
2 "Nondurable Goods: Product-Specific Data," Facts and Figures About Materials, Waste and Recycling, U.S. Environmental Protection Agency, January 19, 2017, https://www.epa.gov/facts-and-figures-about-materials-waste-and-recycling/nondurable-goods-product-specific-data#ClothingandFootwear.
3 https://www1.nyc.gov/assets/dsny/site/services/donate-goods/Textiles.
4 "12 Things New Yorkers Should Know About Their Garbage," Citizens Budget Commission, May 21, 2014, https://cbcny.org/research/12-things-new-yorkers-should-know-about-their-garbage.
5 Sally Goldenberg and Danielle Muoio, "Wasted Potential: Recycling Progress in Public Housing Eludes City Officials," *Politico*, January 7, 2020, https://www.politico.com/states/new-york/city-hall/story/2020/01/07/wasted-potential-recycling-progress-in-public-housing-eludes-city-officials-1246328.
6 "How Much of the City's Curbside Recyclables Get Properly Recycled,"

Independent Budget Office of the City of New York, New York City by the Numbers, July 14, 2016, https://ibo.nyc.ny.us/cgi-park2/2016/07/how-much-of-the-citys-curbside-recyclables-get-properly-recycled/.

7 Clodagh McGowan, "How the City's Budget Cuts Will Impact Sanitation Operations," NY1.com, July 7, 2020, https://www.ny1.com/nyc/all-boroughs/news/2020/07/07/dsny-sanitation-budget-cuts-what-to-expect-.

8 Sydney Pereira, "Facing Criticism over Pile-Ups, De Blasio Will Restore Some Garbage Collection Services," Gothamist, September 16, 2020, https://gothamist.com/news/facing-criticism-over-pile-ups-de-blasio-will-restore-some-garbage-collection-services.

9 Adam Minter, "Garbage Workers Are on the Virus Front Lines, Too," *Bloomberg*, March 23, 2020, https://www.bloomberg.com/opinion/articles/2020-03-23/coronavirus-outbreak-is-challenge-to-garbage-worker-safety.

10 "How Much Garbage Does New York City Produce Daily? Tons," Metro.us, August 24, 2017, https://www.metro.us/how-much-garbage-does-new-york-city-produce-daily-tons/.

11 Steven Cohen, Hayley Martinez, and Alix Schroder, "Waste Management Practices in New York City, Hong Kong and Beijing," Columbia.edu, December 2015, http://www.columbia.edu/~sc32/documents/ALEP%20Waste%20Managent%20FINAL.pdf.

12 Interview with Tiffany Fuller, deputy director of the New York Department of Sanitation, February 12, 2020.

13 "Waste Management, Fortune 500 #207," *Fortune*, May 18, 2020, https://fortune.com/fortune500/2019/waste-management/.

14 "Report of the Finance Division on the Fiscal 2019 Preliminary Budget and the Fiscal 2018 Preliminary Mayor's Management Report for the Department of Sanitation," March 14, 2018, https://council.nyc.gov/budget/wp-content/uploads/sites/54/2018/03/FY19-Department-of-Sanitation.pdf.

15 "Report of the Finance Division on the Fiscal 2019 Preliminary Budget."

16 New York City Independent Budget Office, "Waste Export Costs to Rise as Remaining Marine Transfer Stations Open," March 2017, https://ibo.nyc.ny.us/iboreports/waste-export-costs-to-rise-as-remaining-marine-transfer-stations-open-march-2017.pdf.

17 Lisa M. Collins, "The Pros and Cons of New York's Fledgling Compost Program," *New York Times*, November 9, 2018, https://www.nytimes.com/2018/11/09/nyregion/nyc-compost-zero-waste-program.html.

18 City of New York, "Mayor's Management Report, Preliminary Fiscal 2020," January 2020, https://www1.nyc.gov/assets/operations/downloads/pdf/pmmr2020/2020_pmmr.pdf.

19 City of New York, "Mayor's Management Report," 104.
20 Robert D. Bullard et al., "Toxic Wastes and Race at Twenty 1987–2007," United Church of Christ Justice and Witness Ministries, March 2007, https://www.nrdc.org/sites/default/files/toxic-wastes-and-race-at-twenty-1987-2007.pdf.
21 Goldenberg and Muoio, "Wasted Potential: Recycling Progress in Public Housing Eludes City Officials."
22 "Facts and Figures About Materials, Waste and Recycling," United States Environmental Protection Agency, https://www.epa.gov/facts-and-figures-about-materials-waste-and-recycling/national-overview-facts-and-figures-materials.
23 "U.S. Municipal Solid Waste Incinerators: An Industry in Decline," The New School Tishman Environment and Design Center, May 2019, https://static1.squarespace.com/static/5d14dab43967cc000179f3d2/t/5d5c 4bea 0d59ad00012d220e/1566329840732/CR_GaiaReportFinal_05.21.pdf.
24 "Race Is the Biggest Indicator in the US of Whether You Live Near Toxic Waste," Quartz.com, March 22, 2017, https://qz.com/939612/race-is-the-biggest-indicator-in-the-us-of-whether-you-live-near-toxic-waste/.
25 "Reduce, Reuse & Recycle at 'Stop 'N' Swap,' " GrowNYC, https://www.grownyc.org/swap.
26 Interview with Tiffany Fuller.
27 "Advancing Sustainable Materials Management: 2014 Fact Sheet," Table 2, 2.
28 Taylor Bryant, "What Really Happens When You Donate Your Clothes—and Why It's Bad," Nylon.com, https://nylon.com/articles/donated-clothes-fast-fashion-impact.
29 Jasmine Malik Chua, "With or Without COVID-19, Textile Waste Is on the Rise," *Sourcing Journal*, July 6, 2020, https://sourcingjournal.com/topics/sustainability/textile-waste-coronavirus-u-k-thredup-u-s-fast-fashion-219025/.
30 Adam Minter, "At Overloaded Thrift Shops, Coronavirus Is Wreaking Havoc," *Bloomberg*, April 29, 2020, https://www.bloomberg.com/opinion/articles/2020-04-30/at-overloaded-thrift-shops-coronavirus-is-wreaking-havoc.
31 Elizabeth L. Cline, "Tidying Up Has Created a Flood of Clothing Donations No One Wants," May 13, 2019, https://slate.com/technology/2019/05/marie-kondo-tidying-up-donate-unwanted-clothing.html.
32 Janice Kiaski, "Salvation Army Has New Local Lieutenant," *Toronto Herald-Star*, July 3, 2017, https://www.heraldstaronline.com/news/local-news/2017/07/salvation-army-has-new-local-lieutenant/.
33 "Stats for Stories: National Thrift Store Day: August 17, 2020," U.S. Census

Bureau, August 17, 2020, https://www.census.gov/newsroom/stories/thrift-store-day.html.
34 "Who Is SMART?," Secondary Materials and Recycled Textiles, https://www.smartasn.org/SMARTASN/assets/File/resources/SMART_PressKit Online.pdf.
35 Adam Minter, "Global Threads," Resource Recycling, December 2, 2019, https://resource-recycling.com/recycling/2019/12/02/global-threads/.
36 "Panipat, the Global Centre for Recycling Textiles, Is Fading," *Economist*, September 7, 2017, https://www.economist.com/business/2017/09/07/panipat-the-global-centre-for-recycling-textiles-is-fading.
37 "We Export . . . ," Bushra International, http://www.bushra-intl.com.
38 "The Story of Asia's Biggest Textile Recycling Hub," DWIJ Products, updated March 6, 2019, https://www.dwijproducts.com/post/the-story-of-asia-s-biggest-textile-recycling-hub.
39 Jewish-English Lexicon, JEL.Jewish-Languages.org, https://jel.jewish-languages.org/words/477.
40 Adam Minter, *Secondhand: Travels in the New Global Garage Sale* (New York: Bloomsbury, 2019), 158.
41 Minter, *Secondhand*, 167–72.
42 "Recycle Your Denim with Us," Madewell, https://www.madewell.com/inspo-do-well-denim-recycling-landing.html.
43 "Reduce, Reuse, Recycle," Goodwill Olympics and Rainer Region, https://goodwillwa.org/donate/sustainability-resources/.
44 "Partnership Based on Confidence," I:CO, https://www.ico-spirit.com/en/referenzen/partner/.
45 "Building Textile Circularity," I:CO, https://www.ico-spirit.com/en/company/.
46 "H&M Sustainability," HM.com, 2018, https://about.hm.com/content/dam/hmgroup/groupsite/documents/masterlanguage/CSR/reports/2018_Sustainability_report/HM_Group_SustainabilityReport_2018_%20FullReport.pdf.
47 "Garment Collecting: Be a Fashion Recycler," HM.com, https://www2.hm.com/en_us/women/campaigns/16r-garment-collecting.html.
48 "H& M Sustainability," 50.
49 Jesper Starn, "A Power Plant Is Burning H&M Clothes Instead of Coal," *Bloomberg*, November 23, 2017, https://www.bloomberg.com/news/articles/2017-11-24/burning-h-m-rags-is-new- black-as-swedish- plant-ditches-coal.

第八章

1 J. Branson Skinner, "Fashioning Waste: Considering the Global and Local Impacts of the Secondhand Clothing Trade in Accra, Ghana, and Charting an Inclusive Path Forward," thesis submitted to University of Cincinnati, March 2019, 11.
2 Kenneth Amanor, "Developing a Sustainable Second-Hand Clothing Trade in Ghana," PhD diss., University of Southampton, September 2018, https://eprints.soton.ac.uk/433269/1/LIBRARY_COPY_KENNETH_AMANOR_PHD_THESIS.pdf.
3 Skinner, "Fashioning Waste," 11, 96.
4 "I Went Thrift Shopping at Mantamanto (I Spent What)??," April 29, 2018, https://www.youtube.com/watch? v=_TTs-__ji6Y.
5 "Thrifting in Accra Ghana, I Was Shook!!"
6 During the pandemic, shoppers' sentiments about secondhand clothes began to reverse. Millennials and Gen-Zers said they were 50 percent more likely to buy secondhand since the pandemic, according to one survey.
7 Baden and Barber, "The Impact of the Second-hand Clothing Trade on Developing Countries."
8 Skinner, "Fashioning Waste," 96–97. Data collected about Kantamanto's inventory comes from the master's thesis by J. Branson Skinner.
9 "Women ditch clothes they've worn just seven times: Items being left on the shelf because buyer feels they've put on weight or they've bought them on a whim," *Daily Mail*, June 9, 2015, https://www.dailymail.co.uk/femail/article-3117645/Women-ditch-clothes-ve-worn-just-seven-times-Items-left-shelf-buyer-feels-ve-weight-ve-bought-whim.html.
10 Interview with Liz Ricketts, The OR Foundation, October 14, 2020.
11 Skinner, "Fashioning Waste," 98.
12 Skinner, "Fashioning Waste," 105.
13 Allison Martino, "Stamping History: Stories of Social Change in Ghana's Adinkra Cloth," PhD diss., University of Michigan, 2018, 49.
14 "Sorting a Jean Bale in Kantamanto," Theorispresent, December 18, 2018, https://www.youtube.com/watch?v=QFhFBXBP8SU.
15 Author communication with Liz Ricketts, October 14, 2020.
16 Skinner, "Fashioning Waste," 108.
17 Skinner, "Fashioning Waste," 110.
18 "Kayayo: Ghana's Living Shopping Baskets," video, Aljazeera, https://www.aljazeera.com/program/episode/2018/2/18/kayayo-ghanas-living-shopping-baskets/.
19 Skinner, "Fashioning Waste," 113.
20 "Who Are the Kayayei?," UNFPA, 2019, https://ghana.unfpa.org/sites/

default/files/pub-pdf/Kayayei%20Photo%20book%202019.pdf.
21 Skinner, "Fashioning Waste," 113.
22 David Biello, "E-Waste Dump Among Top 10 Most Polluted Sites," *Scientific American*, January 1, 2014, https://www.scientificamerican.com/article/e-waste-dump-among-top-10-most-polluted-sites/.
23 Felix Akoyam, "The Kaya Struggle," October 12, 2016, https://www.youtube.com/watch?v=Rh7aznBetio.
24 Gregory Warner, "The Afterlife of American Clothes," NPR *Planet Money*, December 2, 2013, U.S. International Trade Commission, https://www.npr.org/sections/money/2013/12/10/247362140/the-afterlife-of-american-clothes.
25 Dr. Sheng Lu, "Why Is the Used Clothing Trade Such a Hot-Button Issue?," FASH455 Global Apparel & Textile Trade and Sourcing, November 15, 2018, https://shenglufashion.com/2018/11/15/why-is-the-used-clothing-trade-such-a-hot-button-issue/.
26 Minter, "At Overloaded Thrift Shops, Coronavirus Is Wreaking Havoc."
27 Abdi Latif Dahir and Yomi Kazeem, "Trump's 'Trade War' Includes Punishing Africans for Refusing Second-Hand American Clothes," Quartz.com, April 5, 2018, https://qz.com/africa/1245015/trump-trade-war-us-suspends-rwanda-agoa-eligibility-over-secondhand-clothes-ban/.
28 Skinner, "Fashioning Waste," photo, 11.
29 Skinner, "Fashioning Waste," 5.
30 N. Mireku-Gyimah, P. A. Apanga, and J. K. Awoonor-Williams, "Cyclical Cholera Outbreaks in Ghana: Filth, Not Myth," National Institutes of Health, https://www.ncbi.nlm.nih.gov/pmc/articles/PMC6003169/. See also *Infectious Diseases of Poverty* 7, no. 51 (June 2018), https://doi.org/10.1186/s40249-018-0436-1.
31 L. Salifu, "Draft Final Report. Environmental and Social Audit of Kpone Landfill," Ghana Ministry of Works and Housing, February 2019.
32 "A New Textiles Economy: Redesigning Fashion's Future," Ellen MacArthur Foundation, https://www.ellenmacarthurfoundation.org/assets/downloads/publications/A-New-Textiles-Economy_Summary-of-Findings_Updated_1-12-17.pdf.
33 Salman Saeed, Sugam Pokharel, and Matthew Robinson, "Bangladesh Slum Fire Leaves 10,000 People Homeless," CNN, August 19, 2019, https://edition.cnn.com/2019/08/18/asia/dhaka-bangladesh-slum-fire-10000-homeless-intl/index.html.
34 "Brazil's Bolsonaro Says He Will Accept Aid to Fight Amazon Fires," CBS News, August 27, 2019, https://www.cbsnews.com/news/amazon-wildfires-brazil-spurns-20-million-aid-offer-from-g-7-nations-

today-2019-08-27/.
35 Freya Noble, "Government Set to Revise Total Number of Hectares Destroyed During Bushfire Season to 17 Million," 9NEWS (Australia), January 14, 2020, https://www.9news.com.au/national/australian-bushfires-17-million-hectares-burnt-more-than-previously-thought/b8249781-5c86-4167-b191-b9f628bdd164.
36 "More Than One Billion Animals Killed in Australian Bushfires," University of Sydney News, January 8, 2020, https://sydney.edu.au/news-opinion/news/2020/01/08/australian-bushfires-more-than-one-billion-animals-impacted.html.
37 Rachel Ama Asaa Engmann, "Autoarchaeology at Christiansborg Castle (Ghana): Decolonizing Knowledge, Pedagogy, and Practice," *Journal of Community Archaeology & Heritage* 6, no. 3 (2019): 210, doi: 10.1080/20518196.2019.1633780.
38 Rachel Tashjian, "The Coolest, Most Expensive Clothes on the Planet Are Made from Other, Older Clothes," GQ.com, August 7, 2020, https://www.gq.com/gallery/louis-vuitton-marine-serre-upcycling.
39 Abdi Latif Dahir, "Used Clothes Ban May Crimp Kenyan Style. It May Also Lift Local Design," *New York Times*, https://www.ny times.com/2020/07/09/world/africa/kenya-secondhand-clothes-ban-coronavirus.html.

第九章

1 Ray A. Smith, "A Closet Filled with Regrets," *Wall Street Journal*, April 17, 2013, https://www.wsj.com/articles/SB10001424127887324240804578415002232186418.
2 ThredUp, "2020 Resale Report," 2020, https://www.thredup.com/resale/static/thredup-resaleReport2020-42b42834f03ef2296d83a44f85a3e2b3.pdf.
3 Jesse R. Catlin and Yitong Wang, "Recycling Gone Bad: When the Option to Recycle Increases Resource Consumption," *Journal of Consumer Psychology* (April 11, 2012), doi: 10.1016/j.jcps.2012.04.001.
4 Imran Amed et al., "The State of Fashion 2019: A Year of Awakening," McKinsey & Company, November 29, 2018, https://www.mckinsey.com/industries/retail/our-insights/the-state-of-fashion-2019-a-year-of-awakening.
5 OECD, OECD Business and Finance Outlook 2020: Sustainable and Resilient Finance, OECD Publishing, Paris, 2020, https://doi.org/10.1787/eb61fd29-en.
6 Sasja Beslik, "Week 41: ESG Data Is Not Capturing Real-World Impact," October 11, 2020, https://esgonasunday.substack.com/p/week-41-esg-data-is-not-capturing.
7 "Conventions and Recommendation," International Labour Organization,

https://www.ilo.org/global/standards/introduction-to-international-labour-standards/conventions-and-recommendations/lang—en/index.htm.

8 "Reevaluating Global Trade Structures to Address Climate Change," Council on Foreign Relations, July 2, 2019, https://www.cfr.org/report/reevaluating-global-trade-governance-structures-address-climate-change.

9 "President Trump Determines Trade Preference Program Eligibility for Rwanda, Tanzania, and Uganda," Office of the United States Trade Representative, March 29, 2018, https://ustr.gov/about-us/policy-offices/press-office/fact-sheets/2018/march/title.

10 Amit Kapoor and Bibek Debroy, "GDP Is Not a Measure of Human Well-Being," *Harvard Business Review*, October 4, 2019, https://hbr.org/2019/10/gdp-is-not-a-measure-of-human-well-being.

11 Johann Hari, *Lost Connections: Uncovering the Real Causes of Depression* (New York: Bloomsbury, 2018), 76.

12 Hari, *Lost Connections*, 86.

13 Andrea Garnero, "What We Do and Don't Know About Worker Representation on Boards," *Harvard Business Review*, September 6, 2018, https://hbr.org/2018/09/what-we-do-and-dont-know-about-worker-representation-on-boards.

14 "29 U.S. Code § 158. Unfair Labor Practices," Cornell Law School, Legal Information Institute, https://www.law.cornell.edu/uscode/text/29/158.

15 Bob Davis, "The Country's R&D Agenda Could Use a Shake-Up, Scientists Say," *Wall Street Journal*, December 22, 2018, https://www.wsj.com/articles/the-countrys-r-d-agenda-could-use-a-shake-up-scientists-say-11545483780?mod=article_inline.

图片来源

第28页 "滴滴涕对我真有益！"：Hunter Oatman-Stanford, Collectors *Weekly*, August 22, 2012, https://www.collectorsweekly.com/articles/the-top-10-most-dangerous-ads/.

第45页 中美两国出口金额的巨大变化："USA vs China vs India: Everything Compared," WawamuStats, https://www.youtube.com/watch?v=SatG1m0p5g8&feature=youtu.be.

第64页 世界纤维产量：Bain, "If Your Clothes Aren't Already Made Out of Plastic."

第65页 纤维生产使用的能源比较：Business for Social Responsibility, "Apparel Industry Life Cycle Carbon Mapping."

第71页 孟加拉国经济规模比1980年增长了15倍：Fiona Weber-Steinhaus, "The Rise and Rise of Bangladesh—But Is Life Getting Any Better," *Guardian*, October 9, 2019, https://www.theguardian.com/global-development/2019/oct/09/bangladesh-women-clothes-garment-workers-rana-plaza?CMP=Share_iOSApp_Other.

第73页 廉价服装持续带动孟加拉国的出口增长："List of Products Exported by Bangladesh," Trade Map—International Trade Statistics, TradeMap.org.

第139页 零售业的两种业态12个月就业率变动百分比：Justin Fox, "Online Shopping Is Growing, But Isn't Creating Jobs," *Bloomberg*, December 10, 2019, https://www.bloomberg.com/opinion/articles/2019-12-10/retail-jobs-growth-doesn-t-match-expansion-of-online-sales.

第200页 二手服装处理流程示意图：S. Baden and C. Barber, "The Impact of the Second-hand Clothing Trade on Developing Countries," Oxfam GB (September 1, 2005), https://pdfs.semanticscholar.org/3999/b6470135073bd9c2da9eefe94331212a89aa.pdf.

诚挚感谢版权方允许转载以下内容：

第 57 页　20 世纪 60 年代笼罩纽约的雾霾：Neal Boenzi/*The New York Times*/Redux
第 124 页　在服装厂工作的儿童：Copyright © GMB Akash/Panos Pictures
第 228 页　女搬运工娜塔莉娅·戈玛洛娃的照片。经许可使用。